北海道移住民と学校

教育をめぐる開拓政策と地域社会

坂本紀子

六花出版

北海道移住民と学校
教育をめぐる開拓政策と地域社会

目次

第Ⅱ部 北海道における産業構造の転換と初等教育（一九一〇年前後～一九三〇年代）

第Ⅲ部　戦時下および敗戦直後の北海道における移住民・引揚者にとっての学校（一九三〇年代～一九五〇年代）

結章 本書のまとめ

◉凡例

- 年号については西暦を用い、和暦は各節の初出の際に（ ）に記した。
- 旧字体漢字、異体字、変体仮名は、原則として常用漢字、新字体漢字、ひらがなに改めた。
- 資料の引用にあたり、算用数字については漢数字に改めた。
- 本文および引用資料に、難読と判断した固有名詞や語にルビを付けた。
- 引用・参考文献の書誌事項の記載にあたっては、原則として各章の初出時のみ編著者名、発行所名を記載し、再掲以降は、編著者名、文献名、該当ページ数のみ記載した。
- 自治体史やこれに類する文献について、編集者がその自治体や自治体に設けられた編集委員会などである場合は、編著者名を省略した。

序章

本書の課題と構成

第1節 問題関心と本書の対象

本書は、日本の近現代の教育を、地域——より具体的には地域住民による地域社会の営み——との関わりをとおして歴史的に捉え直したいと考えてきた筆者が、北海道を対象に調査し検討してきた研究の集成である。[1]北海道は、周知のように、アイヌ民族が社会を築いてきた地であり、近世以後、和人が北海道へ移動、移住し、近代に至り日本が内国に組み込んだ地である。これまで北海道の教育の歴史を調査、検討し、筆者が強く抱くようになった認識は、北海道に移住した人びとにとって地域社会の形成やそこでの生活の営み自体が絶えず重要な課題であり、社会の形成や日常的な暮らしにおいても小学校の存在、教育の内容が大きな位置を占めていたということである。学校、とくに地域に密着した小学校の存在は、子どもたちだけでなく人びとの暮らしや地域社会にとっても重要な位置を占めていた。

筆者にとって地域の教育の歴史とは、日本の教育全体の一つ、それはたんに一つの事例としてある教育ではなく、それら一つひとつに地域の社会と人びとの暮らしの歴史があり、それとともにあるのが地域教育の歴史である、という考え方である。したがって、その実態をとおしてそれぞれの教育の歴史を明らかにし、その積み上げ・積み重ねによって近代日本の教育の歴史を考察していくことが重要であると考える。北海道の教育の歴史についても、同様の意識をもって取り組んできた。本書は、そのような問題関心に基づいて、明治政府が北海道に大規模な人びとの移動、移住を計画し実行したことによって「開拓」[2]に着手した、北海道庁設置前後（一八八〇年半ば）から、第二次世界大戦後の、いわゆる戦後開拓期までを分析対象としている。各時期の開拓、

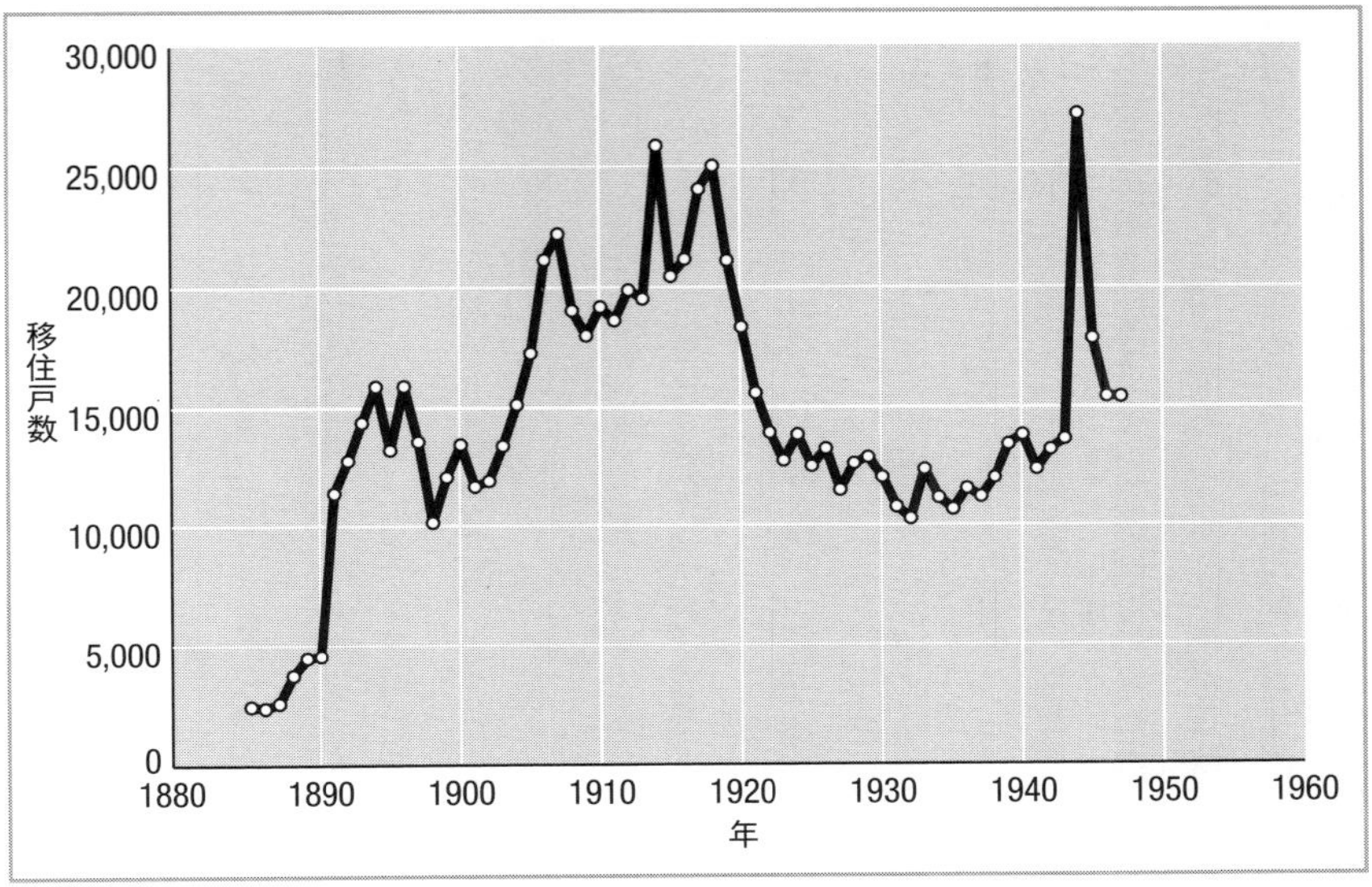

図1　北海道への移住者の戸数の推移（1886年～1948年）
『北海道庁統計書』（北海道庁、1888年～1941年）、『北海道統計書　昭和一四年』、『北海道統計書　昭和一五年』および『北海道統計書』（北海道庁、1951年）から作成。

開発のための人びとの移住招致施策をおさえながら、道内各地の小学校設置・維持、教育内容について検討するものである。

北海道庁設置前後の歴史を概略的に述べれば、次のようになる。明治政府は、ロシアの南下に対抗する領土・領域を画定するため、えぞ地を北海道とし、「北門の鎖鑰《さやく》」「北門の宝庫」をスローガンに北海道開拓政策を開始して、人びとに北海道移住をすすめた。一八六九（明治二）年に北海道を管轄する開拓使を設置し、一八八二年にはこれを廃して三県（函館、札幌、根室）と北海道事業管理局をおいた。しかし、一般行政機関と開拓推進機関を別個においた三県時代の体制が開拓の遅延をもたらしたと批判され、内閣制の発足とともに一八八六年には内閣直属の北海道庁（以後、北海道庁あるいは道庁と記述する）を設置して、両者を統一した行政機構体制に改変する。道庁設置後の一八八九年以後、北海道に移住する人びとの数は急増し（**図1参照**）、戦前においては日清戦争前後、日露戦争後、第一次世界大戦期の三つの時期をピークとして、一八九二年から一九二一（大正一〇）年の間に一、八八七、七〇六人の人びとが移住した。[3] そして戦後においては、敗戦後の引揚者によって移住民数激増の時期を迎える。このように府県とは異なる歴史を刻む北海道は、教育もまた、戦前においてとくに道庁設置以後は、府県（沖縄県、島嶼等の地域を除く）とは異なる教育の歴史が展開され、戦後においては、引揚者による生活および教育獲得の歴史が展開されたのである。本書は、そのような北海道教育の歴史の特徴を、人びとの暮らしに密接に関わる小学校を中心に、道庁設置前後から戦後開拓期、とくに引揚者が移住し小学校設置に取り組んだ時期までを対象として明らかにするものである。

第2節　先行研究と本書の位置

日本の近代教育を全国レベルで扱った代表的な先行研究に、文部省編さんの『学制百年史』[4]と国立教育研究所の『日本近代教育百年史』（第一巻～第五巻）[5]があげられる。前者は、文部省が主導した近代教育制度の実施から戦後の教育改革とその後の制度整備の内容を、一九七〇年代頃まで記述している。しかし同書には、もっぱら文部省が主導した教育制度、内容の説明が記述されているため、北海道の教育は取り上げられていない。後者には、幕末期の教育から近現代、戦後直後に至る教育制度、行政、各学校別の展開、そして教員養成などが詳細に記述されており、とくに第四巻においては各地方の実情も取り上げられている。そのなかに、北海道教育に関する記述もある。しかし、取り上げられた北海道教育については、文部省に報告された資料に依拠しているためか、修正を必要とする箇所が多い（この点については本文中や註に記した）。少なくとも当時においては『学制百年史』も含めて、北海道を日本の府県とあたかも〝均質〟な一地方であるかのように認識していたと思われる。

〝均質〟な一地方ではない北海道教育の歴史を叙述した嚆矢は、北海道庁内務部編さんの『北海道教育沿革誌』[6]、北海道庁編さんの『新撰北海道史』（第一巻〜第七巻）[7]、北海道編さんの『新北海道史』（第一巻〜第九巻）[8]、そして北海道教育研究所編さんの『北海道教育史』（全道編一〜四、地方編一〜二、総括編一〜七）[9]である。それらは、具体的な資料を提示しながら北海道の歴史を通史的に記したところに特徴がある。とくに『北海道教育史』は、組織的に収集された道内各地の学校文書をもとに、戦前戦後にわたる北海道における教育制度と実践内容をまとめている。教育制度、教育行財政、教育実践の内容、各教科の歴史にわたるその記述内容は、豊富な資料で綴られ、北海道の教育研究には欠かせない歴史書となっている。府県とは異なる教育制度が施行されてきたことをまとめたところに意義があり、地方編は道内各地の学校教育の状況を細かに取り上げたところが重要であるといえる。しかし同書は、戦前に北海道で展開された教育の制度、内容を、開拓政策遂行上の北海道の実情に適した教育政策、内容であったとし、道内における教育施設および教育内容などが〝簡易〟なものでよしとされてきたのは、開拓地の「実情」に合わせたからであると説明している。

『北海道教育史』の編さんに中心的に関わった山崎長吉は、『北海道教育の発達に見られる後進性について』[10]と『北海道教育史』[11]を記している。山崎は前者で、戦前の北海道教育を「傍系教育」という「国の教育制度において標準かつ普通のものに対」する例外的な教育として位置づけている。北海道は、生活の「安定さを欠き」、教育が「なおざりになり勝ちな傾向」にあったとし、「傍系教育」が「民度とか文化度といったものはきわめて低」い「開拓者の資質にふさわしい教育」だったと記述している。後者も同様の枠組みで北海道教育を捉え、道庁編さんの『北海道教育沿革誌』および北海道教育研究所の『北海道教育史』と同じ立場の見解である。北海道の教育は道外で施行された、いわゆる「標準かつ普通のものに対」する例外的なものとして位置づけられ、その教育内容が開拓政策下に在った人びとに適応した教育だったという北海道の教育史像が形作られてきたのである。[12] そこには、北海道開拓政策そのものを肯定的に捉える歴史認識が通底していたといえる。

一九七〇年頃から、北海道史そのものの捉え直しが始まる。桑原真人は、『近代北海道史研究序説』[13] で、近代北海道を「内国植民地」として位置づけ、そのなかで北海道教育の〝簡易〟さを従来の「傍系教育」=「後進性」という把握ではなく、北海道開拓政策の一環だと位置づける視点を提起した。その成果は、北海道教育史においても新たな重要な視点であった。桑原は、北海道を日本全体の歴史のなかに位置づけ、「内国植民地」と表現した。それは教育においても、日本全体の教育の歴史のなかに北海道教育を位置づけ、そのうえで北海道教育の特徴を明らかにすることの必要性を示唆したものといえる。そして竹ヶ原幸朗は、「北海道用尋常小学読本」の内容分析をとおして、桑原のこの視点を深めた。[14] 両者ともに重要な視点であり、北海道教育史を前進させる研究であった。しかし、そのような視点に基づく具体的な実態をとおした北海道の教育制度や地域教育の歴史の検討は、残されてきた課題だといえるだろう。

一方、道内各市町村の自治体で編さんされてきた市町村史や地域史は、必ずそれぞれの地域の小学校の歴史に多くの紙幅を割いている。道内教育全体の歴史については、前述の『新北海道史』や『北海道教育史』の枠組みを踏襲しているが、そこに記されている各地域の教育の歩みや学校に対する人びとの関わりは、その枠組みには収まりきらない歴史があると思われる。なお、小学校ではないが、北海道の中等教育政策について北海道議会での議論を中心に分析した研究に、大谷奨の『戦前北海道における中等教育制度整備政策の研究』[15] がある。戦前の中学校や高等女学校などが、どのように設立されてきたのかを明らかにした意義ある研究といえる。

他方、戦前の北海道教育を扱った研究には、アイヌの子どもたちを対象にしたものがある。その代表的な研究には、小川正人の『近代アイヌ教育制度史研究』[16]や、竹ヶ原幸朗の『教育のなかのアイヌ民族』[17]がある。小川は、「近代アイヌ教育制度」の成立過程が北海道開拓政策の展開と密接に関わっており、アイヌの強制移住地の教育所の設置が、道外からの人びとの移住が増加する一八九〇年代に重なっていることを明らかにした。「北海道旧土人保護法」や「旧土人児童教育規程」、「特別教育規程」、第二次「旧土人児童教育規程」を分析するとともに、それら制度下にあったアイヌ学校の実態やアイヌの人びとの教育への考えや要求内容を明らかにしている。アイヌの人びとは、アイヌの子どもたちが受ける教育が〝簡易〟で差別的であることを批判しつつ、しかし自らの伝統文化への誇りの念を抱くが故に、学校教育への切実な要求を持ち、就学率を上昇させたと指摘する。竹ヶ原は、北海道師範学校教員であった岩谷栄太郎がまとめたアイヌの同化教育方法である「あいぬ教育ノ方法」がアイヌの子どもたちの分離教育をすすめ、「盲唖教育」の視点から展開されたこと、実際にアイヌの子どもたちを教育した教員が開発主義教授法を用いていたこと、しかし「文化を多元的に把握する視点を欠きアイヌの尊厳と価値を否定する」ものであったことを明らかにしている。両者の研究で着目すべきは、北海道教育制度の展開を開拓事業と関連させ分析していること、そしてアイヌ教育のありようを制度の分析のみにとどめず、アイヌの人びとの側からも検討したことである。北海道教育の歴史研究は、むしろアイヌ教育に関する研究が先行してきたといえるのである。本書でも小川や竹ヶ原の研究視座を踏襲し、教育政策と開拓政策との関係性や、移住した人びととその子どもたちにとって教育とはいかなるものだったのかを検討し、北海道教育の歴史を捉え直す必要がある。

ところで、桑原は「明治二〇年代は」、国内人口が急増するという現象を背景にして「北海道移住論と相並んで海外移住論が同時に存在した」と指摘している。「移住民の手記や回想録」から「個々の移住民から見れば」「北海道も、またブラジルやハワイも」変わりなく、北海道に移住した人びとを「移住民」「移民」として捉えることを提言している。[18] 北海道を「内国植民地」として位置づけること、そして北海道に移住した人びとを「移民」と表現することに筆者も異論はない。戦前に出版された雑誌の類いや、北海道の学校や子どもたちに向けた教科書、副読本では、北海道「移住民」「移民」という表現が併用されており、北海道に移住した人びともまた自らを北海道「移住民」「移民」と表現している。本書は戦前、道内で使用された教科書などで多用されていた「移住民」という表現を使用する。戦前に北海道へ移住した人びとと、戦後に移住した引揚者も対象にして、労働を目的に自発的、他動的に（生きるためにやむを得ず）北海道に移住した人びとを「移住民」と表記し、論述することとする。

第3節　本書の課題と視座・方法

北海道移住民数の推移を示したグラフ（**図1参照**）から、道庁設置後に北海道移住政策が本格化し、とくに日清戦争前後、日露戦争後、第一次世界大戦期に移住民数が激増したことがわかる。松方デフレ、戦後の不況、そして関東大震災によって家や土地を失った人びとや、日露戦争後に領有した海域、第一次世界大戦後の活況に、生きる糧を求めた人びとが北海道に移動し、その保護者とともに子どもも移住する。したがって、北海道の教育は、その多くが経済的理由で道外から移動、移住した子どもたちを対象に実施されたものといえる。北海道で施行された教育制度は、戦前において幾度か改正されたり、新たに設けられたりする。その改変時期に着目すると、小学校令の公布、改正に準じながらも、前述の移住民数が激増する三つの時期に対応している。端的にいえば、戦前、北海道の教育制度は、北海道移住という人の（子どもも含めた）移動に対応し改変されてきたといえるのである。その改変内容には、開拓政策や小学校令に記された教育条件などが反映されることになるが、道外からの人の移動に対応するという特徴が北海道の教育制度にはあり、したがってその教育は日本全体の社会、経済状況との関わりから捉える必要があるのである。

本書では、開拓政策が本格化し移住民数が増加する契機となる北海道庁設置以後を分析対象時期とし、北海道の新たな教育制度の実施、改正時期に着目して、それを日本の産業経済、社会状況、そして開拓政策と関連させながら検討する。さらに、そのような教育制度のもとで、実際に人びとがどのように子どもたちの教育に対応しようとしたのか、人びとの暮らしの場である地域での実情、地域経済や社会状況をふまえ、人びととの側から見えてくる教育のありようも明らかにすることを課題とする。分析対象地域（**図2参照**）を設定し地域の実態から教育を分析して、制度の変遷過程とともにあり、しかしそれに解消されない人びとの教育に対する思いや、子どもたちの教育環境の実態を浮き彫りにすることを課題とする。

ところで、府県とは異なる北海道の教育制度は、市制町村制が道内では施行されなかったため、一八九二（明治二五）年に出された「市制町村制ヲ施行セサル地方ノ小学教育規程」に依拠している。そこには「小学校令ノ規程ニ依リ難キ場合」は「特別ノ処分」がなされることが明記されており、これ以後、「国民学校令」が施行されるまで、この規程に拠った「特別ノ処分」が教育に適用されることになるのである。したがって本書は、これまで研究対象として注目されなかった「市制町村制ヲ施行セサル地方ノ小学教育規程」の具体的展開を明らかにすることになる。およそ五〇年間、北海道で実施された「特別ノ処分」内容を明らかにすることによっ

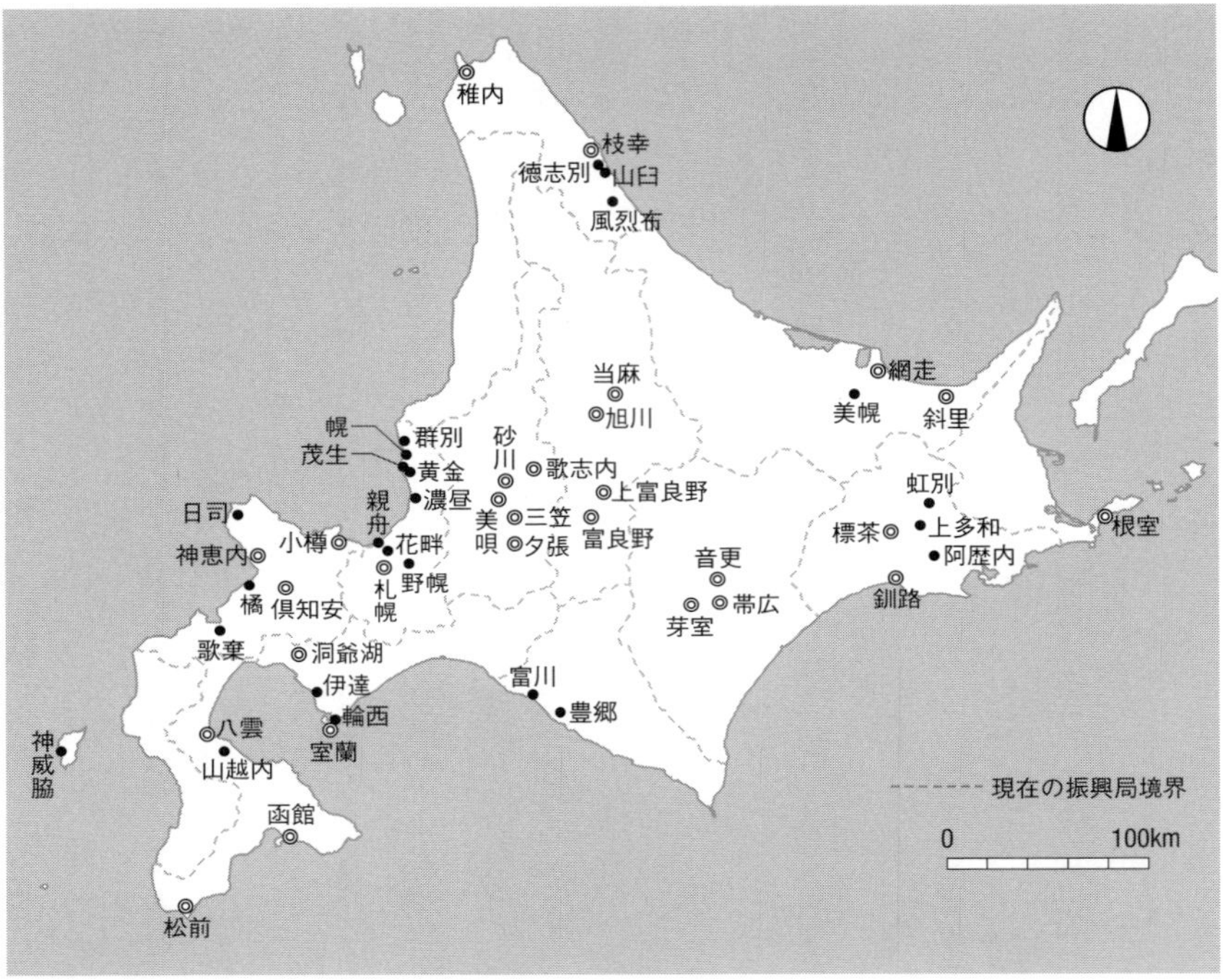

図2　本書が対象とした主な地域と学校（略図）

［凡例］
- 本書で取り上げた学校のうち主なものについて、その学校、または学校の所在する市町村のおおよその位置を、地図の上に示した。
- 市町村は◎で、学校は●で示している。
- 市町村名は2024年10月時点のものを用いている。

て北海道教育の特徴を考察し、それをふまえ、あらためてこの規程の意味、日本の教育制度の意味を捉え直すことも本書の課題である。

既述のような課題と視座をもって、分析対象時期を三つに区分し、本書を三部、一〇章で構成した。第I部は、本格的な北海道移住政策により多くの人びとが移住し、それに対応した北海道教育政策が模索され、北海道特有の〝簡易〟な教育が実施された時期を対象にしている。第II部は、北海道の産業経済の比重が工業、炭鉱業部門へと移行し、それに対応した教育施策が展開される時期を対象にしている。第Ⅲ部は、戦時下に対応した北海道教育のありようと、戦後北海道に移住した引揚者と学校教育の関係を対象にした。

第Ⅰ部第1章は、北海道庁が設置された際に、初代長官であった岩村通俊が実施した教育政策を明らかにしている。岩村は、北海道開拓事業を優先するため、道内小学校のほとんどを小学簡易科に指定した。その政策のもとで、小学校を設置維持した人びとの実態を明らかにしている。石狩郡親舟《おやふね》町外九町三村を分析対象地域に設定し、そこで小学簡易科および尋常高等小学校を設置した人びとの教育、学校への期待や考えを明らかにした。第2章は、一八九二年の「市制町村制ヲ施行セサル地方ノ小学教育規程」に拠った北海道の教育制度を分析するとともに、とくに農業地における子どもたちの通学空間の実態を明らかにした。浜益郡の茂生《もい》、群別《くんべつ》、幌《ぽろ》、尻苗《しりなえ》、川下、柏木、および実田《みた》の各村を対象に、小学校の設置維持状況を分析している。第3章は、新潟県から北海道に団体移住した人びとの、移住を決意してから移住後、小学校を設置するまでの過程を明らかにしている。新潟県は多くの北海道移住民を送り出した県である。北海道移住民を送り出すための媒介的組織だった北越殖民社をとおして札幌郡江別村野幌《のっぽろ》に移住した人びとが、どのような過程を経て渡航し、学校を設置するまでに至ったのかを明らかにした。第4章は、日清戦争後、開拓事業促進策によって移住民が増加したことに対応するために施行された、北海道の「簡易教育規程」を分析した。その規程によってもたらされた北海道の就学率の変化と、網走郡美幌村、空知郡富良野村および浜益郡浜益村を対象に、教育の実態を明らかにしている。

第Ⅱ部第5章は、日露戦後から第一次世界大戦に至る時期を対象に、さらなる開拓事業促進策による移住民の増加に対応した「特別教育規程」およびその改正内容を分析した。この時期の北海道の産業構造の変容に対応して、鉄鋼業地である室蘭郡輪西《わにし》村および室蘭町、石炭鉱業地である空知郡歌志内《うたしない》村を分析対象地域に設定し、その実態をとおして北海道教育の特徴を明らかにした。第6章は、第5章と同時期に北海道型の地主制が確立し、小作農場制が展開される農業地の分析をとおして、「特別教育規程」とその改正内容の意味を検討している。対象地域として河西郡芽室《めむろ》村、斜里郡斜里村を設定し、その実態をとおして北海道教育の特徴を明らかにした。第7章は、一九二八（昭和三）年から発行された『北海道小学郷土読本』の内容を分析することをとおして、当時、展開されていた北海道の郷土教育で、子どもたちに育もうとしていた「愛郷心」とは何か、子どもたちに求めた生き方、あり方を検討した。そして一九二七年から実施された「許可移民」制度によって来道した人びとと子どもたちの教育の実態を、川上郡標茶《しべちゃ》村を対象に分析している。

第Ⅲ部第8章は、「国民学校令施行規則」および「国民学校令」の施行によって、変容した北海道教育を分析した。「国民学校令」によって、北海道の小学校はすべて国民学校となり、府県と〝同一〟になることが期待されるが、虻田《あぶた》郡洞爺《とうや》村の単級学校、沙流《さる》郡門別村の複式学級を持つ学校および多級学校の実情をとおして、その実際を明らかにしている。第9章は、戦後北海道に移住した引揚者、引揚児童を移住民として捉え、それらの人びとと学校教育との関係を明らかにしている。敗戦によって殖民地から引揚た人びとと、戦後の食糧難という課題の解決を引き受けたのが北海道であり、戦前の各時期の経済不況による窮民を北海道が引き受けたのと同様に、戦後の日本が抱えた矛盾を解決する「安全弁」として北海道が機能したことになる。[19] それによって学校という場がどのような実情にあったのか、第9章では都市部の実態を札幌市および函館市をとおして、そして第10章では農業および漁業地の実態を枝幸《えさし》町山臼、奥尻《おくしり》町湯浜神威脇《ゆのはまかむいわき》、標茶町上多和《かみたわ》地域の分析をとおして検討した。

本書は、そのような構成で、戦前の北海道教育と、戦後の引揚者と学校教育との関係を分析することで北海道教育の特徴を明らかにするものである。

◉註

1　筆者はこれまで、新潟県上越市、静岡県裾野市および長野県中野市などを対象に地域社会の構造をふまえつつ小学校の設立、維持、運営の実態をとおして、人びとと学校との関わりを明らかにしてきた。具体的には、学校に対する人びとの考えや学校が地域に存在する意味、それがもたらす社会的機能について検討してきた。二〇〇四年以後は、その対象を北海道に移し、調査をすすめてきた。

2　「開拓」という語にはさまざまな注意が必要だと筆者は考えている。人びとが北海道に移住し、地域社会が形成されていく過程を北海道庁らは「開拓」と呼び、移住民も「開拓」だと認識してきた。しかし「開拓」政策が移住民の生活や教育と相克する関係にあったと筆者は現段階で仮説的に考えており、「開拓」という語を使うにあたっては一定の留保や注意が必要だと考えている。ただ、本文や脚注のすべての「開拓」に「　」や注釈をつけることはたいへん煩雑になる。そのためこのように、本文における初出の際に注記を書き、筆者の意図を説明し、以後、本文では逐一のカッコ書きを割愛した。

3　『新北海道史』第四巻通説三、北海道、一九七三年、四五一・四五二・四六〇頁。

4　『学制百年史』文部省、一九七二年。

5　国立教育研究所『日本近代教育百年史』（第一巻〜第五巻）教育研究振興会、一九七四年。

6　『北海道教育沿革誌』北海道庁内務部教育兵事課、一九一八年。

7　『新撰北海道史』（第一巻〜第七巻）北海道庁、一九三六〜三七年。

8　『新北海道史』（第一巻〜第九巻）北海道、一九六一〜八一年

9　『北海道教育史』（全道編一〜四、地方編一〜二）北海道教育委員会、一九五七〜六四年。

10　山崎長吉『北海道教育の発達に見られる後進性について』北海道教育研究所、一九六五年。

11　山崎長吉『北海道教育史』北海道新聞社、一九七七年。

12　北海道開拓政策を肯定的に捉える歴史認識は、移住した人びとも開拓政策によって教導され、指導者のもとに団結してきた存在として位置づけられる。桑原真人はそのような歴史を「自己完結的な」歴史と表現している（『近代北海道史研究序説』北海道大学図書刊行会、一九八二年、四頁）。

13　桑原前掲書。

14　竹ヶ原幸朗『近代北海道史をとらえなおす――教育史・アイヌ史からの視座』竹ヶ原幸朗研究集成第二巻、社会評論社、二〇一〇年、一三~九三頁。

15　大谷奨『戦前北海道における中等教育制度整備政策の研究――北海道庁立学校と北海道会』学文社、二〇一四年。

16　小川正人『近代アイヌ教育制度史研究』北海道大学図書刊行会、一九九七年。

17　竹ヶ原幸朗『教育のなかのアイヌ民族――近代日本アイヌ教育史』竹ヶ原幸朗研究集成第一巻、社会評論社、二〇一〇年。

18　桑原前掲書、三七・三八・六四頁。移民史研究において、北海道に移住した人びとを北海道移民と位置づけることが議論され、歴史学分野では、北海道移民という表現が一定の市民権を得ている（平井松午「北海道移住民研究の課題」『地方史研究』第二四五号、地方史研究協議会、一九九三年）。

19　田中修『日本資本主義と北海道』北海道大学図書刊行会、一九八六年、五九~六四頁。

第Ⅰ部

北海道における「開拓」の拡大・移住者召募の展開と教育

――「簡易」な制度の拡がり（一八八〇年代後半～一九一〇年前後）

北海道庁設置直後の教育政策と地域の実態

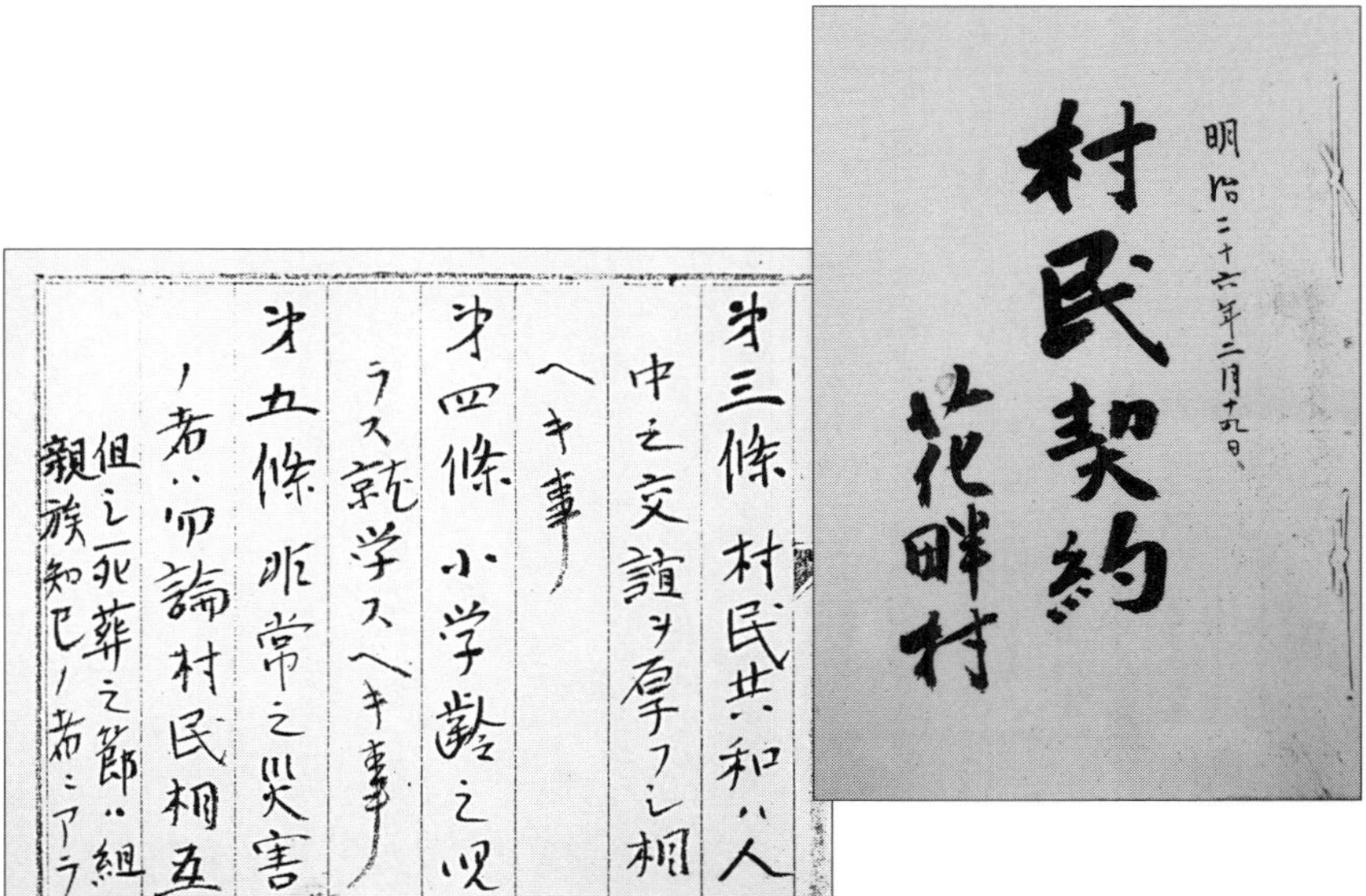
村民契約
花畔村
明治二十六年二月十九日

第三條　村民共和ハ人倫之大基ナレハ村中之交誼ヲ厚フシ相互ニ親密ノ交際スヘキ事
第四條　小学齢之児童アラハ其期ヲ怠ラス就学スヘキ事
第五條　非常之災害疾病アルトキハ近接ノ者ハ勿論村民相互ニ救助スヘキ事
但シ死葬之節ハ組合ヲ定メ置キ組合外ハ親族知己ノ者ニアラサレバ関係ナキ者トス

「花畔村の「村民契約」」（1893年）
いしかり砂丘の風資料館所蔵

はじめに

一八八六（明治一九）年、内閣制の発足とともに内閣直属の北海道庁が設置された。北海道行政と開拓事業を分散させたこれまでの三県一局制を廃し、道庁による統一的行政機構へと改変された。北海道庁はそれまで実施していた開拓政策の転換を図り、翌年に初等教育制度も改変した。第一次小学校令（勅令第一四号）を意識しつつ一八八七年に道庁が施行した教育制度の分析と、その制度下にあった人びとの小学校設置維持の実態を把握し、移住民にとって小学校とは、どのような存在だったのかを明らかにすることが本章の課題である。

第一次小学校令には、森有礼が奨励した小学簡易科の設置について記されていた。『日本近代教育百年史』第四巻学校教育二には、その設置が「第二地方部」である東北・北海道では少なかったと記されている[1]。しかし実際は、『北海道教育史』に記されているように北海道のほとんどの小学校が簡易科に指定されたのである[2]。『北海道教育史』はそのことを指摘しつつ、道内に公布された小学簡易科教則の条文を載せている。しかし、条文の確認にとどまり、それ以外に公布された規則には触れておらず、それらから見いだせる北海道教育の特徴や、地域の実態をふまえた学校教育の展開状況については検証していない。

本章では、第一次小学校令に対応しつつ北海道独自の制度を施行したこの時期の教育の特徴を、小学簡易科教則とそれ以外の規則も含め地域の実態をとおして検討する。当該時期に移住民数が多かった石狩地域の、親舟町外九町三村を対象地域に設定し分析する。

第1節　北海道庁による「開拓」政策の転換と小学校

1　北海道庁の教育方針

北海道庁によって統一的行政機構へと改変された背景には、当時太政官大書記官の任にあった金子堅太郎が伊藤博文に提出した「北海道三県巡視復命書」[3]があったといわれている。無駄を省き、内閣直属の統一集権的な行政機構を確立することにより、停滞していた開拓事業を促進することが目的だった。道内を巡視した金子が、一八八五（明治一八）年に伊藤に提出したその復命書には、北海道の教育状況と今後の方向性についても記述されていた。「北海道ノ普通教育法ヲ改正スルノ議」と題して、

謹テ按スルニ欧米諸邦ノ其殖民地ニ対スル政策タルヤ専《もっぱ》ラ実利勧業的ニアリテ知育ノ点ニアラス、故ニ学校建築ノ如キハ其最モ後ニスル所ノ者ナリ、然ルニ堅太郎曩《さ》キニ命ヲ奉シテ北海道ニ赴キ、其普通教育即チ小学校等ノ実況ヲ視察スルニ大ニ此ニ反スルモノアリ、何ソヤ蓋《けだ》シ其教育法タル徒ニ高尚ノ学ニ流レ頗ル実利ニ疎ク、所謂殖民的ノ教育ニ適当セサルモノ多シ、（略）小学ハ官途ニ登ルノ階梯ナリト誤認シ開拓事業ノ如キハ復《また》以テ其念ト為サヽルカ如シ、夫レ果シテ此ノ如クナラハ北海道ノ小学モ亦内地ト同シク徒ラニ官吏養成所タルニ過キスシテ、拓地殖民ノ事業ハ其レ又之ヲ誰ニカ望マンヤ、

と記述されている。[4] 当時、北海道に設置された学校がどれほど「高尚ノ学ニ流レ」ていたのかはわからないが、北海道を「欧米諸邦ノ」「殖民地」にたとえ、そこでの学校建築は「最モ後ニスル」ものであるはずが、実際は、「其教育方法」も「実利ニ疎ク」「殖民的ノ教育ニ適当セサルモノ」が多い、とある。明治政府は、北海道を「殖民地」として捉え、そこで実施される「殖民的ノ教育」は「実利ニ疎ク」ない教育でなければならないとしていたのである。北海道の教育は開拓事業の促進を優先課題とするような体制に改変すべきであると、金子は認識していた。さらに、金子は、

第一　哲学修身等無形高尚ノ教育法ヲ止メテ、実利勧業的ノ哲学ヲ興シ、務メテ其脳髄ニ拓地殖民ノ実利主義ヲ養成セシムル事

第二　方今《ほうこん》開校ノ季節ヲ改メテ、其年十一月ヨリ翌年四月マテノ間ヲ以テ開校授業ノ季節ト定ムル事

第三　十戸乃至十五戸ヲ一組トシ、中央ニ在ル農家ヲ以テ仮授業場ト為シ務メテ学校建築ノ如キ費用ヲ省ク事

第四　教員ハ僧侶、戸長、用掛若《も》クハ郡役所ノ書記等ヲ以テ之レニ充テ、務メテ教員雇入給料ノ如キ費用ヲ省ク事

という、四つの教育方針を掲げた。[5] 学校の開校時期を農閑期、冬季のみとすること、そこで行われる教育はもっぱら実業的観念を培う内容とし、子どもたちを開拓事業の労働者、継承者として位置づけている。新たに学校という教育機関を設立するのではなく、人びとの住居を教場とし、教員資格を有しない者を教員として雇うことで教育費を削減し、その分を開拓事業に充てようとする方針だったといえる。

実際、当時北海道に設置された小学校はどのような実情にあったのか。金子が指摘するように「高尚ノ学ニ流レ」た内容を教授していたのだろうか。開拓使学務局や道庁教育課の官吏として教育に関わり、道内を巡視した三吉笑吾の記録[6]から探ってみたい。三吉の日誌には、一八八四年の後志《しりべし》地方日司《ひづか》村には「百余漁家」があり、そこにあった学校は「洋風を模擬して硝子窓光線の便」がよい校舎だったと記されている。さらに湯内《ゆない》地域には戸数が六〇、生徒は五〇名、「洋風模造の学校」があり、それは「漁家資産の富」によるものであったと記されている。しかし他方で、室蘭地方の室蘭学校は、生徒数は多いが「一里余の山道を経て至る故を以て、開業時間常に午前十一時頃」になるという。輪西学校は、「茅屋、四面土壁にして且土間の儘なり」「加之窓甚《はなはだ》卑く光線甚宜らず」という状況だった。また虻田地方では、一八八四年に「飢寒」が迫り、「児童の食も亦薄粥によらざる得ず」「学校に昇降する能はざるもの多し」と記されている。[7]各学校での授業内容については、遺憾ながら記述されていないため確認することができないが、人びとが移住した地域の状況、すなわち自然環境や開墾のすすみ具合、戸数、財政状況によって校舎の作りや設備状況に格差があったことがわかる。金子は教育内容が「殖民地」にそぐわないと指摘していたが、三吉はおもに校舎や教育設備に視点を注ぎ、

（略）曾て文部省が学事諮問会の時、簡易校舎の建築法を述たり。本村戸長の意見は凡二十坪の校舎にして洋風を擬せんとせり。予はその浮華を責めた左の簡易法を説けり。構造　板若は草を以て屋根を葺くべし。柱は皮の儘にても可なり。羽目は板若は土壁適宜たるべし。教員の寄宿四畳半若《もしく》は六畳は座を張るべし。教場は土間として生徒は土足の儘出入するを得べし。椅子・卓子は杭を打込たる上に板を打つべし。

本村の如き戸数両村にて八十戸はあれども、実際通学すべき児童恐くは二十名に満らざるべし。左すればば総体の合坪十坪内外にて可ならん。蓋《けだし》近年各地教育の事浮麗に流れ、多くは外見を美にするあり。此弊

は独り我北海道のみならず、他道皆粗然らざるはなし。故を以て其甚しきは経費支へず、所謂不相当の校舎を設けたるより議論百出せるあり。

と述べている。[8] 移住民の子どもたちのために設置する校舎を一〇坪内外とし、教場内は土足で出入りする土間にして、机や椅子も杭を打ち込んで板をおく程度の簡易な設備でよしとした。

府県では「学制」の頒布後、「学問は身を立てるための財本である」というスローガンのもとに、学校の普及が図られてきた。一八八〇年代には新しい教育に期待し、豪農、豪商と呼ばれる人びとも財力を投じて擬洋風建築の学校を全国各地に設立している。移住民は国内府県から移住してきた人びとだったから、郷里での学校経験から同様の認識で擬洋風の学校を設置したところもあったであろう。しかし金子や三吉、そして明治政府は「内国植民地」としての北海道教育と、道外の教育を明らかに別のものとして認識し、「小学ハ官途ニ登ルノ階梯」ではなく「内地ト同シク徒ラニ官吏養成所」のようなものであってはならなかった。北海道で行われる教育は「殖民地」に相応しく、民家などを教場にして費用を節約し、開拓事業を優先させる〝簡易〟な教育であることが当初から想定されていたのである。

金子の「復命書」が提出された翌年、一般行政機関と開拓推進機関を統一した北海道庁が設置され、同年、「北海道土地払下規則」が示された。[9] 国有未開地については、これまで「売下」方法で所有権が与えられていたが、「貸下」方法を主とし、一〇年以内に一〇万坪以内の開拓事業を完了すれば「千坪壱円」でその土地を払い下げ地券の交付を行うという内容だった。土地を「貸下」、事業完了をもって払い下げるという条件が提示され、この時期、松方財政のデフレ政策で土地を失い困窮した人びとが北海道移住に目を向けていったのである。一八九二年には「団結移住ニ関スル要領」が公布され、[10] さらに団体による移住がすすめられた。

では、当時の北海道の教育制度はどのように整えられていったのだろうか。一八八六年に第一次小学校令が公布されるが、初代北海道庁長官に就任した岩村通俊は、その翌年、全道郡区長会議で施政方針を述べている。そこでは教育に関する方針も述べており、「教育ノ程度ヲ低フス」と題して次のように宣言した。[11]

(略)抑《そもそも》、新開ノ殖民地ニ在テハ、人民ハ其全力ヲ殖産興業ニ尽サヾル可ラズ、官府モ亦之ヲ保護シ、務メテ民力ヲ培養シ、早ク其独立ヲ期セザルベカラズ、故ニ教育ノ事ノ如キハ、率《おおむ》ネ簡易、卑近ナルモノニ止メ、其教科ハ農夫、漁民ニ適切ナルモノヲ選ビ、其授業時間ハ、之ヲ短縮シテ午前若クハ午後ニ於テ二、三時間以内トシ、或ハ土地ノ景況ニ依リテハ、冬期ノミノ学校ト為シ、其休暇ノ如キモ、漁民ハ漁業ノ期節、農民ハ収穫ノ期節等、各其生業繁忙ノ時ニ於テスル等、成ルベク自家生業ノ助ケヲ為サシメンコトヲ是レ計ルベシ、是レ、本長官ガ此度、学事諸規則ヲ更正シ、函館、福山、江差、札幌、小樽、及ビ根室等、已ニ小都会ヲ為シタル地ヲ除クノ外ハ総テ簡易科学校ト為シタル所以ナリ、

開拓政策下にあった北海道において移住民に優先されるべきは「殖産興業」であり、それを推進して「民力ヲ培養シ、早ク其独立ヲ期」するために「教育ノ事ノ如キハ」〝簡易〟にとどめる、と明瞭に述べている。学校での学びに割く時間を短縮して、子どもたちを「自家生業ノ助ケ」に従事させるべきであり、そのため「小都会」にある小学校以外はすべて小学簡易科に指定した。この方針を具体化するために道庁が制定した「町村立小学校等科」(北海道庁令第一七号)には、高等科を併置できる尋常高等小学校を、「都会」と目された札幌の創成学校、函館の弥生小学校、松前の松城小学校の三校とし、尋常科のみの小学校を小樽の量徳学校、函館の宝小学校、松前の福山女子小学校および熊野小学校、そして山上小学校、檜山の柏樹小学校、根室の花咲小学

校に限定すると明記されていた。そして、それらの小学校以外、道内の約九六パーセントの小学校が小学簡易科に指定されたのである。

2 北海道庁の教育規程・教則

一八八七年に道庁は、「小学校規則及小学簡易科教則」（北海道庁令第一六号）、「町村立小学校等科」（北海道庁令第一七号）、「町村立小学校ニ要スル一ヶ年ノ経費」について の訓令（北海道庁訓令第一四号）、そして「学校設置変更廃止規程」（北海道庁令第一八号）を一括して公布するとともに、それまで実施していた学校設置維持のための補助を廃止（北海道庁令第二二号）している。当該時期は松方財政政策の影響で困窮する人びとが増加していた。道庁設置とともに出された「北海道土地払下規則」により、道外で家や土地を失った人びとが北海道に移動した。北海道に移住した、そのような人びとの子どもたちへの教育対応が、それらの規則や訓令だったのである。

「小学校規則及小学簡易科教則」は、いわゆる第一次小学校令を受けて尋常および高等小学校、小学簡易科の規則・教則を定めたものである。それによれば、北海道の尋常科の規則は府県のものにおおよそ準じているが、修身・読書・作文・習字・算術・体操以外に、第二学年以上には「土地ノ情況ニ従ヒ実地或ハ談話ニヨリ農漁商工等ノ実業ヲ嗜好スルノ念ヲ開クヲ旨トス」る実業演習を学科として課した。実業演習の時間は「授業ノ都合ニ依リ体操ノ時間ヲ流用スルヲ得」とされており、尋常科では週二時間実施された。高等科においては、一八八六年の文部省令「小学校ノ学科及其程度」（第八号）により「土地ノ情況ニ因テハ」「英語農業手工商業ノ一科目若クハ二科目ヲ加フルコト」ができるとされたが、北海道では「農業漁業若クハ商業工業等ノ初歩ヲ授ケ務メテ実業ヲ嗜好シ労働ヲ厭ハサルノ習慣ヲ与フ」ため、各学年に四時間の実業演習科目を課したのである。

そして北海道の小学簡易科は、次のように規定された。

第一条　小学簡易科ノ修業年限ヲ三ケ年トシ一日ノ授業時間ヲ三時トス
第二条　小学簡易科ノ学科ハ読書作文習字算術実業演習トス
　但実業演習ハ定時間外ニ於テ一週三時之ヲ課ス
　（略）
第八条　各学科ノ程度左ノコトシ
　読書　仮名、仮名ノ単語短句及簡易ナル漢字交リ文（実業適切ノモノ）
　　作文仮名ノ単語短句簡易ナル漢字交リ文及口上書類日用書類
　習字　仮名行書日用文字口上書類日用書類
　算術　買物ノ計方買物ノ加減乗除及数字珠算用法簡易ナル加法減法乗法除法度量衡貨幣雑題（珠算）
　実業演習　土地ノ状況ニ従ヒ実地或ハ談話ニ由リ農業商工等ノ実業ヲ嗜好スルノ念ヲ開クヲ旨トス又年長女児ニハ裁縫ヲ課スルヲ得

北海道の小学簡易科規程を中央のものと比較すると、実業演習を小学簡易科に課したという特徴がある。教育内容も「実業適切」な「口上書類日用書類」の読み書きを中心とする内容で、子どもたちに自家生業や将来の職業に関わる実業的知識を与えること、すなわち開拓事業を優先し、それを引き継ぐ労働者の養成を目的とした教育内容だったと思われる。小学簡易科の経費については、もともとその設置趣旨が貧困家庭の子どもを就学させることにあったから、府県においては授業料を徴収せず区町村費をもって賄われた。しかし北海道の

表1　町村立小学校に要する1カ年の経費（抄）

学校名	金額	学校名	金額	学校名	金額
創成学校第一分校	4,151円	対雁学校	142円	盃学校	188円10銭
量徳学校	2,111円	月形学校	189円	神恵内学校	196円10銭
創成学校第二分校	534円50銭	幌内学校	142円	珊内学校	128円90銭
山鼻学校	327円	石狩学校	420円80銭	常盤学校	290円40銭
円山学校	160円	石狩学校若生分校	71円	室蘭学校	135円50銭
琴似学校	327円	花畔学校	121円50銭	輪西学校	127円
上手稲学校	121円50銭	当別学校	151円90銭	輪西学校塵別分校	52円
下手稲学校	133円50銭	厚田学校	188円80銭	幌別学校	140円
豊平学校	133円50銭	厚田学校安瀬分校	72円	紋鼈学校	659円
白石学校	181円	古潭学校	165円30銭	紋鼈学校長流分校	115円
月寒学校	134円50銭	茂生学校	194円70銭	紋鼈学校関内分校	115円
苗穂学校	134円	野束学校	162円30銭	紋鼈学校稀府分校	115円
藤古学校	134円50銭	堀株学校	161円70銭	有珠学校	115円
丘珠学校	132円	修正学校	165円60銭	虻田学校	115円
篠路学校	129円50銭	泊学校	175円60銭	白老学校	144円70銭
苫小牧学校	155円30銭	千歳学校	138円90銭	平取学校	37円

『北海道庁布令全書　上』（北海道庁、1887年）から作成。

小学簡易科は、「小学簡易科ト雖《いえども》土地ノ情況ニヨリテハ一ヶ月金二十五銭以下ノ授業料ヲ徴収スルコトヲ得」（北海道庁令第七八号）とされた。教育機関が小学簡易科のみの地域がほとんどだったこと、小学簡易科であっても財政基盤が確立されていない地域にとっては、授業料を徴収しなければその維持経営がなりたたなかったからだと思われる。

　北海道は同年に「町村立小学校ニ要スル一ヶ年ノ経費」を公布し、当時道内に設置されていたすべての小学校の年間必要教育費を明示した。**表1**は、そのうち札幌周辺の小学校のみを取り上げたものであるが、そこには札幌の尋常高等小学校である創成学校の四、一五一円を筆頭に、平取《びらとり》学校の三七円に至るまで、各学校を維持するために要する具体的な経費が示されていた。あえて具体的な金額を公示したところに、教育費の「節減」を図ろうとする道庁の姿勢が明瞭に表れている。金額は学校種や就学者数、地域の戸数などを考慮して道庁が見積もったと思われるが、必要経費を一三〇円台と一二〇円台に抑えた小学簡易科が全体の約四五パーセントを占めていた。抑えた分の費用を開拓事業にあて、年間一三〇円台あるいは一二〇円台で維持する小学簡易科が、道庁が理想とする小学校のモデルだったといえよう。

「学校設置変更廃止規程」には、「町村立学校ヲ設置セントスルトキハ」町村の戸数、人口、校名、校則、試験、授業料などの規則、校舎の図面などを記して戸長へ提出し郡長を経て長官に伺い出ることが定められている。さらに小学校設置の際には教員俸給額や学校の維持方法を記して道庁の認可を受けることを指示し、学校維持の将来的見通しを立てることを地域に要求した。それは道庁の基準に照らし小学校維持の見通しを示すことができた地域、すなわち、一定以上の移住民数を有し開拓作業がすすんだと道庁が判断する地域でなければ、小学校設置が認可されなかったことを意味する。経済的に厳しい人びとが多かった移住民が入地してまもない地域にとっては、小学簡易科を設置することさえも、容易ではない課題であったのだろう。

ところで、小学簡易科に関するこれまでの研究は、もっぱら府県に設置されたものを分析対象にしてすすめられてきた。森有礼が就学普及のために授業料の支払いが困難な家庭を対象に設けた制度であり、しかしその意図に反して実際は簡易科を好まない人びとが多くいたことが指摘されてきた。[12] 近年においては、実態分析をとおして簡易科を望んだ地域もあったことが指摘されている。[13] 北海道の「小学簡易科教則」が、貧困の家庭が多い移住民を対象にしたという点では府県と共通する。しかし、「実業演習」という科目を設け、開拓事業を担う労働者養成を念頭においた授業内容だったことや、授業料徴収を可能にした点は異なる。そして先に記述した同時期に道内に公布された他の規則内容を併せて考慮すると、北海道の小学簡易科は、就学普及だけを目的としたのではなく、金子のいう、「実利ニ疎ク」ない「殖民的ノ教育」を実施し「殖産興業」のための労働力確保と、その事業費を重視した教育費削減のための小学簡易科であったといえよう。開拓政策下の北海道に設置された小学簡易科は、そのような性格を有するものだった。したがって小学簡易科は、当初は、森が貧困な家庭の子どもたちの就学のために設けた教育機関であったとしても、実際に推進した地域によっては、異なる目的、内容をもって設置された可能性がある。北海道のみならず島嶼など、さまざまな事情を抱えた地域に設置された小学簡易科が、いかなる性格、目的をもって設置されたのか、今後の課題として追究する必要があろう。

第2節　小学簡易科設置の実態

1　小学簡易科の設置と維持・運営

では、実際に人びとはどのような状況で、学校にどのような思いを抱きながら小学簡易科を設置したのだろうか。

石狩郡親舟《おやふね》町外九町三村は、札幌から北へ約二五キロメートル、石狩川の河口に位置する。親舟町、本町、弁天町、新町、浜町、横町、仲町、舟場町、若生町、八幡町、花畔《ばんなぐろ》村、生振《おやふる》村、当別村から成る。花畔村、生振村、当別村の三カ村は農業を生業とする移住民によって形成されてきた地域である。花畔村は、岩手県から移住した人びとによって開拓事業が始められ[14]、さらに他県からの移住民が加わり戸数が増加していった地域である。しかしその後、農業ではなく収入のよい漁場での労働に従事する者が増えていった。漁民は漁場を求めて移動するため同村には定着せず、一八八七（明治二〇）年段階での戸数は四〇前後であった[15]。農業従事者も開墾地を移す場合があり、花畔村に限らず当時の北海道は、保護者の開墾地や、漁期に合わせた漁場の移動とともに子どもの移動、学校の転出・転入が頻繁に行われた。花畔村には一八七三年に小学校が設置されるが、経済的理由から維持できず、その後、休校、開校が繰り返されている[16]。おそらく、移住民の頻繁な移動によって財政基盤が確立されなかったからであろう。小学校が開校されたときの就学者数は五、六名だったという[17]。小学校が開校されないときは、横町に設置された石狩小学校に子どもたちは通っていた。しかし、それは遠距離通学となり、出席や就学すること自体が困難だった。

「北海道土地払下規則」が施行され、「殖民地撰定及区画施設規程」によって一戸に与えられる土地は、平均五町歩（一万五千坪）であり、間口一〇〇間、奥行き一五〇間の区画が居住空間とされた。住居はその所有地内におかれたため、隣家とかなりの距離を隔てることになる。北海道の農業地の構造は、府県で形成されたいわゆる東北型や近畿型のように家と家が密接する集住型、あるいは家どうしが近距離にある形態とは異なる散居（疎居）形態をとった（散居形態については第2章で詳述する）。当時の花畔村も同様で「村落ニ於テハ一村内数里ニ相渉リ隣家ト雖《いえ》トモ数町ヲ隔絶シ」ており、「公務ノ触事其他公事ニ関スル件」の周知が遅れがちになるため、各戸に必要事項を知らせる「小使」を村費で雇うことが村の会議で協議されている[18]。そのような地域状況にあったから、石狩小学校へ通うこと自体が子どもたちにとって困難であり、授業に出席することはほとんど不可能だった。花畔村のように移住民が入殖しても安定した一定数の人口が見込めない地域では小学校を設立できず、さらなる移住民の増加を待ち、定住者によって一定の財政基盤が確保されて学校を設立維持することができるようになるのである。したがって移住後まもない地域では、小学簡易科といえどもすぐには設置することができず、開墾した農地から収益が得られるようになる五年以後にようやく設置できるという地域が多く、子どもたちはそれまで教育制度の枠外におかれた状況にあった。しかし、小学簡易科を設置することができなくても人びとは子どもの教育を望み、私宅や寺院を教場に代えて戸長や僧侶らが簡単な読み書き計算を子どもたちに教えていたところも少なくなかった。[19] 北海道には当時、そのような私設の教場が各地に存在した。

一八九〇年頃から花畔村に山口県、愛知県、石川県などからの団体移住があり、人口が増加して村の戸数が一八九六年には二八八戸に至った。[20] 一八九一年に簡易科の花畔小学校が認可され、これ以降、小学校の経営は比較的安定したという。人口増加に伴い学校を維持する財源が、ある程度確保できるようになったからだと思われる。資料の制約上、花畔村の当該時期における就学率を明らかにすることはできなかったが、一八九七年には就学者が一五〇名に至ったことが、次項で述べる同村に入殖した金子家の資料に記録されている。[21]

一八八七年に道庁が公布した「町村立小学校ニ要スル一ヶ年ノ経費」に示された同校の年間経費は、一二一円五〇銭であった。一八九四年の花畔小学校の年間維持経費は一二三円六〇銭だったから、[22] 道庁提示の金額より若干多いがほぼ同程度の金額で学校を維持していたことがわかる。しかし同村の全村費中、教育費が占めた割合は約四〇パーセントであり、[23] 道庁が「節減」し明示した金額ではあったが、移住民の負担は大きかった。

道内では、小学簡易科を設置した地域の教育費が、「町村立小学校ニ要スル一ヶ年ノ経費」に示された金額よりも高額だった地域がじつは多かった。後述する石狩小学校もそうであるが、たとえば、北海道南部に位置する山越《やまこし》郡山越内村の小学簡易科にかかる年間必要経費は、道庁提示の一三二円に対して約二三二円であった。[24] 山越内村の教育費は全村費中、約五九パーセントを占めている。花畔小学校および石狩小学校は授業料を徴収したが、山越内小学校は徴収していない。授業料を徴収しなかったことが負担率に反映していたのであろう。ちなみに山越内村の隣村にある八雲村の小学簡易科の教育費負担の割合は、全村費中約五二パーセントである

（この地域も授業料は徴収していない）。北海道では、設置された小学校が簡易科であってもそれを維持するための負担はけっして軽くなく、多くの移住民はあえて高額な経費を負担して小学簡易科を維持していたのである。

ところで、小学簡易科で行われた「実業演習」は、どのような内容だったのであろうか。授業は「実地」による演習よりも、「談話ニ由」る場合が多かったようである。小学校の設置そのものが困難だったから、演習のための付属地を設けることができなかったことや、教員自身に「実地」指導ができるだけの技術がなかったからである。[25] たとえば、漁業を生業としそれに関連した商業活動が盛り上がりを見せていた岩内郡橘町における尋常小学校の「実業演習」の筆記試験には、「漁ニ用フル諸器具ヲ略記セヨ」とか、「商人ニ欠クベカラザル徳三アリ即チ勤倹信ナリ其勤トハ何ノ必要アル」などの問題が出題されていた。[26]「談話ニ由」る授業ともっぱら知識を問う試験は「実業演習」にはほど遠い。「農夫、漁民ニ適切ナルモノヲ選」んで実業を重視した道庁の教育政策は、その方針を実現するだけの準備がなされないまま施行されたと考える。

2　小学簡易科の社会的機能

花畔村に小学簡易科が設置されたのは、一八九〇年以後に戸数が増加し学校維持費を確保することができるようになったからであるが、その際、一八八八年から同村に移住した金子清一郎が大きな役割を果たしている。金子清一郎は新潟県三島郡瓜生村外五ヶ村の戸長であったが、単身北海道に渡り花畔村に移住した。[27] 彼は移住当初の花畔村の移住民の様子を「壮男ハ概ネ伐木業及漁業ニ従事シ、農業ハ一切婦女子ニ托シテ其日ヲ送リ、更ニ土着ノ意旨ナシ」と記し、そのため、人びとに「自ラ耕耘ヲ甘シ婦女子ヲシテ養蚕ニ従事セシメ、漸次村民ニ交接シテ其土着心ヲ維持セシメ」たと記録している。[28] 金子清一郎は、一八九二年に村の惣代に選出されている。[29] それ以後に記された彼の記録を追っていくと、ゼロから着手され徐々に形成されていく開拓下北海道の地域社会を看取することができる。隣村との境界線を確定し、増加する人口に対応して村内を区画し、区画された地域ごとに代表者をおき、会議を持ち、村費納税額を決めるなどの工程が読みとれる。しかし、「人衆ハ各自郷里ヲ異ニシ旧来ノ習俗」が別であり「隣保ノ情誼温カナラス」ため、「一定ノ規約ヲ締結シテ民約ヲ確定」する必要があるとして、一八九三年に「村民契約」を作成し村民に連署させた[30]。全七条からなる「村民契約」第四条には、「小学校齢之児童アラハ其期ヲ怠ラス就学スヘキ事」と記述されている（**第1章扉写真参照**）。そして村内を五〇戸ごとに区画して組合をつくり、組合頭をおいた。組合頭に関する規約「組合頭選挙法」には「組合頭ノ勤務」内容が規定されており、そこには「学齢児童ノ就学ヲ勧誘スル事」とある[31]。出身地が異なり習俗を異にする人びとが集まって新たな地域社会を形成するためには、子どもを学校に就学させることが必要条件になっていた。新たな地域社会の形成には、学校の存在が必要不可欠であり、子どもを学校に就学させることが必須の条件であると金子は考えていた。

彼は人びとの言行の「野蛮ナルヲ慨嘆シ」「風俗言語ヲ正スハ教育ニアル」と説き、「良習慣ヲ養成」する学校教育を重視した。そして同村の「学事ノ振ハサル」要因は、「教員ソノ人ヲ得サル」にあるとして、訓導資格を持つ実弟を郷里の新潟から呼び寄せ花畔小学校の教員に就任させた[32]。彼は、当時、新聞に掲載されていたと思われる文章を自身の記録簿に書き写している[33]。その文章の内容がまさに自身が手がける地域の実情そのものであったがために共感し、あえて引用したと思われる。それは次のような内容だった。

（略）古今殖民地ハ、四方ヨリ集合ノ人民各自其郷貫ヲ異ニスルヲ以テ風俗人情雑駁ヲ極メ、東隣西舎語音ヲ異ニセルカ如キハ敢テ異トスルニ足ラス（略）故ニ今ニシテ区町村ニ一定ノ規約ヲ締結シテ民約ヲ確定シ以テ地方ノ秩序ヲ維持シ公益ヲ発達セントスルカ為メ、一町一村ノ規律ヲ厳正ニシテ良習慣ヲ養成シ、一和親睦共愛協力ノ実ヲ挙ケ他日ノ効果ヲ期セントスルハ目下ノ急務ナラントス（略）一定ノ規律良習慣ヲ維持スヘキ基礎ヲ確定シ、未来ノ来住者ヲシテ其基準ニ馴致セシメ以テ幸福安全ノ地タラシメンハアラス（略）将来益《ますます》生存競争其度ヲ進メ人事ノ関係益複雑ナル時勢ニ当ラントスルニハ、一町一村ノ規律ヲ確立シ良習慣ヲ養成シテ未来ノ発達ヲ計ルノ善後策ヲ講究スルニアラサレハ（略）町村ノ規律ヲ正シ公共ノ事業ヲ拡張シ経済ノ基礎ヲ定メテ戸口ノ出入ヲ詳ニシ、邑ニ徒食ノ輩ナク家ニ無教育ノ児童ナク協同博愛ノ心ヲ以テ地方ヲ保持シ相互公私ノ利益ヲ増進セシメントス、

金子清一郎は学校教育を、移住民による地域社会の形成と密接な関係にあるものとして捉えていた。「風俗」や「人情」「語音」（方言）が異なる移住民が集まり、一つの社会を形成するためには、互いの関係が浮薄のままでは協同団結するには至らず風俗も乱れ、「町村ノ風紀紊乱シテ人情乖離スルトキハ公共ノ事業ハ廃レ」「地方ノ衰頽」は免れない。[34] 異なる風習、文化をもつ人びとに協同性を培うためには、「一村ノ規律」を「厳正」にして「良習慣ヲ養成」し「地方ノ秩序」を形成することが必要である。その秩序形成によって地域は安定し、人びとの安全は確保され、安定した地域においてこそ、人びとは親睦を深め「共愛協力ノ実ヲ」発揮する。そして公共事業を興し、それを通じて公益を得て地域は発展していく、と考えていた。学校は、風俗言語を正し「良習慣ヲ養成」するところだから、異なる地域から集った人びとに新たな共通した「良習慣」を形成する。学校は、共通した「良習慣」すなわち価値観・規範や行為を醸成し、地域秩序を形成する。したがって、地域秩序の精神的物理的な基盤をつくる必要不可欠な存在である。学校教育をとおして「風俗言語ヲ正」し「良習慣」、価値・規範や行為を醸成してこそ、人びとは協同性を培い、それを発揮して「進ンテ至難ナル公共事業」[35] すなわち「殖産興業」に従事し、地域社会の発展が望める。そして、学校の設置維持そのものが地域で共有す

る公共事業なのだから、学校を維持することをとおして人びとの協同団結が図られ、「相互公私ノ利益」も得られると考えていたのではないだろうか。

そのような金子の考えには、道庁の教育政策とは異なった小学校教育の受けとめ方があると思われる。「公共ノ事業ヲ拡張シ経済ノ基礎ヲ定メ」るという記述は、道庁の方針と重なる地域指導者としての立場に通じる内容である。しかし、出身県が異なり、異なる方言や慣習、文化をもつ人びとの協同性を培い、一つの地域社会を形成していくには、学校教育を開拓事業のなかで後回しにするのではなく、入地した当初から積極的に人びとのなかに位置づけることの必要性が認識されていたと考える。為政者にとっての開拓事業は、資本と労働力を投入して産業を興すことであるから学校教育は後回しになる。しかし移住した人びとにとっての開拓事業とは、北海道の地に自分たちの暮らしをたて生きていくことであり、異なる文化を持つ人びとと協同して一つの社会を形成していくには、教育条件の整備が必要不可欠だという、実際の地域形成を担う指導者としての認識が読み取れるのではないだろうか。学校が尋常科ではなく簡易科であっても、地域社会を形成しそこで人びとが生活するために必要な社会的機能を小学簡易科に見いだして、それを積極的に活かそうとする見識があったと思われる。異なる文化、習慣を持つ人びとのなかに協同性を作り協同体制を形成して生活を維持していくために、学校は必要不可欠なものとして認識されていたのである。

第3節　尋常高等小学校設置の実態

1 尋常科および高等科設置の過程

一八九一（明治二四）年に北海道庁長官に就任した渡辺千秋は、岩村通俊の方針とは異なり、地方の実情に応じた学校を設置すること、すなわち財政的に可能であれば尋常科を設置し高等科を併置することを奨励した。それ以前の岩村の方針に対して、人びとや道内教育界からの反発が大きかったからである。たとえば、一八九一年二月に道内教育の「普及改良及上進」を目的として創立された北海道教育会の発行雑誌創刊号には、「本道ノ教育ハ高過ル」「学校ニソウ金ヲ掛ケルニ及ハス」、本道の「教育ハ第二段デ有ル」という方針の結果、北海道の教育が「普及ノ道ニモ改良ノ道ニモ」「共ニ大ナル障害ヲ横ヘテ」「一時其進歩ヲ止メタ」という文章が掲載されている。[36] そのような教育界の反発や、道内の財政状況が地域によって異なること、さらに簡易科ではない小学校の設置を望む移住民らに、渡辺は対応したと思われる。では、多くの小学校が簡易科に指定されたなかで、尋常科を設置し高等科を併置したのはどのような地域だったのか。

石狩郡の親舟町外九町は、一〇町区域内に居住する子どもたちを対象にした小学校を一八七五年に舟場町の民家を借用して設置した。一八七八年には弁天町に校舎を新築し、その後は横町に移転させ、一八八七年に簡易科の石狩小学校となった。[37]

一八九〇年九月、簡易科の石狩小学校に就任した教員、折内平三郎は、同校に補習科を設置した。[38] 一八九一年一月に教育幻灯会を小学校で開催し、子どもや父母ら二〇〇余名を集めた。[39] 二月には、同地域の青年たちが「結合して徳義を高め知識を交換することを目的に」石狩青年談話会結成の話し合いを行い、会則を決め、幹事に折内を選出した。[40] 石狩青年談話会は、その後も演説と幻灯会を行いながら繰り返し開催されている。[41] 同年三月に開催された「教育幻灯演説会」では三〇〇名の聴衆を集め、「小児生育の話」「教育の必要」「婦人は家庭の女王」「妊婦衛生の話」などをテーマとした演説が行われている。折内も「児童の教育」と題して演説した[42]。四月の「演説幻灯会」にも三〇〇余名の聴衆が集まり、「商法家の前途」「石狩市民の注意を望む」「親の義務」「家庭教育」「徳育」「独立心」などの演説が行われた。その会で、折内は「簡易科の程度に就いて」と題して演説した[43]。演説には、教育に関わるテーマが多い。「徳育」と題して演説したのは八幡町の総代である畠山清太郎であり、「教育の必要」と題して演説したのは、後に道議会議員となる岡村三治であった[44]。折内だけでなく、地域の指導的立場にある人びとも教育をテーマにして演説していたことが注目される。この演説会の数日後、小学校で石狩青年談話会の例会が開かれ、「知育、徳育のどれに重点を置く」べきかが議論されたという。その場では、「知育に重点を置く」べきである、という意見が多かったと新聞には記載されている[45]。この「知育に重点を置く」べきであるという考えは、金子堅太郎のいう「高尚ノ学ニ」たんに流れていた状況を示すものではないだろう。漁業や農業を営み生活をよりよくしていくには、新たな近代的漁業や農業の知識、技術を必要とするのは当然のことである。簡易科でのみ得られる知識や技術にとどまらず、さらに上級学校の知識を得ることを望んでいたと考えられ、その専門的知識を得るためには尋常科、高等科の設置が必要だったと思われるのである。

石狩青年談話会が結成された同月、「石狩の有志」が「このほど設立された北海道教育会に入会した」という記事が新聞にある。創立時の会員として折内もその名を連ねていた[46]。同教育会の前述の雑誌創刊号にあったように、本道の「教育ハ第二段デ有」り、小学簡易科にとどまることが教育の「進歩ヲ止メ」ていると認識されていたとすれば、折内の演説「簡易科の程度に就いて」の内容も、簡易科のみでは不十分であり、尋常科や高等科の設置が必要であると説かれていたと思われる。折内が就任当初に補習科を設置したのは、簡易科のみでは不十分であると認識したからであろう。親舟町外九町では、折内や地域の指導的立場にあった人びとが青年層とともに他の人びとを「啓蒙」しながら尋常・高等科設置の合意形成を導き、請願書を道庁に提出したのである。

2 尋常高等小学校設置の実態

石狩小学校が尋常高等小学校になったのは、それを設置維持できるだけの経済的基盤が整ったからであるが、地域ではどのような実情のなかで尋常および高等科の設置に至ったのだろうか。

親舟町外九町の基幹産業は鮭漁である。一八八九年における当該地域の人口は二、一五〇人、戸数は五三四戸であり、一八九三年には道内の他地域や岩手県、山口県からの移住民が加わり、人口は六、三二五人、戸数は一、四七二戸に増加した。[47] 同地域には、開拓使が鮭鱒加工のために欧米から導入した製造機で創業した「開拓使石狩缶詰所」があった。その缶詰所は、一八八九年に民間に払い下げられている。[48] 鮭漁は一八八三年以後不漁となり、その後一八八七年に盛り返し、再び漁獲高が増加する。岩村の施策によって水産税が軽減され出港税が廃止されたこともあり、一八九一年の産業状況はさらに盛況となった。こうした状況を背景にして、親舟町外九町の一八九一年段階での教育費は約六五九円四二銭八厘だった。この金額には小学簡易科から尋常高等小学校に変更するための準備金として、四〇円八七銭六厘が増額されている。[49] したがって簡易科を維持するために必要な実際の経費は、約六一八円だったと思われる。一八八七年に道庁が石狩小学校の年間経費として「町村立小学校ニ要スル一ヶ年ノ経費」に示した金額は約四二〇円であり、実際はそれよりも多くの教育費が出資されていたことがわかる。全町費に占める教育費の割合は約三〇パーセントだったから、他地域の負担率より相対的に低く、短期間での産業の隆盛による利益増加が教育費の負担を他村よりも軽くしたと思われる。

一八九一年九月、尋常科を設置して一〇町三村を学区域とする高等科を併置したいとの請願書が、同地域から道庁に提出された。請願書には、次のように記述されていた。[50]

石狩小学校ノ程度ハ、明治廿一年小学校令実施ノ際簡易科ト定メラレ爾来毎歳数十名ノ卒業生ヲ出スモ高等科ノ設ナキ為メ之等ノ輩ハ進テ高等科ニ入ヲ得ス、志ヲ抱テ看ス々々其の儘ニ成リ居ル者多シ、路者《ママ》ノ常ニ遺憾トスル所ナルモ経済ト法規ノ許サヽル所止ヲ得ス今日ニ至リシナリ、然ルニ当地ハ年ヲ遂ケ戸口増殖シ、亦タ入校生モ増加セシ、以テ授業等ノ雑収入モ相応ニ有之現今ニ至リテハ高等科ヲ置クモ維持上敢テ困難ト云ニ非ズ、之レ総代諸君ノ会議ニ付シ以テ此際尋常及高等科ニ変更セントス、但経費ハ廿四年度据置キ廿五年度ヨリ別紙収支予算調書之通リ更正ノ見込、

一八八七年以後、移住民が増加し戸数も増え、就学年齢にある子どもの数が増加した。子どもたちのなかには高等科への進学を希望する者もいたが「経済」ばかりでなく「法規」上、高等科を設置することができなかった、とある。岩村の施策により尋常科をおくことができず、したがって高等科を設置できなかったため、「志ヲ抱テ」いた子どもたちが進学できなかったと記述されている。戸数および子どもの数の増加によって授業料による収入も増え、尋常高等小学校を維持していく見込みがたったので、尋常科と高等科を設置したいという要望だった。尋常科や高等科の設置を望む人びとの意向を背景にして、鮭漁による収益の不振から盛り返し、人口増加により地域の財政的基盤が整ったことが、その要望を実現させたといえる。

一八九二年、石狩小学校に尋常科が設置され高等科が併置された。一八九四年の教育費は七二九円七四銭三厘であり、その負担率は町費全体の約三〇パーセントだった。小学簡易科を設置した花畔村や山越内村よりも、その負担率は低い。当時、北海道において高等科を設置することが可能だったのは、農業を中心とする地域よ

りも、じつは親舟町外九町のような沿岸地域にあって鮭や鰊漁などが盛況で商業活動も活発に展開された地域が多かったようである。尋常科や高等科の小学校の存在は、その地域が開拓事業を進展させ産業経済を「発展」させていることを象徴するものだったといえるのではないだろうか。ただし、石狩小学校は「石狩尋常高等小学校」と改称されたが、簡易科も引き続きおいていた。[51] 同地域に限らず道内には、尋常小学校、あるいは尋常高等小学校に移行してからも簡易科を引き続き設置していた地域が多く存在していた。[52]

親舟町外九町のように経済的基盤が整備されていった地域の他にも、公立からあえて私立小学校に変更し、尋常科や高等科をおいたところもある。たとえば、一八八五年に札幌郡野幌村に屯田兵として移住した鹿児島、熊本、佐賀、鳥取、石川、山口、広島の人びとは、翌年小学簡易科の江別西学校を設置した。しかし一八九一年にそれを廃し、私立の江西尋常高等小学校を設置している。[53] 私立にした背景に経済的問題があったのかどうかは明らかにできなかったが、尋常科と高等科を併置した点が注目される。空知郡市来知《いちきしり》村の簡易科に指定された市来知小学校は住民の強い要望により尋常科および高等科を設置するため、一八八七年にあえて私立小学校になった。[54] 道庁の小学簡易科指定は公立小学校だったため、私立であれば容易に尋常科や高等科を設置することができたからである。人びとの学校教育への思いや期待は、明治政府や金子堅太郎、岩村通俊の方針とは異なったものだったのである。

小括

一八八六（明治一九）年の北海道庁設置時において、金子堅太郎をはじめとする明治政府の人びとは、北海道では府県とは異なる〝簡易〟で〝実業〟を重視する「殖民的」教育が展開されることを望んでいた。その具体的な施策が、一八八七年に道庁が施行した「小学校規則及小学簡易科教則」を始めとする一連の教育規則や訓令だった。それらは松方財政の影響によって困窮し、生活の糧を北海道に求め移住した人びとの子どもたちへの教育対応でもあった。尋常科第二学年以上は週二時間、高等科各学年に週四時間、小学簡易科には「定時間外ニ於テ」週三時間の実業演習を課すというところに道庁の方針が表れていた。道内の約九六パーセントの公立小学校を小学簡易科に指定して子どもの労働力を確保し、教育費を削減して開拓事業を優先するというものであり、将来、子どもに開拓事業を継承させるための教育が実施された。

しかし実際に北海道に地域社会を形成し生活していく移住民にとって小学校は、開拓事業の後回しにするものではなく、簡易科であったとしても重要な教育機関であり、人びとが新たな地域社会で暮らしをたて生きていくためには必要不可欠な存在だった。郷里が異なり、異なる風俗、文化を持つ移住民で一つの地域社会を形成するには、新たな共通する価値感や規範、行為を基盤とした地域の協同性を培うことが必要であり、それは学校があってこそ、成し遂げられると考えられていた。尋常科の設置および高等科併置を望む人びとの志向性も、明治政府や岩村の教育を「低度」に抑える方針とは異なっていた。漁業や農業に従事し開拓事業をすすめていくのであれば、新たな近代的知識や技術が必要だったからである。教育は後回しにするものではなく、人びとにとってそれは生活とともにあり、生活を安定させ発展させていく優先すべきものだったのである。

◉註

1 国立教育研究所『日本近代教育百年史』第四巻学校教育二、教育研究振興会、一九七四年、一〇四頁。
2 『北海道教育史』全道編一、北海道教育委員会、一九六一年、一八六・一八七頁。
3 金子堅太郎「北海道三県巡視復命書」一九一六年(北海道立図書館所蔵)。

4　同前。
5　同前。
6　三吉笑吾『明治官吏の出張旅行記雪泥余痕』おうふう、二〇〇四年、二一〇頁。
7　同前、二八二・二八三頁。
8　同前、三〇三頁。
9　『新北海道史』第四巻通説三、北海道、一九七三年、二三一頁。
10　同前、二三三頁。
11　『新撰北海道史』第六巻史料二、北海道庁、一九三六年、六四五頁。
12　田中勝文「明治中期の貧民学校」（『日本の教育史学』第八集、教育史学会、一九六五年）、『日本近代教育百年史』（第四巻、教育研究振興会、一九七四年）、生馬寛信「近代日本における児童就学に関する研究」（Ⅰ～Ⅲ、『佐賀大学教育学部論文集』佐賀大学、一九八〇～八四年）、神津善三郎『蔑まれた簡易小学校』（銀河書房、一九九三年）などがある。
13　軽部勝一郎「岩手県における小学簡易科の研究」『地方教育史研究』第二三号、全国地方教育史学会、二〇〇二年。
14　『石狩町誌』中巻一、石狩町、一九八五年、七一頁。
15　金子清一郎「先祖履歴」『金子家文書』一八九九年（いしかり砂丘の風資料館所蔵）。
16　「二号　沿革史」花川尋常高等小学校（石狩市立花川小学校所蔵）。
17　前掲「先祖履歴」。
18　金子清一郎「建議案」『金子家文書』一八九三年（いしかり砂丘の風資料館所蔵）。
19　拙稿「一八九五年に施行された北海道における小学校の教育制度の特徴」『北海道教育大学紀要（教育科学編）』第六一巻第一号、二〇一〇年。
20　前掲『石狩町誌』、一一〇頁。
21　前掲「先祖履歴」。
22　金子清一郎「明治二十七年度花畔校費歳入出予算修正案」『金子家文書』一八九四年（いしかり砂丘の風資料館所蔵）。
23　前掲「二号　沿革史」。

24 「明治二十六年度村費予算」八雲村山越内村戸長役場、一八九三年(北海道立文書館所蔵)。
25 『北海道教育会雑誌』第九号、北海道教育会、一八九一年。
26 高橋常四郎「小学尋常科第四年小試験問題案」『簗瀬家文書』一八九一年(岩内町郷土資料館所蔵)。
27 前掲「先祖履歴」。金子精一郎は、戊辰戦争の際に私財を投入したため家を没落させるに至り、北海道への移住を決意したという(石村義典『評伝関矢孫左衛門』関矢信一郎、二〇一二年、三二〇頁)。
28 同前。
29 同前。
30 金子清一郎「村民契約」『金子家文書』一八九三年(いしかり砂丘の風資料館所蔵)。
31 同前。
32 前掲「先祖履歴」。
33 金子清一郎「町村組合法標準書」『金子家文書』一八九六年(いしかり砂丘の風資料館所蔵)。
34 同前。
35 同前。
36 『北海道教育会雑誌』第一号、北海道教育会、一八九一年。
37 「沿革史」石狩尋常高等小学校(石狩市立石狩小学校所蔵)。
38 前掲「沿革史」。
39 『北海道毎日新聞』一八九一年一月二五日。なお、石狩青年談話会主催の演説会などに関する記事については、鈴木トミエ「新聞に見る石狩・厚田・浜益歴史年表」第二号(二〇〇七年)および三号(二〇〇八年)を参考にした。
40 『北海道毎日新聞』一八九一年三月三日。
41 石狩青年談話会は、一八九二年に石狩青年会に改称される。その青年会主催の演説会で親舟町に寄留していた「秩父事件」の困民党指導者、井上伝蔵も伊藤房次郎の名前で「権利の種類」と題した演説を行っている(『北海道毎日新聞』一八九三年三月三〇日)。
42 同前。

43 『北海道毎日新聞』一八九一年四月一七日。
44 同前および前掲『石狩町誌』(一八頁)。
45 『北海道毎日新聞』一八九一年四月一七日。
46 前掲『北海道教育会雑誌』第一号。
47 『小樽新聞』一八九三年一二月三一日。
48 前掲『石狩町誌』、三七八頁。
49 同前。
50 「石狩郡親舟町他九町三村戸長役場所轄総代人会議議案他文書目録」『村山家文書』一八九一年(いしかり砂丘の風資料館所蔵)。
51 『北海道教育雑誌』第二二号、北海道教育会、一八九四年。
52 『北海道教育雑誌』第一六号、北海道教育会、一八九四年。
53 「学校沿革史(一)」(江別市立江別第二小学校所蔵)。
54 『北海道教育史』地方編二、北海道教育委員会、一九五七年、四三〇頁。

第2章

一八九五年制定の北海道の初等教育規程と子どもの通学空間

「紋別郡下湧別村川西付近」(1924年)
丸で囲んだのは学校、■(小さい黒い四角)は、住居や倉庫等である。矢印が約1キロメートル。
「陸軍陸地測量部5万分の1地形図「中湧別」(1924年測図、1925年発行)」

はじめに

一八九〇（明治二三）年に、第二次小学校令（勅令第二一五号）と「小学校設備準則」（文部省令第二号）が公布される。第二次小学校令は、小学校の存立基盤を市町村に求め、「市町村若クハ町村学校組合」に小学校の設置および「児童教育事務」を委託したところに特徴がある。自治体としての市町村を小学校の設置主体とすることを明記した「地方学事通則」（法律第八九号）が示され、一八八八年の市制町村制の公布を前提に、教育行政を一般行政に一致させて学校教育が展開されることになった。そのため第二次小学校令の実施は、「市制町村制ヲ施行シタル府県ニ施行スルモノト」する（第九三条）とされた。しかし北海道は、その地方自治制度の適用から除外された。その後、一八九二年に「市制町村制ヲ施行セサル地方ノ小学教育規程」（勅令第四〇号）が示され、「小学校令ノ規程ニ依リ難キ場合」は「特別ノ処分」がなされることがそこに明記されたのである。

同時期、北海道では開拓事業を推進するため一八八六年から四年間、道内未開原野の土地調査が行われ、一八九〇年から区画された土地へ移住民の入地が開始されることになった。農業人口の増加を促すために、「団結移住ニ関スル要領」が一八九二年に示され、[1]その後、戸数三〇戸以上の団体移住においては一カ年一〇戸以上ずつ移住する場合に、一戸に一五、〇〇〇坪の土地が貸与されることになった。これ以降、「団体移住が年々さかんとなり、北海道開拓の中核となるいとぐち」が作られたとされている。[2]日清戦争後の一八九七年には、戸数三〇戸以上とした基準が二〇戸以上となり、団体移住が容易にすすめられるように要領が変更された。移住民数が増加し、したがって子どもの数も増加することになった。

北海道は、「市制町村制ヲ施行セサル地方ノ小学教育規程」が出された後、一八九五年に「小学校教則」（北海道庁令第一〇号）、「修業年限指定標準」（北海道庁訓令第八号）および「小学校設備心得」（北海道庁訓令第一〇号）を公布する。「団結移住ニ関スル要領」によって移住民数が増加し、学齢児童数の増加も見込まれるなかで、それら北海道の教育規程は、いかなる教育を道内にもたらしたのだろうか。

北海道における農業地の開拓構想の多くは、開拓使に任じられた黒田清隆が招聘したホーレス・ケプロンの意見に依拠している。[3]一八八七年以降は、府県には見られないケプロンの構想が反映された北海道農業地の構造が形作られ、子どもたちの生活空間が確立されていった。そのような子どもの生活・通学空間をおさえつつ、開拓政策の展開と教育政策を対照させながら、北海道に実施された新たな教育規程を考察することが本章の課題である。具体的な分析対象として、浜益郡内の地域と小学校を設定した。浜益郡は、一八八七年以後、移住民が増加し、漁業を中心とした地域社会の拡大が図られ、さらに農業を生業とする新たな地域が形成されていった地である。

第1節　一八九〇年代における「開拓」政策の展開

岩村通俊が、水産税の軽減や出港税の廃止といった漁業の新興政策を実施したことは第一章で記述したが、さらに港湾の修築や水産物製造の改良と販路の拡張などにも取り組んでいた。[4]そのような政策によって北海道漁業の近代化が促進され、当初、漁業が生産高においても他の産業を圧倒していた。漁獲量を多く占めたのは、鰊・鮭であり、鰯・鱒がそれに続く。一八八七（明治二〇）年の漁業人口は約一六〇、〇〇〇人で当時の道内人口の約二四・九パーセントに相当し、一八九三年の段階では二・五倍に増え、二八・六パーセントに至っている。[5] しかしその後、漁獲量は減少傾向を示すようになり、漁業を生業とする人口は減少し、逆に増加していくのが農業人口だった。

農業移住民を促進するために団体移住を容易にした「団結移住ニ関スル要領」は、次のような内容だった。[6]

> （略）今後御管内人民ニ於テ申合セ、当道ヘ団結移住ヲ為サントスル者有之節ハ、御庁ニ於テ該移住者ノ団結鞏固ニシテ其計画亦着実ナリト御認メ相成候分ハ、便宜移住ニ関スル相互ノ規約ヲ結バシメ、之ニ認可ヲ与ヘラレンコトヲ冀望《きぼう》致候、此団結移住ニ対シテハ、当庁ニ於テ特別ノ取扱ヲ為シ一層便宜ヲ与ヘ度目的ニ有之候条、予メ御了知置相成度、依テ右ニ関スル取扱ノ要領等ヲ左ニ列記シ、此段及御照会候也、
>
> （略）
>
> 一　団結移住ノ戸数、三十戸以上ニシテ一ケ年十戸ヅヽ、移住スルニアラザレバ、特別ニ貸下予定地ヲ設ケザル筈ニ付、其旨予メ御示諭相成度候、（略）

『新北海道史』はこの要領を、「一定の移住費の支弁にたえ、入地後の確実な開墾を期待しうる移住者を得るための方針」[7]と位置づけている。当該時期に北海道へ移住し、基幹的労働の担い手となり開墾作業を行ったのはどのような人びとだったのか。桑原真人は、「明治中期に確立をみたといわれる日本地主制の発展は、その内部に自作農から転化した膨大な小作農、小自作農を生み出したが、北海道移民の主力はこれら貧農層であった」[8]と述べている。とくにこの時期の北海道移住の背景には、松方財政デフレ、日本最初の経済恐慌、中小農民の土地喪失などがあった。[9] 農業においては、郷里を同じくする人びとが移住後もそれまでの農業慣習や労働

手順を持ち、共同して開墾作業にあたったほうが、開拓事業はすすみ地域社会も形成しやすい。また少ない移住費用の支弁に堪え、その困難さから脱落する者を防ぐためには、移住前から同じ地域の人びとの間に形成されている社会的紐帯が相互扶助のみならず、お互いを監視する機能を持ち、効果的に働いたと思われる。その意味で「団結移住ニ関スル要領」は、まさに「確実な開墾を期待しうる移住者を得るための」方策であったといえる。一八九五年に「団結移住ニ関スル要領」は改正され、「三〇戸以上氏名確定の人員が団結して初めの二年間に毎年総戸数の三分の一以上ずつ、三年目に残りの戸数が移住すること」[10]とされた。一八九七年には「北海道移住民規則」が拓務省から公布され、団結移住する際の条件が三〇戸から二〇戸以上に変更されたことは既述した。[11]変更の背景には、日清戦争後の国内不況、北海道への民間資本導入の展開があり、少ない戸数で、より移住しやすい条件を示すことによって農業移住民の促進が図られたといえる。

一八九六年の「殖民地撰定及区画施設規程」によると、市街地における戸数、学校や病院、神社などの、およその敷地の広さが次のように示されている。[12]

（略）

第四条　区画設計ハ左ノ標準ニ依ルヘシ

一　地勢及諸般ノ関係ヲ観察シ先ツ交通道路を選定スルコト

二　一部落若クハ一村ヲ以テ一区画トスルコト

（略）

五　三百戸乃至五百戸ニ対スル耕宅地並ニ之ニ要スル諸般ノ予定地ヲ以テ一村ト仮定スルコト

（略）

第五条　区画設計ニハ左ノ予定地ヲ存スヘシ
（略）
三　市街地　三百戸乃至千戸但シ一戸ノ間口六間奥行十四間八十四坪以下トス
四　官衙公署及公共用地　一万五千坪内外
五　学校病院敷地　学校三千坪病院千五百坪
六　神社寺院敷地　各千坪
七　公園遊園敷地　坪数適宜
（略）

第四条の五には、「三百戸乃至五百戸」をもって「一村ト仮定スルコト」とある。その予定地には、市街地や神社・寺院の他に学校・病院をおくことが第五条に示されている。三〇〇戸ないし五〇〇戸をもって一村を形成し、そこに学校を設置して維持するという計画は、漁業を生業とする地域でもほぼ同様だったと思われる。すなわち三〇〇戸程度の戸数からなる地域であれば、学校の設置維持が可能であると道庁に認識されていたのである。

第2節　教育に関する諸規程

1 「市制町村制ヲ施行セサル地方ノ小学教育規程」の実施

第二次小学校令の施行および新たな開拓事業推進政策のもとで、北海道に移動してきた子どもたちに対して施行された教育制度とは、どのようなものだったのか。第二次小学校令は、教育行政と地方一般行政とを一致させるものであったため、各自治体では新たな教育規程を作成する準備期間を必要とし、府県でその実施に至るまでには年月を要した。北海道では一八九五（明治二八）年に示されている。「市制町村制ヲ施行セサル地方」の北海道は、まず「市制町村制ヲ施行セサル地方ノ小学教育規程」を施行することを宣言し（北海道庁令第八号）、「小学校教則」「修業年限指定標準」そして「小学校設備心得」を示した。「小学校教則」は次のように記されていた。[13]

小学校教則

第一章　修業年限及学科程度

第一条　尋常小学校ハ分チテ二類トス、第一類ノ修業年限ハ三箇年又ハ四箇年トシ、第二類ノ修業年限ハ三箇年又ハ二箇年トス、第二類ノ尋常小学校ハ特殊ノ地方ニ設クルモノトス、第一類ノ尋常小学校ノ教科目ハ修身、読書、作文、習字、算術、実業、裁縫（女子）、体操トス土地ノ情況ニ依リ日本地理歴史、唱歌ノ一科目若クハ二科目ヲ加フルコトヲ得

但シ、修業年限三箇年ノ場合ニ於テハ日本地理歴史ハ加ヘサルモノトス、第二類ノ尋常小学校ノ教科目ハ修身、読書、習字、算術、実業、体操トス

第二条　高等小学校ノ修業年限ハ二箇年三箇年又ハ四箇年トシ、其教科目ハ修身、読書、作文、習字、

算術、日本地理、日本歴史、外国地理、理科、図画、実業、唱歌、家事（女子）、体操トス、修業年限二箇年又ハ三箇年ノ場合ニ於テハ本文教科目中、外国地理ノ一科ヲ除クモノトス（略）

第十八条　第二類ノ尋常小学校ニ於テハ、殊ニ第四条ノ旨趣ヲ体シテ程度ノ高カランヨリハ寧ロ近易ナル事項ヲ択ヒ、反復教授シ能ク之ヲ理会セシメテ其得タル智識技能ノ確実ニシテ、実用ニ適センコトヲ務ムヘシ

「小学校教則」に記された第一類の小学校の修業年限および教育内容は、第二次小学校令の内容にほぼ準拠している。また高等小学校の修業年限および教育内容についても同様である。第二次小学校令と異なるのは、修業年限三カ年または二カ年の第二類という小学校が設置されたことである。おそらく、以前の小学簡易科に相当する学校が、第一類三カ年の学校だったと思われる。北海道教育会発行の『北海道教育雑誌』によると、第二類小学校は「特殊の地方即ちアイヌ部落又は新移民にして完全なる町村を形造るに至らざる所等に」設置される学校であると説明されている。[14]そのような地域は、「資力に於て第一類の学校を設置し得ざるのみならず其の民度に於ても是等低度の教育を以て敢て不足なかるべし」とされた。第二類小学校は、「成るべく多く下層人民の子弟に就学せしめんとの主意に由り特に文部大臣の認可を得て定められた」小学校であるとも説明されていた。[15]第二類小学校を設置するのは、「アイヌ部落」の他は開墾に着手したばかりの財政基盤が確立されていない地域だった。「市制町村制ヲ施行セサル地方ノ小学教育規程」第一条には、小学校の設置その負担、視学および学務委員などに関する条文を除いて、「小学校令ノ規程ニ依リ難キ場合アルトキハ北海道庁長官府県知事ニ於テ文部大臣ノ許可ヲ受ケ特別ノ処分ヲナスコトヲ得」と明記されている。「特に文部大臣の認可を得て定められた」この第二類が、「特別ノ処分」が適用された小学校であったといえる。「特別ノ処分」を適用

する地域の子どもたちは、「低度の教育を以て」「不足なかるべし」と判断されたのである。したがって修業年限が同じ三カ年であっても、第二類小学校をおく地域は第一類三カ年のような小学校を、「資力に於て」「設置し得ざる」地域だから、学校の施設設備および教育内容が〝簡易〟だったといえる。そして、さらに修業年限が短い二カ年という学校が存在することになったのである。

第一類および第二類の小学校の授業科目に「実業」が加えられていたことも、北海道教育の特徴である。「実業」は、一八八七年に示された「小学校規則及小学簡易科教則」にも授業科目として加えられていた。高等小学校に「土地ノ情況ニ」よって「農業商業手工ノ一科目若クハ数科目」を加えることは第二次小学校令にも記されているが、尋常小学校の科目に「実業」を設けることは明記されていない。「実業」には農業、商業、手工および漁業があり、北海道庁はそれらのなかから地域の実情に対応した科目を設けることを求めた。[16]『北海道教育雑誌』には、

実業科を加へしは、本道に於ては飽くまで小学生徒に実業上の観念を養成するの必要あれば、長官にも夙《つと》に本科に重きを置くの必要を認められ、又文部省に於ても深く之れを奨励せらるゝ所ありて、小学校令になき教科目なるにも拘はらず特に加設せらるゝに至りたるものなり、

と記述されている。[17]「実業」をおいたのは、子どもを開拓事業を手伝う労働力とみなし、将来、その事業を引き継ぐ開拓労働者として捉えるという、道庁設置当初からの方針が継承されたからであるといえよう。

2 「修業年限指定標準」と「小学校設備心得」

道庁は、地域の実情に応じて設置する小学校の種類、そして修業年限などを具体的に示している。それが次の「修業年限指定標準」である。[18]

本年三月北海道庁令第九号ヲ以テ小学校設置区域及位置ヲ指定セルニ就テハ、従来ノ小学校ノ修業年限ハ左ノ通心得ヘシ、猶ホ爾今小学校ノ修業年限ハ左ノ修業年限指定標準ニ依リ伺出ヘシ、但シ、小学校ノ設備十分ナルトキハ此標準ニヨラスシテ伺出ツルコトヲ得、

一　高等小学校ノ修業年限ハ左ノ修業年限指定標準ニ依リ、取調長官ノ認可ヲ経ヘシ

一　尋常小学校ノ修業年限ハ四箇年トス

一　小学簡易科ヲ尋常小学校ト改メ其修業年限ハ三箇年トス、但シ土地ノ情況ニ依リ小学簡易科ヲ第二類ノ尋常小学校ニ変更セントスルトキハ、事由ヲ具シ長官ノ認可ヲ経ヘシ

（略）

そして、さらに修業年限指定標準を表にして提示した。それを**表2**に示した。設置すべき小学校の種類が、地域の戸数を基準にして示されている。学校の設置維持費は、設置区域の人びとによって賄われたから、財政基盤が確立されていない北海道では、戸数の概数を目安として設置すべき学校の種類が示されたのである。学校は、設置主体が必要経費を賄い維持される、という第二次小学校令の原則にしたがっていた。

修業年限の異なる尋常科、そして高等科の種類が具体的に明示された。学齢児童数および就学児童数の概数

表2　修業年限指定標準

等科	修業年限	戸数	学齢児童概数	就学児童概数	教員数
第二類尋常科	2カ年または3カ年	100戸未満	80人未満	40人未満	1人
第一類尋常科	3カ年	100戸以上	80人以上	40人以上	1人
同上	4カ年	200戸以上	160人以上	80人以上	2人以上
尋常科	4カ年	400戸以上	300人以上	150人以上	4人以上
高等科	2カ年				
同上	4カ年	600戸以上	500人以上	250人以上	5人以上
	3カ年				
同上	4カ年	1,000戸以上	800人以上	400人以上	9人以上
	4カ年				

『北海道庁現行布令便覧』(292頁)から作成。

も記されているが、学齢児童数に対する就学児童数が半数に見込まれていたことがわかる。それは、学齢児童を就学させる強制力が府県に比べて弱く、子どもを開拓作業の労働力として捉え、就学させる余裕のない家庭を想定し労働を優先することを前提にしていたこと、そして学校が設置されたとしても通学路の整備がされていなかったり、遠距離通学によって学校に通えない子どもたちがいると認識されていたからだと思われる。

では、「小学校設備心得」はどのような内容だったのか。それは次のように記されていた[19]。

今般庁令第十八号ヲ以テ小学校設備規則相定候処、右ハ単ニ大綱ヲ指示シ其細目方法ノ如キハ土地ノ状況ト民力ノ厚薄ヲ考へ、其程度ニ応シ適宜施設セシムル旨意ニ有之候条、宜シク左ノ小学校設備心得ヲ酌量シ適当ノ施設ヲ為スヘシ、

小学校設備心得

第一条　校地ハ開豁高爽ニシテ善良ノ飲料水アル場所ヲ選定シ且左ノ場所ヲ避クヘシ

一　道徳上嫌悪スヘキ場所（略）

校地ノ坪数ハ生徒一人ニ付五坪ヨリ小ナラサルヲ要

第三条　教室ノ大サハ其内ニ容ルヘキ机腰掛ノ数大サ並配置方ニ応シテ之ヲ定メ、生徒四人ニ付一坪ヨリ小ナラサルヲ要ス（略）

第四条　校舎ニハ生徒ノ帽傘雨衣履物等ヲ置クヘキ場所ヲ設ク可シ、但シ成ルヘク生徒各自ノ携帯物品ヲ一定ノ処ニ置クノ装置ヲナスヘシ（略）

第十八条　学校ニ備フヘキ諸表簿ハ左ノ種類ヲ以テ条例トス、其他ハ学校ノ必要ニ依リ便宜之ヲ備フルコトヲ要ス

学籍簿　生徒出席簿　職員出勤簿　学校年月末諸調査表　卒業及修業証書台帳　学事ニ関スル諸規則校具目録　学校日誌（略）　学校沿革誌（略）　試験問題綴　試験成績表　授業草案　教授週録

第十九条　校具ハ甲乙二種トス

甲種ノ校具ハ専ラ教授ノ用ニ充ツル器具トス尋常小学校ニ於テハ仮名ノ掛図、教員用教科書、北海道地図、日本地図、地球儀、定木、指数器、算盤、度量衡、黒板、黒板拭、水入、庶物指教用具等、（略）乙種ノ校具ハ国旗、門札、生徒用教員用ノ机及腰掛、時計、寒暖計、諸帳簿、硯箱、並付属品、書籍棚、戸棚、日用品其他学校ニ備付ヲ必要トスル物件ニシテ（略）

「小学校設備心得」の各条文は、ほぼ一八九一年の「小学校設備準則」に準拠している。しかし、それは「単ニ大綱ヲ指示シ」たものであり、前文には「細目方法ノ如キハ土地ノ状況ト民力ノ厚薄ヲ考ヘ、其程度ニ応シ適宜施設セシ」め、「酌量シ適当ノ施設ヲ為ス」こととあるから、条文どおりに準備できたのは、第一類の修

業年限四カ年の尋常小学校や（なかには準備できなかった学校もあったかもしれない）尋常高等小学校だったであろう。第二類の尋常小学校のなかには、たとえば、机や椅子をはじめとする教具なども十分には整えることができなかったところもあった。「土地ノ状況ト民力ノ厚薄」とは、開拓事業の進行に伴う地域財政基盤の「厚薄」であり、その「民力ノ」「薄」を「低度の教育」に繋げ、子どもたちの教育はそれで「不足なかるべし」と判断されたといえよう。「市制町村制ヲ施行セサル地方ノ小学教育規程」を適用した北海道の教育は、小学校の設置および設備条件を府県と同様にすることができない地域の子どもたちの教育を、「低度」に「処分」することを認めたものだったといえる。

ところで、「小学校設備準則」第一〇条には「校舎ニ傍《そ》フテ成ルヘク学校長若クハ首席教員ノ住居及菜園ヲ設クルヲ要ス」とあり、それは文部省令第一五号によって「土地ノ情況ニ依リ便宜学校長若クハ教員ノ住宅ヲ設クヘシ」と改正された。次節以後に記述するように、開拓作業がすすめられている状況下で、都市部から離れた農漁業地などに教員が下宿や借家住まいできる施設はほとんどなかった北海道においては、学校と隣接して学校長の住宅を設置しなければならなかった。北海道の「小学校設備心得」の第一三条には、

　第一三条　教員の住宅は校地又は接近の地に之を設け成るへく一区域内に連接するを可とす
　校舎内を画して教員の住宅を設くるときは成るへく教室に遠からしめ且其区別を立て教授の妨とならさるを要す

とあり、教員住宅も学校設置とともに設けなければならなかった。移住民は、学校とともに学校長の住宅費用も考慮して、教員の日常生活を送る場も準備しなければならなかったのである。

第3節　子どもの生活・通学空間

黒田清隆が一八七一（明治四）年に開拓使顧問として招聘したケプロンをはじめとする開拓使のお雇い外国人にはアメリカ人が多く、「開拓使時代の北海道は、圧倒的にアメリカ人の影響の下に進められた」とされている。[20]ケプロンは、「本島ハ亜米利加大洲中同緯度下ニ当ル内地ノ気候ト甚ダ相似タルヲ見ルナリ」と、北海道の気候がアメリカの気候と相似していることを強調した。[21]そして「本島ヲ測量シテ其地形ヲ画シ之ヲ区分スルヲ緊要トス」[22]として、北海道未開原野の土地処分方法のモデルをアメリカで用いられていたタウンシップ制度に求めた。[23]土地を直線で区切り面積や境界線を明確に示した区画作業を移住民が入地する前に済ませ、移住民に貸し下げるというシステムが採用された。一戸に貸し下げる土地の規模は、一五、〇〇〇坪（五町歩）とすることが、一八八四年頃に定まったという。そして一八八六年から四年間、道内未開原野の土地調査が行われ、一八九〇年からは、調査後の土地区画への入地が開始された。この入殖地の選定および区画の具体を成文化したものが、一八九六年の「殖民地撰定及区画施設規程」である。[24]

一戸に貸し下げる土地の規模が広大なだけに、住居をどのように配置するかが大きな課題となった。府県にみられるような、住居を集住させる密居型の形態とするか、各戸が貸し下げられた広大な土地の区画内に任意に住居をおき散住させる散居（疎居）型の形態とするかで意見が分かれたという。農商務省農事試験場長の古在由直は、密居型はこれまで府県にみられた労働形態であり、人びとの共同一致の気風を作り、それが農事改良や農村の発達に重要であると指摘した。[25]新渡戸稲造も「密集群居に慣れたる農民をして、強いて其習慣を放却せしめ」るような、これまでの習慣を一変する必要はないとし、密居型を主張した。[26] 一方、区画事業を実際に担当した北海道庁の技師らは、散居（疎居）型を主張したという。[27] 広大な土地ゆえにおそらく、作業場と住居が一緒にあるほうが開墾作業上、利便性が高かったからであろう。

一八八二年の「文部省示諭」によると、初等科の子どもの通学距離は徒歩で約二キロ、中等科は遠くても約四キロと想定されている。[28] 子どもの通学距離や通学路の状況について配慮する見解は、密居型、散居型それぞれの意見のなかにはみられなかったが、密居型を主張した新渡戸の意見の論拠の一つに、子どもの通学に生じる問題があったことは注目にあたいする。新渡戸は次のように指摘した。[29]

独逸の小学校は、小児をして通学せしむるに、三十分乃至四十分の時間を要する距離あるを最も遠きものとなす。亜米利加の農は孤立住居せるものなるを以て随つて学校も遠しと雖、農家は馬匹及び馬車を所有せざる者なく、故に不便を感ずること少し。然るに米国に於ては、田間に設備不完全なる数多の学校を設くるの不成績なるを発見し、今を距る三十余年前始めてマサチューセッツ州に於て公費を以て通学用の馬車を設け、毎朝習学《ママ》児童の家毎に車を止めて之を収容し、共に学校に連れ行き、日課を終らば、復再び同一方法によりて之を送還せり。此費用たる甚だ少からざるものにして、一八九〇年に於ては、此一小州のみにても、三十万円余の馬車料を支出せりといふ。吾人の目を以て之を観れば、如此巨額の費用は甚だ驕奢に失するが如き感なきにあらずと雖、生計の程度高き米国に於ては、之を以て最良の方法なりとし、現今に於ては二十州内外の諸地に之を行ふといふ。（略）又彼のヘルチェゴビナは到底欧米と同一標準によりて論ずること能はずと雖、曾て該地方を遊歴せし際、当局者の語る所を聴くに、学校の距離は五十四町を超ゆべからずとせり。蓋し児童が此距離を歩行するには、一時間半の時を費やす故なりといふ。又我邦の

> 農家は一たび孤立住居するときは交際すべき機会に乏しき事由より、終《つい》には全く交際を欠くの不幸に遭遇することあらん。亜米利加の農民の如きは、日々相遇ふことなしと雖、日曜日には教会堂に集まり、互に知人に遇ふが故に、交情常に親密なれども、我邦には未だ此の如き慣習なきを以てなり。

新渡戸は、アメリカのように各州が公費で、いわば通学用の〝スクール馬車〟を準備できるような財政段階にない北海道においては、散居（疎居）型ではない住居を集住させる密居型を奨励した。散居（疎居）型は農家を孤立させ、近隣の人びととの「交際」を欠くことになるため、従来の農業形態に必須な共同作業の基盤となる「習慣を放却せしめ」ることはないと指摘している。しかし、結果的には散居（疎居）型に賛成する人が大勢を占め、当初は試験的に密居型にした地域も農作業の不便さから徐々に散居（疎居）型になっていったという。[30] 柳田良造はその著『北海道開拓の空間計画』において、殖民区画は「全体としては詳細に地域空間がデザインされている。しかし入殖者がどこに住居を建て、どういうふうに各戸がまとまり、共同の農作業や生活を営むかというもっとも基本となるコミュニティの集落計画のデザインがいわばすっぽり抜け落ちたものであった」と指摘している。[31] ただし、府県からの団体移住がすすむなかで郷里と同様の密居型の構造を、あえて採用した団体もあったことを付言しておく。

北海道農業地の散居（疎居）型という地域構造は、子どもの生活空間でもあり通学空間でもある（**第2章扉地図参照**）。学校へ通うことによって子ども同士や教員とのコミュニケーションをとることはできるが、学校から離れた日常生活や長期休暇期間においては、ほとんどそれが不可能となる。そして、何よりも学校へ通うための道のりが遠距離で困難となる。手つかずの自然に囲まれた通学はさまざまな発見や驚きを子どもたちにもたらしたと思われるが、府県と同じ四キロであっても、通学路の環境は異なり、インフラ整備がなされていない道や冬期の徒行、雨量の多い時期の徒渉は危険を伴い、途中で野生動物に遭遇する不安を抱えながらの通学空間を与えることになったのである。

第4節　地域の実態

1　浜益郡茂生村の教育費負担

浜益郡は北海道の西部、日本海沿岸に位置し、人びとは近世以降、鰊や鮭漁を生業としてきた。近代以降は府県からの移住民の増加とともに農業世帯が増加して、一八七二（明治五）年の総戸数は一七三戸だったが、山形、新潟、秋田などの各県からの移住民が増えて、一八九六年には八四五戸となった。[32] 一八九五年に「小学校教則」および「修業年限指定標準」が施行されるまでは、茂生《もい》、群別《くんべつ》、幌《ぽろ》、および尻苗《しりなえ》の地域に簡易科の小学校があった。新たな教育政策の実施により、茂生小学校は第一類四カ年の尋常小学校になり、群別、幌および尻苗小学校は第一類三カ年の尋常小学校となった。[33] 茂生村はかつて代官所がおかれていた場所であり、小樽との海上交通の要地として鰊や鮭を中心とする漁業と商業活動が活発な、郡内でももっとも人口が多い地域だった。そのため他村よりも早くから財政基盤が整い、四カ年の小学校が設置できたと思われる。茂生村のように鰊や鮭漁が盛んな地域には、所有漁場を多く抱え漁獲期には大勢の漁夫を雇用して、一つの漁場で数千円の収穫をあげる漁業家が何人か存在した。[34] 彼らの財力をもって、そのような地域では早くから小学校が設置され、修業年限四カ年の尋常小学校への移行が可能になったと思われる。しかし、一八九五年段階で小学校の修業年限が四カ年になった地域はけっして多くなく、浜益郡内がそうであったように、道内には第一類三カ年の小学校、すなわち以前の小学簡易科に相当する小学校が多数あった。

小学校を維持するための費用は、どれくらい必要だったのだろうか。茂生小学校が小学簡易科だった一八八七年段階の学校維持費にあてられた費用は、全村費中、約四七パーセントだった[35]。一八九五年には、**表3**のような負担状況にあった[36]。修業年限が増え、第一類小学校としての設備を整えたため費用がかさんだと思われ、教育費の金額が大きいことがわかる。全村費中、約七二パーセントを占めていた。人口が多く有力な漁業家がいたとしても、第一類四カ年の尋常小学校を設置維持することは人びとにとって大きな負担となった。校舎内外の環境整備や教材教具、備品などの準備、および教員給料などの必要な教育費用は、小学校を設置する地域に課される。設置主体の財政基盤が確立しておらず脆弱なため、有力な漁業家がいたとしても道内地域の教育費の負担は、府県よりもきわめて大きかったのである。

表3　茂生村村費支出

項目	金額（円）
会議費	0.87
教育費	348.69
警備費	76.933
基本財産造成費	72.197
村費取扱書	18.5421
滞納処分費	0.14
計	517.3721

浜益郡戸長役所「学校関係書類」から作成。

では、第一類三カ年の尋常小学校に通う子どもたちの通学空間は、どのような状況だったのか。たとえば、尻苗の尋常小学校の同学区内にある濃昼《ごきびる》地域から小学校までは六キロメートル以上あった。そのため濃昼には後に分教場が設置されるのだが、「交通ノ困難ナル本道多ク」、とくに冬期は道を失う危険があり、幼い子どもたちが通学するには無理があった[37]。四キロや五キロメートルの距離だったとしても、開拓途上であったからインフラ整備が十分になされておらず、子どもの通学には困難を要したのである。第一類の尋常小学校になったとしても、その学区内に居住する子どもたちのなかには、学校に通えない子どもたちが多くいた。しかし、学校へ通学できなくても、子どもたちに読み書き計算を学ばせたいと思う保護者は多く、民家などを利用して簡単な読み書きを教えられる人に依頼し、制度としての学校ではない教育の場を設けていた地域が多々あった（これについては第4章で詳述する）。

2　黄金小学校の設置

一八九五年、浜益郡の川下村、柏木村および実田《みた》村から、第一類三カ年の尋常小学校設置願書が北海道庁長官に提出された。設置伺書の内容は次のとおりである。[38]

当部内川下村柏木村実田村ノ三ヶ村ハ、一円連亙恰モ一部落ノ如キ地勢ニシテ住民ハ専ラ農業ヲ以テ生活シ来リ此処追年戸数著ク増加シ、目今三ヶ村合併セハ戸数弐百三十戸人口九百四拾六名ニ達シ、随テ学齢児童六拾名以上ニ及ヒタル、以テ茲ニ学校設立ノ必要ヲ感シ今回寄付金出願致シ其金額ヲ以テ校舎ヲ新築シ村内児童ヲシテ普通教育ヲ受ケシメ、（略）右出願ノ運ニ至リ関係村連合総代人会ノ評決ヲ経タル義ニ有之候、尤モ校舎ノ義ハ三ヶ村連合設立ニ係ルヲ以テ其一方ヲ偏セス地方有名黄金山ノ称ヲ取リ黄金小学校ト称ヘ候様致度、別紙此段相伺候也（略）

一、関係村名　浜益郡川下村
　　　　　　　　　柏木村
　　　　　　　　　実田村
　　戸数　　弐百参拾戸

人口　　九百四拾五人
一、黄金小学校
一、浜益郡柏木村番外地
一、訓導壱名　俸給拾円
一、生徒六拾名
一、校舎敷地　五百坪別紙略図ノ如シ
一、校舎坪数　五拾参坪同上

これまでこの地域には小学校が設置されていなかったが、近年戸数が増加し農業を生業とする川下、柏木、実田の隣接三カ村を連合すれば小学校の設置が可能になる。そのため三村連合の黄金小学校を設置したいという内容だった。伺書には、小学校を維持するための方法も記されている。小学校維持のための年間費用を一八〇円と見込み、「剰余ヲ生スルトキハ銀行預ケ金ト」し、また学田地を開墾してそこから生じる利益を基本財産とすることが計画された。教育費は全村費中、約七七パーセントを占めていた。[39]

黄金小学校の設置に至るまで、子どもたちの就学先は茂生小学校だった。[40] しかし、かなりの遠距離通学だったため、欠席日数が多い子どもや就学できなかった子どもたちがいたことは容易に推察される。第一類三カ年の尋常小学校は「修業年限指定標準」によれば一〇〇戸以上の地域に設置されることになっていたが、連合した三村の総戸数は二三〇戸である。道庁が示した基準に照らせば、二〇〇戸以上あるから第一類四カ年の尋常小学校の設置が想定されるのだが、それは不可能だった。第一類三カ年の尋常小学校を設置維持するためには二〇〇戸前後の戸数から徴収される費用が必要であり、第一類四カ年の尋常小学校の設置維持についても、二五〇戸あるいは三〇〇戸以上から徴収される費用が必要だったのである。

設置される黄金小学校の学区域は、三カ村におよぶ。三村連合で学校設置維持のために必要な費用は確保されたが、農業地においては既述したように散居（疎居）型の地域構造だったため、学校への道のりは子どもたちにとって遠距離となり大きな負担が伴った。黄金小学校は川下地域に設置されたが、実田地域からは、八キロメートル以上あった。[41]そのため実田地域の子どもたちの通学は困難となり、出席できなかった子どもたちも多かった。また、たとえば一九〇一年の同地の資料には、「通学区域広クシテ遠距離ノ生徒通学上ニ最困難シ」、冬期には「吹雪ノ為メ途中ニ於テ三名ノ生徒」の「凍死者ヲ出シタ」との記録が残されている。[42]

このような子どもの通学空間に発生した問題は、同地に限らず道内各地の農業地に生じていた。遠距離なうえに道路整備がなされていなかったため通学がかなり困難だったことは、道内の多くの小学校記念誌などで回顧談としても残されている。たとえば、帯広市立上帯広小学校の開校七〇周年記念誌には、「道らしい道もない（略）私などは一年生で六キロ以上の通学路だったので毎日疲れてさあ、だから途中の三キロ位で一服休んでひと寝入りしたこともあったよ」、と記載されている。[43]また、音更町立東士狩小学校所蔵の「学校沿革史」には、就学予定の子どもたちのなかに「樹木鬱蒼人口稀薄巨熊出没ノ域ヲ脱セズ、道路亦不完全ニシテ危険ト困難甚ダシク、不就学ノ止ムナキ」状況にあった子どもたちがいた、と記されていた。[44]また、中標津《なかしべつ》では「三〇〇間の区画に三戸が点在し」「学校も原野の中に孤立している」ため、子どもたちは「二里から三里の熊の出る刈分道路を通学しなければ」ならず、[45]地域によっては「一〇キロ以上も通学しなければ」ならない状況だったという。[46]こうした問題は子どものみならず、教員にもおよんでいる。一八九九年、石狩郡手稲村上手稲小学校の校長が、卒業式の打ち合わせのため学務委員宅を訪問した帰途に、吹雪のため倒れ亡くなっている。また、一九一六（大正五）年、網走郡女満別《めまんべつ》の教員が、卒業式の準備のため役場から卒業証書を携えての帰途に、道を失い亡くなっている。[47] 農業地の散居（疎居）型における生活空間・通学空間が、戦前をとおして（地域によっては戦後も）北海道特有の教育問題を生じさせていたのである。

小括

松方財政、そして日清戦争前後の経済状況を背景にして、一八九〇（明治二三）年以後にすすめられた開拓政策は少ない戸数による団体移住を奨励し、府県の多くの人びとを北海道に移住させた。この時期に公布された第二次小学校令は、自治制が施行された地方の一般行政と教育行政とを一致させるものであり、したがって北海道は「市制町村制ヲ施行セサル地方ノ小学教育規程」を適用し、「小学校教則」「修業年限指定標準」そして「小学校設備心得」を示し、北海道に移動、移住した子どもたちの教育に対応した。それら北海道の教育規程は、尋常小学校に「実業」科目を設けたこと、そして第二類小学校という、修業年限三カ年ないし二カ年の第二次小学校令にはない〝簡易〟な小学校の設置を可能にしたところに特徴があった。第二類小学校は、小学校の設置および設備条件を府県と同様にすることができない地域の実態を前提にしたものであり、開拓作業を優先しその労働力となる子どもたちの教育を、「低度」に「特別ノ処分ヲ」もって実施することが認められた学校だった。

団体移住をすすめ、とくに農業地に入地した移住民、そして子どもたちの生活空間は、府県とは異なる散居（疎居）型を基層とする構造だった。一五、〇〇〇坪という広大な農地に住居を構える地域の構造は、府県とは異なる子どもの生活・通学空間を生んだ。学校までの通学は遠距離となり、インフラ整備が不十分な通学路は、危険や不安を伴い子どもたちの就学を阻んだ。府県とは異なる農業地の構造にあった北海道に、府県の地域構造を前提にしてつくられた教育制度を適用すれば、そこには必然的に矛盾が生じることになる。北海道開拓事業を推進する制度と、府県に適用するためにつくられた教育制度は整合性を持たず、北海道の農業開拓の推進は教育の普及と相剋する実態を生じさせていたのである。開拓作業を優先させ、そこに生じてくる矛盾への対応が第二類小学校の存在であり、少ない戸数で移住し財力がない地域の子どもたちに対して、学校の施設設備および修業年限、教育内容を「低度」に〝簡易〟に「処分」することで対処したのである。しかしそこに生じた矛盾は、学校教育を〝簡易〟にすることでは対応しきれなかった。子どもたちにとって不安や危険が伴う遠距離通学は、まさにその矛盾が具体化したものだったといえるだろう。[48] 開拓事業が展開する過程で、開拓促進政策と教育の普及は相剋し、その矛盾が子どもの就学や出席を阻むことになったのである。

◉註

1 「二十五年十二月北海道庁長官ヨリ知事ヘ照会第一二一四〇号写」『北海道移民必携』進振堂、一八九六年、二一四・二一六頁。
2 『新北海道史』第四巻通説三、北海道、一九七三年、二三六頁。
3 中西僚太郎「明治政府による北海道農業開拓構想――黒田清隆とホーレス・ケプロンに着目して」『史境』五九、歴史人類学会、二〇〇九年。
4 前掲『新北海道史』第四巻通説三、二五頁。
5 同前、五一四・五一五頁。
6 前掲「二十五年十二月北海道庁長官ヨリ府県知事ヘ照会第一二一四〇号写」、二一四〜二一六頁。
7 前掲『新北海道史』第四巻通説三、二三六〜二四〇頁。
8 桑原真人『近代北海道史研究序説』北海道大学図書刊行会、一九八二年、一二二・一二三頁。

9 前掲『新北海道史』第四巻通説三、四六八頁。
10 同前、二四〇頁。
11 同前、二四一頁。
12 「殖民地撰定及区画施設規程　明治二十九年五月二十九日議定」『拓殖現行法規』北海道庁殖民部拓殖課、一九〇二年、二五四～二五七頁。
13 「明治二十八年三月八日北海道庁令第十号」『北海道庁現行布令便覧』函館区役所、一八九八年、二五八頁。
14 『北海道教育雑誌』第三一号、北海道教育会、一八九五年、九頁。
15 同前。
16 国立教育研究所『日本近代教育百年史』（第四巻、教育研究振興会、一九七四年）には、北海道の第一類の学校は「本土諸府県の尋常科と同様の教科目とした」（一一二三頁）と記述されている。第一類の尋常小学校の教科目は「本土諸府県」と「同様」ではなく、それとは異なる「実業」科目が加えられていた。それが開拓政策下にあった北海道教育の特徴だった。
17 前掲『北海道教育雑誌』第三一号。
18 「明治二十八年三月十日北海道庁訓令第八号郡区役所　戸長役場宛」『北海道庁現行布令便覧』、函館区役所、二九二頁。
19 同前、二七八～二八五頁。
20 中西前掲論文、一四頁。
21 『開拓使顧問ホラシケプロン報文』開拓使、一八七九年、八五頁。
22 同前、九九頁。
23 柳田良造『北海道開拓の空間計画』北海道大学出版会、二〇一五年、一五九頁。
24 前掲「殖民地撰定及区画施設規程　明治二十九年五月二十九日議定」、二五四～二五七頁。
25 柳田前掲書、一九五頁。
26 『新渡戸稲造全集』第二巻、教文館、一九六九年、二四八・二四九頁。
27 柳田前掲書、一八〇・一八一頁。殖民地区画事業の実務を担当したのは、札幌農学校出身の佐藤昌介や小野兼基、柳本通義、内田犀瀞で、とくに柳本と内田が散居型を主張したという。
28　国立教育研究所第一研究部教育史料調査室『学事諮問会と文部省示諭』教育史資料一、国立教育研究所、一九七九年、五四頁。
29　前掲『新渡戸稲造全集』第二巻、二四九・二五〇頁。
30　柳田前掲書、一八八～一九〇頁。
31　同前、一九八頁。
32　『浜益村史』浜益郡浜益村役場、一八九〇年、二七九～三〇〇頁。
33　同前、九九六～一、〇〇四頁。
34　前掲『新北海道史』第四巻通説三、五二四頁。
35　前掲『浜益村史』、三一一頁。
36　「学校関係書類」浜益郡戸長役所、一八九七年（いしかり砂丘の風資料館所蔵）。
37　「教育」庶務係、一九〇七年（いしかり砂丘の風資料館所蔵）。
38　前掲「学校関係書類」。
39　同前。
40　前掲『浜益村史』、九九九頁。
41　前掲「教育」。
42　「例規綴」浜益郡各村戸長役場、一九〇一年（いしかり砂丘の風資料館所蔵）。
43　『かみおびひろ』上帯広小学校七〇周年記念誌、上帯広小学校、一九七六年。
44　「学校沿革史」音更町立高倉国民学校（音更町立東士狩小学校所蔵）。
45　『北海道教育史』地方編一、北海道教育委員会、一九五五年、一、〇三九頁。
46　『新北海道史』第五巻通説四、北海道、一九七五年、一四三頁。
47　山崎長吉『北海道教育史』北海道新聞社、一九七七年、一七五頁。
48　海保嶺夫は、「「開拓の進展」＝北海道の発展」すなわち進取的とする見方が「歴史学界のみならず学校教育により国民意識に定着し」、「開拓」の展開が「移住民や在地民衆に何をもたらしたかという視角が」「薄弱である」と指摘している（海保嶺夫「北海道の「開拓」と経営」『岩波講座日本歴史』一六近代三、岩波書店、一九七六年、一八〇〜一八三頁）。『北海道教育史』も「開拓の進展」＝「教育の発展」と捉えており、第一類三カ年小学校の多さや第二類小学校の存在は、「移住者による開拓進度の遅滞や地域の人口の少なさにあった」としている（『北海道教育史』全道編一、北海道教育委員会、一九六一年、一九二頁）。しかしそのような府県との相違、格差は、「開拓進度の遅滞や地域の人口の少なさにあった」というよりも、北海道開拓を優先しすすめるための政策と教育の制度、普及が相剋するという矛盾によって生じたと捉えるべきなのである。

野幌移住民の小学校設立過程

「瑞雲寺「教育場」」
五十嵐齢七『画集野幌開拓のころ』（1998年）樺澤吉郎氏所蔵

はじめに

北海道の移住民数は、東北および北陸から渡道した人びとが他の府県を圧倒し、西日本においては四国が多かった。[1] 黒崎八州次良によると、一八九二（明治二五）年から一九二二（大正一一）年の間に移住した戸数がもっとも多い県は新潟であり、次に青森、そして秋田、石川、宮城、岩手、山形、福井と続く。[2] 新潟県の長岡には、県下の窮民を北海道へ移住させることを目的に、地主や有力者らが出資して一八八六年に創立した結社である北越殖民社があった。[3] 同県からの移住民はこの結社をとおして渡道した者が多い。第1章第2節に記した金子清一郎も、北越殖民社を介して渡道していた。

本章では、一八九〇年に新潟県古志郡、三島郡および魚沼郡から北海道札幌郡江別村野幌《のっぽろ》（現江別市）に農業を営むために移住した人びと（以後野幌移住民と略記する）が、郷里からいかなる理由で北海道に渡航したのか、そして渡航後、どのように尋常小学校を設立したのか、その過程を具体的に明らかにすることを課題としている。野幌移住民は、北海道移住に際して北越殖民社と「互換定約書」を交わしている。それは、同社が移住民に北海道の渡航費や家屋、食料などを貸与すること、移住民はその半額を期限内に返済し、配当された土地の半分を同社の所有地として小作料を納めることなどを取り交わした内容であった。[4] 野幌移住民の定着率は高く一定の生産性をあげ、北越殖民社はさらに農地を拡大して戦後の農地改革前には一、〇〇〇町歩以上の農場を北海道に取得するに至っている。一九〇二年の『殖民広報』第一一号は、[5] 北越殖民社の事業が「今や殆んと成功の域に到り其事業亦頗る見るへきもの」があるとして、同社の沿革や規約内容の紹介に紙幅を割いていた。野幌は後年、北海道移住に成功した「模範村」「模範農場」といわれた。[6]

野幌移住民を対象にした先行研究には、おもに地域の資料を掲載しながらその歴史をまとめた関矢マリ子の『野幌部落史』[7]がある。同書には、同地に関する貴重な史料が掲載されている。本章では、教育という視点から野幌地域の歴史を再構成することになる。野幌には北越殖民社の支社が設立された。その支社長になった関矢孫左衛門に関する資料や、支社の膨大な資料を解説した書に、石村義典の『評伝関矢孫左衛門』がある。[8]本章では、石村や関矢マリ子の著書に所収された資料も活用する。北海道の地主制という視点から北越殖民社の農場経営を分析した研究に、浅田喬二の『北海道地主制史論』[9]や山本敏の「越後地主と北越殖民社」ⅠおよびⅡがある。[10]浅田は、北越殖民社とその小作人である移住民との間に交わされた規約を分析し、先の「互換定約書」を含めたすべての規約内容が小作人の日常生活にわたる身分の拘束を規定しており、彼らを農場に緊縛するものであったと指摘している。山本も同様に、両者によって交わされた規約に小作人の身分および日常生活にわたる諸制限が記されていたことを指摘し、加えて北越殖民社の収入の約九〇パーセントが小作料収入であったことを明らかにしている。両者の研究成果を換言すれば、野幌移住民の定着率の高さ、それによる一定の生産性の要因は、小作人の転業の可能性を阻止する強固な地主―小作という半封建的主従関係が、郷里から持ち込まれ継続されていたことにあったということができる。

そのような半封建的主従関係のもとで、子どもたちはどのような環境におかれ、学校はどのように設置され維持されたのだろうか。渡道前の人びとの状況と、渡道後の初等教育機関設置の過程を具体的に明らかにすることが本章の課題である。加えて小学校の存在が、地域においていかなる社会的機能を有していたのかも考察してみたい。

第1節 渡道するまで

1 移住民の勧誘

新潟県古志郡および三島郡、そして魚沼郡の人びとの野幌移住を計画した中心的な人物は、長岡に在住していた三島億二郎である。三島は、長岡藩士の二男として生まれ、後に江戸藩邸勤務となり、その期間、佐久間象山の塾に通っていた。帰郷後、徳川家を支持する長岡藩の藩士として北越戦争に加わり、戦後、柏崎県大参事、第一六大区長および古志郡長を歴任して、第六十九国立銀行の頭取に就任した。[11] 窮乏する士族層を救助し、疲弊した長岡を復興へ向けて実質的に指導した人物といわれている。郡長の任にあった三島は、士族層だけでなく松方財政によって困窮する農村の改革にも目を向けていた。一八八六（明治一九）年に、困窮する農民層の野幌移住を三島とともに計画した大橋一蔵は、当時の新潟県内の農民の窮状を次のように記している。[12]

（略）元来我新潟県ノ情況ハ人口百七拾万余、此内農業ニ従事仕居候者男女八拾三万余人、田畑反別弐拾弐万九千町歩、平均壱人ニ付弐反七畝歩余ニ相当仕、之レヲ耕作ス者多クハ小作人ニシテ、収穫ハ其過半ヲ地主ニ収メ余ス所ハ僅々ノ所得ナレハ、到底農業ノミヲ以テ一家ノ生計ヲ立ルニ足ラス、於是乎或ハ車ヲ挽キ或ハ馬ヲ駆リ星ヲ戴テ出テ月ヲ踏テ帰リ、孜々汲々労働ヲ尽シテ尚且ツ余裕無之、僅ニ一日ノ糊口ヲ支ヘ兼ネ候者到処皆是ナリ、現今尚如此況ンヤ漸次舟車鉄道等相開候テハ右等ノ余業ハ随テ減シ、窮迫日

ニ益甚敷、今日之レカ計ヲ為サンハ、終ニ救フヘカラサルノ窮阨ニ陥ルモ難図ト奉存候、(略)

北越戦争による農村荒廃が十分に復興されないまま松方財政期に至り、デフレ政策と人口増加が新潟県の農村窮状に拍車をかけた。農民が没落、破産していく状況を打開し農村を立て直すための三島らの施策が、小作層人口を減らすために小作層を北海道に移住させることだった。県内では、すでに一八七〇年に刈羽郡の人びとが札幌に移住しており、三島は当時、開拓使の職にあった旧長岡藩士の森源三(後に札幌農学校長となる)や、石狩郡にあった樺戸集治監の看守高野譲(山本五十六の兄)と親しかった。[13] 窮乏する小作層の北海道移住計画は、三島の知り合いが北海道開拓の先導的立場に就いていたことや、すでに県内から移住した人びとが北海道にいたという状況のなかで企図された。

三島は当時、福沢諭吉の思想に傾倒しており、小作層の移住に関する相談をするために福沢を訪ねている。[14] 福沢は、北海道開拓事業を「日本帝国の利益、実に是より大なるはなきなり」[15] と位置づけ、

(略)抑も近来日本国内の有様を見るに人口、日に月に増殖して底止する所を知らず、而して国内の事業は割合に盛ならず、随て衣食に苦しむの窮民ますます多きを加ふるの勢あり、今この窮民をして其処を得せしむるの方法如何は、(略)海外移住論もある所以なれども(略)容易に事の挙る可しとも思はれず、左ればば目下差当りの捷径は先づ取敢へず北海道の移住を奨励するに如くものなかる可し、(略)

と述べていた。[16] さらに開拓事業をすすめるためには、「単に北海道の利を説くのみにては未だ以て人心を奮起せしむるにたらず。先づ其実地を目撃せしむるに如くはなし」[17] と言及している。三島は、一八八二年六月に古

志郡長を退任した後、同年七月から八月にかけて、[18] そして一八八六年七月、一八八七年六月および一八八九年の八月に北海道を視察している。[19] 三島が周到に北海道を視察したのは、福沢のそのような言葉に感化されたからなのかもしれない。

一八八六年一月、関矢孫左衛門、大橋一蔵、岸宇吉、笠原文平らの長岡および近郷の商人や地主とともに、三島は「北海道拓地殖民事業ヲ目的」とする北越殖民社（本社）を自宅に創設した。[20] 北越殖民社は、次の「互換定約書」[21] にあるように、希望する者に新潟港から北海道の移住先までの旅費、そして野幌での家屋、農馬、農具および食料などを貸与した。

（略）

第二条　北越殖民社ノ応募移住者ニ対スル責任左

第一款　越後国新潟港ヨリ拓地マテ運送スヘキ移住者旅費并該費用ハ、都《すべ》テ本社ヨリ貸与スル事

但、海路ハ汽航或ハ西洋形帆船ヲ用ヘキ事

第二款　拓地着到ノ上ハ、家屋一棟農馬及携帯セシ農具ノ外必要ノ器物ハ都《すべ》テ本社ニ於テ現品ヲ以テ貸与スル事

第三款　食料ハ米麦折半シ、一戸拾石ノ目的ニテ貸与ス

（略）

第六款　開墾ノ地所ハ一戸ニ分担スル全反別成墾ノ後、之ヲ折半シテ移住者即チ小作人ヘ分与スルヲ例トス（略）

第三条　移住応募者ノ殖民社ニ対スル義務ハ左ノ如シ

第一款　拓地へ送籍証ヲ携帯シ永住スル事

（略）

第三款　移住地ノ法令ヲ遵奉スルハ勿論、殖民社ノ指揮ニ服従シ節倹勉強スヘキ事

第四款　一戸壱万五千歩ノ地所ヲ定率トシ、三ヶ年以内ニ成墾スル事（略）

第五款　移着後五ヶ年目ヨリ負債金半額家屋食料農具移住費等、向フ十ヶ年ヲ限リ完済スヘキ事

移住する農民はおもに小作層であり移住地に永住することを前提に、北越殖民社は「送籍証」の「携帯」を求めた。移住後は北越殖民社の指示に従い、与えられた開墾地の半分を同社の所有として小作し、小作料を納めることが条件とされている。[22] 北越殖民社は、困窮する農民の移住を容易に図りつつ北海道の土地を所有して小作人を確保し、そこから得る利益を見込んだ、新潟の商人や地主らの投資的性格を持った組織だった。[23] 北越殖民社創設に関わった大橋と笠原らは、一八八六年四月に「移住民之義ニ付願」を北海道庁長官の岩村通俊に提出した。毎年二〇〇戸の移住を見込んでいること、そのため移住地に人びとが着いたら一戸につき五〇円を支給するよう要望している。これに対して道庁は、一八九〇年までに戸数が二〇〇戸以上に達した場合、特別の詮議をもって一戸五〇円を給与すると応えた。[24] しかし、三島らの想定に反して、未知の土地に移住することを希望する農民はほとんどいなかった。三島は一八八九年の一二月から、関矢孫左衛門および笠原とともに移住民の確保に奔走することになった。新潟県内の古志郡下を三島が担当し、南・北魚沼郡長の職にあった関矢が魚沼郡下を、笠原が蒲原郡を担当して北海道移住を人びとに呼びかけた。[25] **表4**は、三島が説得に訪れた地域と、その際、話を聞きに参集した人びとの数をまとめたものである。[26] 勧誘のための説明は、各地域の寺や小学校を会場にして行われた。三島は、移住民を選定する際に、

表4　三島億二郎の移住勧誘行程

年月	場所（地区）	参集者数（人）
1889年12月13日	片貝	200
15日	宮川外新田	30～40
18日	十日町	50
19日	竹沢	50～60
19日	山古志組	15
22日	蓬組	20
26日	長倉	40～50
1890年 1月11日	小曽根	不明
13日	十日町	50～60
14日	高山	20
16日	摂田屋	50～60
2月11日	中貫	70～80
12日	住吉	100
15日	西野	50～60

『三島億二郎日記（四）――北海道拓殖の記』から作成。

移民選定の義は極めて重要なり。夫れ一心業を務むる者は大概国元にても生活の途立ち、明年頃の移民には望む可らず。然りと雖も遊惰の徒は年限中の割付業を果す能はず。此二点より考察すれば兼て屯田兵募集の如く精密に試験を経て移住許可する事に致し度候。

と述べている。[27] 農業経験のある者を優先し、単身者は「不限軽忽に流れ易く、万一約定を破り或は規則を犯す等に至ては」北越殖民社としても「解放せざるを得ず」、そのため「家族携帯の人を選む」としている。[28] 当時、子どもだった土田金左衛門は、三島が移住民を選定する様子を、「三島様は却々移民を選ばれて、申込んだ者を一々お調べになって、余りしつかりしていない様な者は連れて行けぬと云はれた」[29]と回想している。三島は移住後の過酷な開墾労働を想定し、それに耐えられるか否かを移住民選定の基準にした。そして「約定を破り或は規則を犯」し「解放」せざるを得なくなる可能性が低い「家族」移住者を優先した。

2 移住の決意

三島億二郎の北海道移住の話を聞き、人びとはどのように受けとめ、移住を決意したのだろうか。長谷川小蔵は、「(略) 摂田屋村の光福寺に三島様が来られて、北海道移民について話をされた。この話を聞いて兄の文蔵が一番初めに賛成し、ここにいては小作で末が決まっているが、北海道へ行って奮発すれば地主になれる」と、移住を決意した兄の言葉を記憶している。[30] 土田金左衛門は、

大体親父が北海道移住を決心したのは、長倉の了元寺で三島億二郎様から移民募集の話を聞いた後であった。私も子供だったが、その話を一緒に聞いた。寺の御堂一杯に集まったところで、越後は土地が狭く、人が増えてどうにもならんが、北海道はよい所であること、北越殖民社が渡航の世話、二十カ月の扶持米を給与することなどを話された。

と述懐している。[31] また関矢マリ子は『野幌部落史』で、移住希望者が増えたのは「「関矢様や三島様がお連れ下さる」という「大船に乗った」一種の安全感が作用した」からであると記述している。[32] 新潟では望めない土地を得て地主になれること、北海道は思っていたほど悪いところではなく、北越殖民社が面倒をみてくれることなどの話の内容に心を動かされ、土地所有という「経済的機会」を獲得するために人びとは北海道移住を決意した。しかし移住の決意を後押ししたのは、三島や関矢孫左衛門という参事や郡長の立場にあった人びとが北海道移住を説得的に語り、彼らが「導いてくれる」という、三島や関矢に対する信頼感であったと思われる。三島は、自身は移住しなかったが長男徳蔵を「江別付近へ住まわせて渉外の仕事をさせ、次男の後次郎を野幌に」入殖させている。[33] 三島の長男と次男もともに移住するということが、さらに人びとに「安全感」を与え、移住を決意させたのだろう。各地で三島の説明を聞いた農民たちが、その後、三島を訪ねている。移住を希望した農民家族を記したメモ書きが三島の日記に、次のように残されていた。[34]

左ノ者来

高山　穂刈鉄四郎　三十三
　　　妻　　　　　三十三
　　　男　　　　　十
　　　二男　　　　八
　　　女　　　　　六

浦村　丸山多七　三十三
　　　妻　　　　三十一
　　　長男　　　九
　　　女　　　　六
　　　次男　　　三

移住民には、移住後の開拓作業に堪えられる労働力が求められる。メモ書きの一部ではあるが、比較的若い夫婦がいる家族が記録されている。そして、そのような家族には、就学年齢に達しているか、あるいは数年後に達するであろう子どもがいる。笠原文平の移住勧誘の話を聞いた萩野田作は、

笠原さんのお話では三年も居れば金を溜めて帰つて来れると言ふのだつたさうだ。それで父は子供は親類に預けて夫婦だけで行きますと云つたところが、笠原さんは「いやいや飛《ママ》んでもない、その子供があてなんだ、みんな連れて行け」と言はれたさうだ。

と述べている[35]。「三年も居れば」「帰つて来れる」と言いつつ、子どもも「みんな連れて行け」という言葉に、笠原の投資家としての立場が垣間見える。子どもも労働力として、そして将来は親の開拓作業を引き継ぐことが想定されている。子どもがいる家族が北海道に移住するという様相は、他県においても同様だった。単身者の移住は帰郷しやすく、あるいは渡道後、職を替えやすいため道内の一地域に定住しない傾向がある。しかし、

農業を生業とする子どもがいる家族は、子どもに土地を残すために一地域に定住し、過酷な労働にも耐えると考えられていたからである。三島らの勧誘によって、二〇〇戸にはおよばなかったが、一一五戸の家族がようやく確保された。[36]桑原真人は、北海道移住においては、「「貧民」移住のみにとどまらず」「彼ら「貧民」の移住を促進させるような媒介的存在の」移住民がいたことが特徴だったと述べている。[37]新潟県の場合、地主層が媒介し、とくに三島や関矢といった有力者らが北海道移住へと導き、その有力者もともに北海道に移住したことが、人びとの移住を促進したといえる。

三島は、移住民の中に僧侶の家族を含めることを考えていた。当時、道内には尋常小学校を設立していた地域もあったが、道庁は経費節減を目的に移住民にそれまで配布していた各種補助金を廃止したため、入殖まもない戸数の少ない地域においては、小学校を設立する経済的余裕がなかった。そのため民家の一部を間借りするか、あるいは寺の説教場を兼ねた私設の教場で子どもたちに簡単な読み書き計算を学ばせる地域が多かった。[38]四回におよぶ北海道視察をとおして、そのような教育事情を三島は把握していたと思われる。過酷な開墾労働を遂行するために移住民同士の「団結意識」や「共同意識」を形成する精神的な拠り所として、しかし「平常ハ児女教育ノ場」として野幌に寺院を設置することを当初から計画していたと思われるのである。[39]三島による北海道移住の勧誘説明会場となった長倉の真宗大谷派了元寺の長男である小泉元瑞の家族は、説明を聞いた後に一家で移住することを決意した。寺の『開教記念誌』には、三島に北海道移住を懇願されたと記されており、了元寺長男家族が移住することを知って移住志願者が増えたと記述されている。[40]当時、小泉は長岡の四郎丸小学校の教員でもあった。[41]したがって、説教はもちろんであったが、「平常ハ児女教育ノ場」とする寺院設置を計画していた三島にとって、小泉の決意は会心の事態だったといえよう。先祖の供養や日常生活における精神的な拠り所を移住地に設けるために僧侶家族を移住民に含めたのも、人びとを野幌に移住、定住させる大きな要因だったのである。

ただし、ここで留意したいのは、三島は他方で、地元長岡において国漢学校や洋学校、そして尋常小学校の設立に奔走していたことである。北海道に移住する小作層の子どもたちに対しては、長岡での学校設立に尽力した状況とは異なり、当初から小学校という教育機関の設置を想定していなかった。北越殖民社の事業にとって優先すべきは移住民の定着と小作料の確保であったから、尋常小学校の設立は後回しで、子どもたちの教育は道内の各地域同様に私設の教場でよいと考えていたと思われる。一八九〇年五月、北海道移住を決意した人びとが新潟港から渡航し、札幌郡江別村野幌に移住した。同地域には北越殖民社の支社（以後、野幌北越殖民社と記述する）がおかれ、支社長には関矢孫左衛門が就任した。[42]

第2節 瑞雲寺と「教育場」の設置

渡航後、野幌に寺院を建立する協議が一八九〇（明治二三）年一二月に行われている。[43] 翌年、移住民による共同作業で瑞雲寺が設立された。新潟での宗派如何を問わず野幌に移住した人びとは、この寺院の檀家になるよう誓約させられた。以後、新たに野幌に入殖する人びとに対しても同様の条件が求められた。[44] 野幌地域の社会紐帯を強化するために、同じ寺院の檀家になることを移住するすべての人びとに求め、その紐帯からの離脱を阻止する環境、すなわち離脱するためには同地域から離れなければならないという条件が同時に作られたことになる。説教場と子どもの教場を兼ねた瑞雲寺は、農談会や地域の各種協議事項を決定する場ともなった。

瑞雲寺を中心に、野幌移住民は「団結」し共同性を形成するという体制がとられたのである。

移住民が五月に渡航した後、三島億二郎は七月に野幌を訪れ、そこに暫くとどまり、瑞雲寺の建立を指揮した。そのときの日記には、小泉元瑞を呼び、「勤倹ノ功を積ミ、村人ヲ誘導スル」ように説諭し「学問農耕勉強スベキヲ縷々」話したと記している。[45] 三島は小泉に、開拓労働者として住民の模範となり、人びとを牽引することを期待していた。そしてそのような模範的な移住民像は、おとなたちだけでなく、笠原文平が荻野田作の父親に子どもを同伴するよう勧めたように、将来、事業を引き継ぐ子どもたちにも求められた姿であったといえる。設置された「教育場」は、尋常小学校ではないため上級学校への進学などはおよそ想定されていない。子どもたちを将来の労働力として想定していたからであったと思われる。

ところで、野幌北越殖民社と移住民とはどのような関係にあったのだろうか。関矢孫左衛門は両者の関係について、

本社ト移住民ノ関係ハ尋常一様ニアラス、其交際ハ主従ノ如ク後世永ク其例ヲ変ス可ラス、一年ノ業其第一節ニ本社ニ来テ新年ヲ祝シ旧年ノ厚誼ヲ謝シ将来ノ庇護ヲ乞等、実ニ千世不磨ノ好吉例也、或ハ之ヲ軽センコトヲ虞リ懇々諭シテ年賀ニハ必ス来ル方宜シカル可ト為ス、

と述べている。[46] 新潟での地主―小作関係の半封建的制度および小作慣行がそのまま持ち込まれ、あらためて確認されている。山本敏は、野幌北越殖民社総収入の約九〇パーセントは小作料収入であり、[47] 同社と移住民との関係は、他の諸府県から来た小作移住民の「混成で出来た」地域よりも「はるかに強い封建的要素が支配していた」と指摘している。[48] 野幌北越殖民社と移住民とは強い主従関係にあり、その関係は日常生活のあり方にも

およんでいた。

一八九一年九月から、子どもたちを集め、瑞雲寺で授業が開始されている（**第3章扉絵参照**）。「教育場」を開設した日の関矢孫左衛門の日記には、

本日小学教授ヲ瑞雲寺ニ開ク、一ニ北海道庁ノ教則ニ準セハ資本教文教則職員等ノ煩シケレハ官許ヲ乞ハス故、学校ト称セス教育場ト標札ヲ掲ク、

と、ある。[49] 道庁の規則にしたがって小学校を設置すれば、施設設備など、多くの費用が必要となり、カリキュラムも決められているため準備することが難しい。そのような制度に則り設置されるのが「学校」だから、学校という名称は使用せず、「教育場」を設置したとある。まずは開墾作業を優先して、安上がりで〝簡易〟な教育内容の「教育場」を設置し、子どもの教育を開始した。「教科ハ修身読書習字作文」の四科目を、瑞雲寺住職であり教員資格を持った小泉元瑞が教えた。北海道の小学簡易科の科目から、算術と実業演習を除いた内容であるが、次の回想録にあるように、珠算が含まれていたようである。使用する「教科書ハ普通読本」とされた。道内他地域の私設の教場では、近世の手習いで使用していた往来物や経文を読ませていたところもあった。長岡で小学校教員の経験があった小泉だからこそ、普通読本を使用することができたのであろう。「教育場」には、「机莚座塗板」を備えつけ、他に「生徒名簿日記出席簿月謝受入簿」がおかれた。授業料は「普通壱ケ月拾銭有力者ハ弐拾銭」とし、家庭の経済的事情によってその金額を二種類に分けた。授業時間は「一日又ハ半日」で日曜日は「休校」とした。[50] 開設当日に出席した子どもたちは三〇名だった。[51]

当時、「教育場」で学んだ者の回想録には、

教室はお寺の御堂で、机はなく薄縁の上に座つて習つた。生徒は夏少く冬になると多くなり、多い時で十四、五人くらいのものであつた。習つたのは珠算、習字、読み方等で、冬でもストーブは勿論なく火鉢一つで寒かつた。先生の住職も時間に来て教へ、又行つて新地起しをすると云う風だつた。（略）その頃の生徒の年齢等も定つていず、相当の年輩の者も居た。

とある。[52]子どもたちも労働力として期待されていたため、「教育場」に通うのはおもに農閑期だったのだろう。そして教員を兼ねていた小泉も、開墾労働の合間に授業を行っていた様子がうかがえる。

野幌北越殖民社の一八九一年における総収入費は、九、五二二円一五銭であった。「教育場」に必要な備品費は一四円八八銭七厘で、同社がすべて負担しているが、[53]同社の〝収入源〟を考えれば、徴収した小作料のごく一部を教育費に割いていたといえる。同年一一月には、教場に必要な備品などの管理や子どもたちの出席督促を行う三名の学校世話掛が選ばれている。[54]翌年、授業料は一カ月七銭に引き下げられた。[55]一八九四年二月に瑞雲寺で開かれた村民集会では「子弟就学ノ事」が協議されており、[56]「教育場」に就学する子どもたちの少なさが話題となった。集会では、学校世話掛が各戸に出席を督促することが協議されたが、「教育場」で学んだ者の回想にあったように、農閑期でも多くて一四、五人の子どもたちしか集まらなかった。関矢の一八九六年五月の日記には、「学校是迄寺ニテ教育場ト為シ、生徒ヲ教授セシモ兎角ニ振ハス」[57]と記されており、寺の「教育場」に就学する移住民の子どもたちはごくわずかだった。

第3節　尋常小学校の設立過程

一八九四（明治二七）年に開催された村民集会に先立ち、一八九三年二月に関矢孫左衛門は移住民を瑞雲寺に集め、

教育場是迄経費ハ本社ニ於テ支弁致来リ、然共、学校神社寺院ハ野幌移住民之共有ニテ、本社ノ私用スル処ニ非ス、権利義務トモ村民ニ属スルモノニシテ、且父兄ハ子弟ノ教育ヲ任スル責任アレハ、維持スヘキコト、（略）

と説諭した。[58] そして「教育場」を維持するため「現在竈《ろう》ヲ為スモノハ」「毎月金五銭」を納めることを決め（ただし新移住民については移住した年は徴収しない）、就学者からの授業料徴収を廃止した。一カ月一〇円七五銭、年間一二九円の収入を見込み、教員給料として一カ月三円五〇銭、筆紙墨炭器具代金として年間二四円を支出することにした。[59] これまで「教育場」の維持費については野幌北越殖民社が負担していたが、学校や寺は「住民之共有」だから、維持費は移住民が負担するべきであるとの関矢の説諭により、移住民にさらなる教育費の負担が求められることになった。以後、「教育場」の維持費は移住民負担となった。移住後、「教育場」を設置し開設して二年後、教育費が移住民に課せられたことになる。加えて関矢は、予算から「教育場」維持費を差し引いた残り六三円を、学校建築準備積立金にすると述べていた。説教場を兼ねた寺院を仮校舎とする「教育場」

ではなく、尋常小学校という初等教育機関の設立が企図されたのである。

しかし移住民にとって、毎月五銭の教育費を一律に負担することは困難だったようである。一八九三年四月、住民が参集した集会の場で、教育費の徴収方法が再検討された。野幌では地域を一四前後の番組に分けており、村民集会には各組長が、また議事内容によっては、すべての戸主が召集される。この集会には、約一〇〇人の戸主が出席した。[60] 本章の「はじめに」で取り上げた先行研究には、野幌の村民集会に関する記述はない。すべての戸主が集められ地域の重要事項を決定する過程は、小作人それぞれの意見がある程度反映されていたと思われる。関矢の日記によると、その集会では、①前回の決定内容と同様に毎月一律に五銭徴収する、②徴収する金額を一律三銭に減額する、③徴収する金額は基本的に三銭とし就学者がいる家はさらに二銭を加えて五銭とする、という三案が提案された。参加した住民は、いずれかに一票を投じることになった。[61] 投票の結果は、①四八票、②二四票、③二五票だった。三案それぞれの内容が提案された経緯はわからない。結果として①に投票した人びとが多かったのだが、決定した徴収金額に異論を示す②と③に票を投じた戸主が合わせて過半数を占めたことは注目される。移住民の過半数は、費用負担額の減額を求めていた。減額案が②と③の二つになったことで移住民の票が分散されてしまったために、結果的に①になったとも読み取れる。投票数の結果は、野幌移住民各戸の経済的状況を反映していたと思われる。その後どのような過程を経たかは記述されていないためわからないが、投票数の多かった①が採用され、毎月五銭が各戸から徴収されることになった。負担額に意見の相違があったものの、村民集会において学校は野幌移住民が協同で設立維持費を負担し管理して、子どもたちが利用する〝共有財〟となった。

一八九五年一〇月、屯田兵第二中隊の養蚕室が尋常小学校校舎として使用するために購入された。そして学校創立委員六名が選ばれている。[62] 同年一一月、学校創立委員の三島後次郎外二名が江別戸長役場に学校創立の願書と補助金申請書などを届け出た。[63] その際、役場から補助金の下付は困難であるため建築費用を削減し、創立後の学校維持費を確保するよう申し渡された。[64] そのため、一二月に学校創立委員と商議委員が集まり、学校建築のための集会が開かれた。その席で三島後次郎は、当初予定していた二階建ての校舎を平屋造りにして、木材や人足にかかる費用を節約し、工事費用を削減することを提案した。しかし、一人を除き他の出席者全員が三島の提案に反対し、二階建ての校舎を建築することが決定されている。[65] 三島億二郎の次男だった後次郎の提案に対して、ほぼ全員が反対した点も注目される。創立委員や商議委員という立場は、小作層の中でも指導的立場にある人びとだったと思われるが、子どもが通い、地域の象徴的存在となる学校に対する強い意思を感じとることができる。建築予算は**表5**にあるように、先の養蚕室を校舎として買い入れた金額を含め総額五〇八円だった。不要品の売却によって賄われた一〇〇円と、野幌北越殖民社が補助金二〇〇円を出し、最終的には八〇八円で小学校を設立することが見込まれた。

野幌移住民は設立後の尋常小学校維持のために、野幌官有林内の土地貸下請願を行っている。一八九六年二月に、学田地として「裏山三拾六万坪解除貸下」[66] を道庁に伺った。しかし「野幌官林ハ解除セサル」と告げられ、[67] 受理されなかった。同年五月、「小学校創立ニ付協議会ヲ開」くことになり、二七〇戸中、一八〇名が瑞雲寺に参集した。そこで、あらためて戸数割一戸一カ月五銭および土地割五町歩一カ月五銭を徴集することを決め、創立後の学校維持費用とすることを決議している。教員給料、筆墨紙代や修繕費など総計三六六円六〇銭が年間維持費として見込まれ、移住民からの徴収費二七五円五二銭と野幌北越殖民社から七八円六六銭が支払われることになったのである。[68]

表5　尋常小学校建築予算

項目	金額(円)
校舎買入代金	235
取崩請負金	40
釘抜版シメ縄代金	38
建前造作金	105
運搬費	40
屋根一切請負金	50
計	508

「北征日乗」(廿二、1896年1月)から作成。

尋常小学校の設立維持費については、野幌北越殖民社からの補助が大きい。しかし、平屋造よりも二階建てを希望し、その建築維持費を戸数割や土地割で移住民自らが負担することになった経緯から、「教育場」ではない、一定の水準を満たした制度に則した尋常小学校の設立を移住民は望んでいたことがわかる。なかには教育費の負担額を五銭から三銭に減額することを希望した人びともいたが、小学校校舎については、一時的な負担は大きくても二階建てを希望したところに、教育条件が改善されるならば負担はいとわないという子どもたちの教育に対する、あるいは地域の象徴でもある学校に対する人びとの〝意思〟が看取できよう。

同年六月、三島後次郎があらためて「学校創立書類」を戸長に提出し、九月一六日に認可された。[69]小学校の上棟式は九月一日に行われ、一〇月一五日に野幌尋常小学校が開校した。教員には、札幌女子尋常高等小学校の尋常科訓導であった更科精一郎が就任した。開校当時の児童数は六〇名だった。[70]その後、一九〇〇年に児童数は一一七名に増加している。[71]就学児童数の増加の背景には、入殖当初よりも開墾作業がすすみ、ある程度生活が安定したことが大きな要因としてあったと思われる。しかし、児童数が増加したのはそうした事情だけでなく、「教育場」ではない移住民自らが望んだ二階建ての、制度に則して設立された〝共有財〟である尋常小学校に、子どもたちを通わせたいという思いがあったと思われる。

一八九六年に発行された『北海道移民必携』には、道外の人びとに向けて、移住地で「中等ノ生計ヲ為スニハ地方ニヨリテ情況ヲ異ニシ素ヨリ一様ナラサレトモ」「未開地ヲ墾成シタル後」には、雑貨店、小学校、寺院、役場や郵便局が設置されていくと記述されている。[72]北海道の移住地に関する情報を提供していた『殖民広報』には、小作層を募集する地域において、土地を取得した会社や資本家が学校の設置やその設備の充実に努めていることが記述されている。[73]移住先に子どもが就学する学校が設置されているかどうかが家族で移住する人びとにとっては重要であり、その存在の如何が移住先を決める指針にもなっていた。野幌移住民にとっても制度外にあった「教育場」よりも、制度として設立された学校の存在は大きく、人びとが安心して定住するための一つの大きな要因だったと思われるのである。

小括

北海道札幌郡江別村野幌は、人びとに移住をすすめた三島億二郎によって「村づくりまでを視野に入れた」計画のもとに形成された地域であり、渡道前の郷里における地主―小作という半封建的な生産関係がそのまま北越殖民社（地主）―移住民（小作層）関係に投影された地域であった。当初、小作層を先導し移住させた三島の計画には、小作層の子どもたちの小学校を設立することは想定されていなかった。道内の他地域同様に開墾作業を優先させ、私設の〝簡易〟な「教育場」が設置された。その教育機関の設置維持に必要な費用は、野幌北越殖民社が負担した。その後、同社の社長である関矢孫左衛門の説諭により、教育費は移住民に課せられ、尋常小学校の設立が企図された。学校を〝共有財〟として設立維持し、地域の教育を制度の枠に納めることを指示したのは指導者だった関矢であったが、人びとは教育を制度の枠に納めつつ、その〝共有財〟を〝正当性〟あるものとして認識し、行政に二階建て校舎建築の助成金を要求した。関矢、三島後次郎らの有力者と野幌移住民は強い地主―小作関係で結ばれてはいたが、尋常小学校の設立については、指導的立場にあった三島の提案には従わず、移住民は平屋ではない木造二階建ての尋常小学校校舎を望んだ。そこには地主―小作関係を超えた移住民の強い意思が反映されていたと思われる。

そのため、その助成がかなわないと知り、自らが負担することで理想とする校舎の設立を実現した。校舎建築維持のために人びとが協同で負担するまでに至った過程には、学校という制度に則した〝共有財〟に対する野幌移住民の協同的主体性、自立性を見いだすことができる。[74] 高額な教育費を負担しても「教育場」ではない、一定の水準を保った教育環境、条件下にある学校の設立を望んだ。制度として認められた学校に子どもを就学させることができる環境は、人びとに安心感をもたらすことになり、学校が設置されているか否かは移住民にとって重要なことだった。学校は、新たな地で子どもを育て暮らしをたてるためには必要な存在であり、そこで移住民が生活する安心感と、定住するための安定感をもたらす社会的機能を有していたといえる。

◉註

1 『新北海道史』第四巻通説三、北海道、一九七三年、四五一～四五四頁。
2 黒崎八州次良「明治後期―大正期における北海道農業村落成立の前提についての若干の考察――北海道村落社会論序説（一）」『社会学評論』七四、日本社会学会、一九六八年、七頁。
3 前掲『新北海道史』第四巻通説三、二二九頁。
4 『新潟県史』資料編一九、近代七社会文化編、新潟県、一九八三年、一五八・一五九頁。
5 『殖民広報』第一一号、北海道協会支部、一九〇二年。
6 浅田喬二『北海道地主制史論』農業総合研究所、一九六三年、四一八頁。
7 関矢マリ子『野幌部落史』国書刊行会、一九七四年。
8 石村義典『評伝関矢孫左衛門』関矢信一郎、二〇一二年。
9 浅田前掲書。
10 山本敏「越後地主と北越殖民社」『季刊農業経営研究』一、北海道大学、一九五五年。山本はさらに「越後地主と北越殖民社Ⅱ」（『季刊農業経営研究』二、北海道大学、一九五六年）でも北越殖民社の経営のあり方を分析している。
11 『三島億二郎日記（四）――北海道拓殖の記』長岡市史双書№四〇、長岡市立中央図書館文書資料室、二〇〇〇年、一七〇頁。

12 前掲『新潟県史』資料編一九、近代七社会文化編、一五七頁。
13 古田島吉輝「三島億二郎の北海道開拓に協力した人々（その一）――高野譲について」『長岡郷土史』第三九号、長岡郷土史研究会、二〇〇二年。
14 同前、七四頁。福沢諭吉は三島億二郎に、年賀状の礼状と、三島が亡くなった際に弔詞を送っている（『福沢諭吉全集』第一八巻、岩波書店、一九六二年、一・一六頁）。
15 『福沢諭吉全集』第八巻、岩波書店、一九六〇年、四二二頁。
16 『続福沢全集』第三巻、岩波書店、一九三三年、一二・一三頁。
17 前掲『福沢諭吉全集』第八巻、四二一頁。
18 前掲『三島億二郎日記（四）――北海道拓殖の記』、一七一頁。
19 今泉省三『三島億二郎伝』覚張書店、一九五七年、四二三頁。
20 『長岡市史』（通史編下巻、長岡市、一九九六年、一六七頁）および前掲『新潟県史』（資料編一九、近代七社会文化編、一五八頁）。
21 前掲『新潟県史』資料編一九、近代七社会文化編、一五八・一五九頁。
22 同前、一五八頁。
23 北越殖民社は、同社が保護する「普通移民」と保護しない「独立移民」とを区別していた。「独立移民」は渡航費、家屋、食料、農具などの経費を自ら賄い、開墾に従事する「自営農民」のことであり、分与された土地の九〇パーセントを所有し、残り一〇パーセントを北越殖民社の土地として小作料を納める人びとである（石村前掲書、二九八頁）。
24 前掲『新潟県史』資料編一九、近代七社会文化編、一五七頁。
25 『新潟県史』通史編六近代一、新潟県、一九八七年、七三六頁。
26 前掲『三島億二郎日記（四）――北海道拓殖の記』七七〜八二・二一七・二一八頁。
27 今泉前掲書、四五七頁。
28 同前、四九〇頁。
29 関矢前掲書、三三五頁。

30　『新潟県人物像六　信』新潟日報事業社出版部、一九八九年、三五頁。
31　同前、三六頁。
32　関矢前掲書、七一頁。
33　前掲『三島億二郎日記（四）――北海道拓殖の記』、三二頁。
34　同前、八二頁。
35　関矢前掲書、八二頁。
36　同前、二〇三頁。
37　桑原真人『近代北海道史研究序説』北海道大学図書刊行会、一九八二年、三六頁。
38　拙稿「一八九五年に施行された北海道における小学校の教育制度の特徴」『北海道教育大学紀要（教育科学編）』第六一巻第一号、北海道教育大学、二〇一〇年。
39　前掲『三島億二郎日記（四）――北海道拓殖の記』、一三二頁。
40　『瑞雲』瑞雲寺開教百年記念協賛会、一九九〇年、二二頁（北海道江別市、瑞雲寺所蔵）。
41　『法要記念誌』了元寺、二〇〇二年、四八頁（新潟県長岡市、了元寺所蔵）。
42　関矢前掲書、二八七頁。
43　前掲『三島億二郎日記（四）――北海道拓殖の記』、一三二頁。
44　関矢前掲書、九七頁。
45　前掲『三島億二郎日記（四）――北海道拓殖の記』、一五七・一六一頁。
46　関矢孫左衛門「北征日乗　廿五」一八九七年一月一日（北海道立図書館所蔵）。
47　前掲「越後地主と北越殖民社Ⅱ」、八六頁。
48　前掲「越後地主と北越殖民社」、七二頁。
49　関矢孫左衛門「北征日乗　八」一八九一年九月五日（北海道立図書館所蔵）。
50　同前。
51　関矢前掲書、九八頁。

52 同前、三五九頁。
53 前掲「北征日乗　八」一八九一年三月二四日（北海道立図書館所蔵）。
54 関矢孫左衛門「北征日乗　拾」一八九二年一一月一五日（北海道立図書館所蔵）。
55 同前、一八九二年四月一八日。
56 関矢孫左衛門「北征日乗　拾五」一八九四年二月一五日（北海道立図書館所蔵）。
57 関矢孫左衛門「北征日乗　廿二」一八九六年（第四回二十八年報告）（北海道立図書館所蔵）。
58 関矢孫左衛門「北征日乗　拾壱」一八九三年二月一五日（北海道立図書館所蔵）。
59 同前。
60 同前、一八九三年四月一五日。
61 同前。
62 関矢孫左衛門「北征日乗　弐拾壱」一八九五年一〇月二〇日および一〇月二二日（北海道立図書館所蔵）。
63 同前、一八九五年一一月一二日。
64 同前、一八九五年一一月二〇日。
65 同前、一八九五年一二月一五日。
66 前掲「北征日乗　廿二」一八九六年二月七日（北海道立図書館所蔵）。
67 同前、一八九五年二月一一日。
68 関矢孫左衛門「北征日乗　廿三」一八九六年五月一五日（北海道立図書館所蔵）。
69 関矢孫左衛門「北征日乗　廿四」一八九六年九月一八日（北海道立図書館所蔵）。
70 同前、一八九六年一〇月一五日。
71 関矢孫左衛門「北征日乗　卅四」一九〇〇年二月一〇日（北海道立図書館所蔵）。
72 『北海道移民必携』進振堂、一八九六年、四頁。
73 『殖民広報』第七八号、北海道協会支部、一九一四年。
74 田中重好『地域から生まれる公共性――公共性と共同性の交点』ミネルヴァ書房、二〇一〇年。

第4章

「簡易教育規程」制定・施行の背景と地域の実態

「上幌別簡易教育所」(1902年)
オホーツクミュージアムえさし所蔵

はじめに

一八九八（明治三一）年、北海道庁は移住後まもないために「普通ノ規程ヲ実行シ難キ情況」の地域の小学校に適用させる「簡易教育規程」（北海道庁令第十一号）を、「市制町村制ヲ施行セサル地方ノ小学教育規程」に基づいて制定した。本章は、一八九八年以後に北海道で施行された「簡易教育規程」の内容、およびその制定の背景を明らかにし、同規程が果たした役割を考察し、それを適用した地域の分析をとおして、この時期の道内教育の実態を明らかにすることを課題としている。

「簡易教育規程」に関する先行研究には、①北海道教育研究所の『北海道教育史』[1]、②『新北海道史』[2]があり、比較的近年のものとしては大谷奨の③「開拓期北海道における小学校教育政策の展開」と④「明治後期の北海道における義務教育就学率に関する考察」[3]がある。一八九五年の第二次小学校令を受けて道庁は、「小学校教則」を定め公布した。しかし第2章で述べたように財政上、道内には第二類の小学校も設置することができず、そのため第3章の渡道直後の野幌移住民にみたように、「小学校教則」によらない教育を行う私設の教場が設置されていた。日清戦争前後の不況や、道外で産業資本が確立されていく過程で民間資本が北海道に投入されるようになるこの時期に、多くの人びとが北海道に移動、移住した。しかし、第一類はもちろん、第二類の小学校も設置できる状況ではなかったため、私設の教場数が一八九五年から一八九八年の間に増加していた。「簡易教育規程」は、そのような状況への対応策だったと思われる。先行研究の①は「簡易教育規程」を、「今まで普通の規程によらないで、便宜簡易に行われてきた」多くの私設の教場に対して、「六か年以内の期限を設け「小学校教則」に準じた教育機関に移行実施できるように措置した」制度として位置づけている。[4]②も同規程を、便宜的な教育を「漸次「小学校教則」に基づく教育に移行できるように配慮したもので」あるとしている。[5]③は「資力の乏しい移住者にも小学校教育実施の機会を与え」簡易な教育から尋常小学校へ、さらに尋常高等小学校へと段階的に移行できる可能性を与えたと指摘する。[6]④は「簡易教育規程」という「簡略な教育の実施による学齢児童の取り込みによって」就学率の「上昇」が達成されたとしている。そして「学齢簿」の就学者処理方法に視点を向け、道庁が一九〇三年に制定した「学齢児童就学ニ関スル規則」により「浮遊移住者の児童」が「学齢児童から排除」され就学率が「上昇」したと指摘している。[7]

三者に共通する見解は、移住民の教育費負担に配慮した「簡易教育規程」が、私設の教場を「漸次」尋常小学校教育へと「移行」する機会を与える施策だったと評価している点である。しかし、その見解は実態分析から導き出されたものではなく、規程内容を分析しての指摘にとどまっている。「簡易教育規程」によって展開された道内教育とはいかなるものだったのか、この規程は尋常小学校設置への「移行」を促すような内実を有していたのか、地域における教育費の負担についてはどのように配慮されていたのか、いずれも制度の内容と施行の実態とをふまえた検証が必要である。本章では、「簡易教育規程」の実施により北海道教育にいかなる変容がもたらされたのか、網走郡美幌外五箇村と空知郡富良野村および浜益郡浜益村黄金村組合の実態分析をとおして明らかにする。

第1節 「簡易教育規程」の制定・施行と就学率

1 「簡易教育規程」とは

道庁は「市制町村制ヲ施行セサル地方ノ小学教育規程」を適用し、一八九五（明治二八）年の「小学校教則」で示したように、一〇〇戸以上から集められる費用で第二類小学校の設置維持が可能であると見込んでいた。「団結移住ニ関スル要領」により戸数三〇戸、一八九七年には二〇戸以上の団体移住が推進されたが、しかし第二類の小学校を設置することも容易でなく、小学校が設置できない地域が増えていった。そのような地域の人びとは、僧侶や住民に依頼して簡単な読み書き計算を子どもたちに授けてもらっていた。[8] 少なくて二、三人、多くて三〇人ほどの子どもたちが既存の建物や寺院の一部、藁葺小屋などを私設の教場に代えて学んだ。尋常科の教科書を使用した教場もあれば、教師に僧侶が多かったため経文を通読させていたところもあった。[9] **表6**は、それら私設の教場数を示したものである。おそらくここで示された数値は、悉皆《しっかい》調査によるものではなく限られた範

表6　私設の教場数

年代	教場数
1887	21
1888	23
1889	18
1890	19
1891	29
1892	36
1893	40
1894	41
1895	50
1896	73
1897	88
1898	86
1899	74
1900	46
1901	42
1902	41
1903	34
1904	31
1905	27
1906	27
1907	20

『新北海道史』第四巻通説三（北海道、1973年）から作成。

囲の調査によるものであったと推察され、実際は示された数字以上の教場数があったと思われる。その数が、一八九五年から一八九九年の間に増加していることがわかる。一八九八年の「簡易教育規程」は、私設の教場数が増加していたそのような状況下で実施された。それは、次のような内容だった。

第一条　町村成立ノ当年及翌年ハ、小学教育ヲ施行セサルコトヲ得
第二条　左ノ町村ニシテ小学教育ニ関スル普通ノ規程ヲ実行シ難キ情況アルモノハ、姑《しばら》ク簡易教育ヲ施行スルコトヲ得
　一　成立五年以内ノ町村　一　戸数百戸未満ノ町村　一　旧土人部落ノ町村（略）
第四条　簡易教育ハ六年以内ノ期限ヲ以テ之が施行ヲ許可スルモノトス
　前項許可セラレタル期限内ニ町村ハ伺ノ上簡易教育ヲ廃シ普通ノ教育規程ヲ施行スルコトヲ得、若シ許可セラレタル期限ヲ経過スルモ猶普通ノ規程ニ拠リ難キトキハ、更ニ状ヲ具シテ延期ノ許可ヲ受クヘシ（略）

人びとが入地しても成立後二年間は小学校教育を実施しなくてもよく、その後も第二類程度の小学校を設置することができない地域や、戸数一〇〇戸未満の地域に、「六年以内」を期限として「簡易教育」を適用させるとある。同規程によると教育内容については、「第二類」の程度、すなわち「程度ノ高カランヨリハ」「近易ナル事項」の反復を主とし、教科目は四科目で「毎月二十五時間以上ノ授業ヲ」実施すると記されており、教育機関の施設設備、環境については標準を定めないとされている。簡易教育の方法としては、「出張教育」と「嘱託教育」の二種類があった。「出張教育」とは、本校となる尋常小学校あるいは尋常高等小学校の設置区域

に特別分教場を設け、そこに「毎月十日以上本校ヨリ教員ヲ派遣」し簡易教育を行うというものである。「嘱託教育」とは、「町村居住内ノ一私人ニシテ資格ヲ有シ相当ノ設備ヲ具シテ子弟ヲ教育スル者アルトキハ」、それを「此一私人ニ嘱託スル」というものである。設備環境の基準を設けず、本校から教員を一カ月一〇日以上「派遣」する、もしくは「私人」に「嘱託」するというものであった。同規程により、私設の教場の多くは近隣尋常小学校の特別分教場となり「出張教育」が実施されたり、嘱託教育の認可を受けたりした。

北海道は「市制町村制ヲ施行セサル地方ノ小学教育規程」を適用し第二類小学校の設置を認めたが、さらに「簡易教育規程」を設けて入地後二年間は小学校教育を実施しなくてもよく、実施する場合は第二類小学校よりも授業日数を減らし、私設設備が〝簡易〟な教育の実施を認めたのである。「簡易教育規程」について留意するべきことは、この規程が教育内容や施設設備を整備することをすすめたのではなく、教育内容は〝簡易〟なままで授業日数を減らし、設備環境の条件を設けずに、むしろそれを〝緩和〟したことにある。「団結移住ニ関スル要領」で促進された開拓事業によって生じる教育の問題を、移住民に補助金を出資し助成するのではなく、移住民が対応できるレベルに教育をより〝簡易〟にすることで対応したのである。

「簡易教育規程」制定の翌年、道庁は、小学校の就学率を八五パーセント以上にすることを指示する訓令（北海道庁訓令第六七九号）を発した。当時、全国的に就学率を向上させることが課題となっていた。「簡易教育規程」の制定には、次項で詳述するように、開拓事業促進のために教育条件を〝緩和〟するだけでなく、それによって就学率の向上にも対応するという意図があった。

2 「簡易教育規程」と就学率の推移

『文部省年報』によれば小学校就学率の全国平均は、統計上、一八九四年の六一・二四パーセントから一八九九年に七二・七五パーセントへと〝上昇〟し、翌年には八一・六七パーセントになる。そして一九〇二年には九〇パーセントに達している。『北海道庁統計書』による北海道の小学校就学率は、一八九四年の五四・三七パーセントから翌年には五〇・七二パーセントに下降し、一八九七年には四八・六八パーセントまで下がる。翌年には五〇・八七パーセントにやや上昇するが、一八九九年は五二・七五パーセントと微増にとどまっている。そして一九〇〇年には七〇・三八パーセントと、二〇パーセント近く増加し、一九〇二年には八〇パーセントを超え、一九〇四年には九〇パーセント台に達する。全国四七道府県中の順位も、一八九五年で四四位、一八九七年から一九〇一年まで四六位と〝下降〟〝停滞〟するが、一九〇二年には四五位になり一九〇四年には三五位と〝浮上〟する。[10]一八九五年から北海道の就学率が〝下降〟〝停滞〟した要因には、一八九二年に定められた「団結移住ニ関スル要領」のもとで、日清戦争後の不況と民間資本が北海道に投入されたことがあいまって、府県からの移住が増加したことが背景にある。道内に多くの移住民が入地したものの財源がなく小学校が設置できず、尋常小学校や分教場があっても遠距離で通学できず、学齢期に達した子どもたちの人口は増えたが就学数に反映させることができなかったのである。

このような状況下において「簡易教育規程」を実施することで、就学率の〝上昇〟が図られたといえる。『北海道教育史』には、既存の私設の教場が同規程を適用した事例を多く掲載している。[11]私設の教場を学校教育の場として「嘱託教育」や「出張教育」を実施することで、就学率に反映させることが可能となった。一八九九年の就学率五二・七五パーセントは、翌年、七〇・三八パーセントへと急速に〝上昇〟した。就学率が一九〇〇年以後に上昇した背景には、大谷奨が指摘するように「学齢簿」の記載様式の変更も関連していたと思われる。一九〇〇年に第三次小学校令（勅令第三四四号）実施後、「学齢簿」の記載様式が見直され、子どもの学業成績や身体発育状況などの記述も求められるとともに、所在不明児童の扱いが変更されている。[12]従来、不就学児童として扱った所在不明者を学齢児童数（母数）から除外するという数字上の処理方法が全国的に実施されるようになった。この統計処理上の変更は府県においても数字上の就学率〝上昇〟の一要因だったと思われるが、とくに北海道においては、その数字上の〝効果〟が発揮されたと思われる。移住後に道内を頻繁に移動したり気候や生活環境に適応できず府県に戻ったりする者が多く、保護者とともに所在不明になる児童が多かったからである。[13]

その後、一九〇三年には「学事奨励ニ関スル規程」（北海道庁訓令第一五号）を発して、公立尋常小学校または尋常高等小学校に対して「学齢児童ノ就学及出席ノ歩合九十以上ニ達シタルトキハ」「就学旗ヲ授与ス」ることを定め、就学率および出席率の〝上昇〟を小学校に競わせた。さらに「普通教育に関する注意事項」（北海道庁訓令第一三号別冊）を発し、児童の就学督責が学務委員の重要な任務であることを強調している。実際、この頃から府県同様に北海道でも児童の就学督励が強化されるのである。たとえば、児童が理由なく三日間欠席し出席督促に「尚応セサルトキハ」、村長、学校長および学務委員が協議の上「該児童保護者ノ門戸ニ欠席票ヲ貼付シ時々勧告スルハ勿論、地方警察官ニ交渉シテ同ク勧告」した地域もあった。[14]

また道庁は同年、「特別教育規程」（北海道庁令第一一七号）を定めている。子守児童らを念頭においた「年齢凡ソ十歳以上ニシテ就学スル児童」のために「児童ノ便宜ナル所ヲ選ヒ」施設を設け、「生活上最モ必要適切ナル」事項の教材を選び各教科「実用」の内容を教授する、というものであった。そしてこれを「新開地ノ児童」や「期節ニ依リ一時出稼スル者ノ児童」すなわち時期によって出稼ぎする保護者とともに移動する子どもにも準用できるとした。この教育は、「簡易教育規程」に示された学習内容よりもさらに〝簡易〟な内容を〝簡易〟な場所で実施するものであった。開拓事業を促進させ移住民が増加するなかで、一方で就学督励を強化し、他方で就学の対象を「子守児童」や「年長児童」、時期によって保護者とともに移動する児童にも拡大していく対応策が見てとれる。

第2節　「簡易教育規程」の改正と簡易教育所の設置

1　「簡易教育規程」の改正

一九〇一（明治三四）年に「北海道十年計画」が定められる。一〇年間に人口一二〇万人を道内に移し、およそ二〇〇万町歩の土地を貸与して開拓事業の拡張を図ろうとするものであった。[15] 日露戦争後は、全国的な不況、そして地方改良運動の一環として北海道移住が位置づけられ、移住民数が再び増加する。しかし明治政府の視点が軍備拡張と海外〝進出〟へと向けられていったため、北海道への国庫補助は削減されていった。なお「北海道十年計画」には、当初から移住民の子どもたちの教育費に関する補助計画は盛り込まれてはいなかった。

道庁は同年、「簡易教育規程」を改正する（北海道庁令第五七号）。尋常小学校が設置できない地域には「尋常小学校ニ代フル」「簡易教育所ヲ設ケ」ることができるとし、「簡易教育所」という名称の尋常小学校に代わる機関を設置して「学科目修業年限教則」などについては「尋常小学校ノ規定ヲ準用」するとした。しかし、「特別ノ事情アリテ前項ニ依リ難キトキハ教科目ヲ徐キ」「斟酌スルコト」ができた。第三次小学校令は、尋常科を四カ年のみとし、教科目を修身、国語、算術、体操とした。文部省はそれを示す際に、文部省令第一〇号によって、従来小学校の教科目数が児童には負担になっていたと述べている。道庁も「同様心得ヘシ」とし、北海道尋常科の教科から、これまであった「実業」を削除した。改正された「簡易教育規程」に示された教科目も同様の四科目であった。しかし、簡易教育所での授業内容は「近易ナル事項」とされており、教科目を省いたり授業時間を短縮したりすることができた。道庁は一九〇二年に「簡易教育規程」をさらに改正（北海道庁令第一一号）し、「町村又ハ其一部ニシテ」尋常小学校を設置する「費用ノ負担ニ堪ヘサル」地域は移住後の年数および戸数にかかわらず、すべて簡易教育所を設置することができるとした。簡易教育所を設置できる地域の条件をいっそう〝緩和〟したのである。同年、簡易教育所で実施すべき授業内容と時間割の例を各地域に発していている。授業内容については次のように説明された（北海道庁訓令第一一一号）。

（略）

第六　知識、技能ハ児童将来ノ生活ニ注意シテ最モ須要適切ナル事項ヲ選ヒ、且ツ区町村住民トシテ直接関係ヲ有スル事項ハ特ニ留意シテ之ヲ教授スヘシ

第七　修身ハ教育ニ関スル直後ノ旨趣ニ基キ道徳ノ要旨ヲ授クヘキハ勿論ナリト雖モ、特ニ勤勉、恭倹、言実、公徳等ニ就キ実践ニ適切ナル近易ノ事項及日常ノ作法簡易ナル摂生法ヲ授クヘシ、飲酒、奢侈、野卑等ノ悪風ニ陥ラサル様、特ニ訓戒スルコトヲ要ス

第八　国語ノ教授時間ハ読ミ方、綴リ方、書キ方ニ区別セスシテ教授スルヲ普通トシ、特ニ言語ノ練習ニ注意スルコトヲ要ス、綴リ方ハ成ルヘク談話体ヲ用井遵意ヲ主トシ、又務メテ実地ニ応用セシムルコトヲ要ス、漢字ハ成ルヘク其数ヲ節減シ応用最モ広キモノヲ選フヘシ

第九　算術ハ筆算ヲ単用シ、且ツ特ニ暗算ヲ習熟セシムヘシ

第十　体操ハ主トシテ遊技ヲ課スベシ、又遊技ノ際ニハ成ルヘク清爽快活ナル唱歌ヲ授クヘシ

簡易教育所と尋常小学校の時間割を比較すると、たとえば、尋常小学校第四学年の授業時数は週二七時間に設定されているが、簡易教育所は二三時間であり、五時限目がなく裁縫が省略され、算術、読方、綴方、唱歌の授業時数が尋常小学校よりも一、二時間削減されている。[16] 一九〇三年、「簡易教育規程」は改正（北海道庁令六一号）され、簡易教育適用の期間を六年としていた条文が削除された。それは地域教育の条件整備を助成するのではなく、実態を追認することで〝就学している〟という事実を維持するものだったといえる。「簡易教育規程」は、先行研究がいう尋常小学校や尋常高等小学校に段階的に移行できるようにする機能を果たせないまま、実態を追認し、それらの小学校と並ぶ北海道独自の初等教育機関として簡易教育所を位置づけたのである。さらに一九〇三年の改正には、簡易教育を実施する機関については「学籍簿、不就学及欠席通知簿、教授細目、児童出席簿等ノ外ハ之ヲ省略スルコトヲ得」、という但し書きが加えられている。簡易教育を適用する分教場や簡易教育所では、就学に関わる文書以外は備え付けなくてもよしとされたのである。

簡易教育所の設置数は年々増加していった。**表7**は、『北海道庁学事年報』から尋常小学校および尋常高等小学校の尋常科と簡易教育所の数、そして各就学児童数を抽出して作成したものである。尋常科および簡易教育所の就学児童数は一九〇三年から一九〇六年の期間のみしか確認できない。しかし、**表7**で省略した札幌、函館、小樽の就学児童数を加え尋常科に就学していたと見込まれる全児童数のうち、簡易教育を実施していた分教場と簡易教育所に就学していた児童数の割合は、約一五から一七パーセントだった。

2　簡易教育所設置の条件

北海道は「市制町村制ヲ施行セサル地方」であったが、一八九八年に北海道区制を函館、札幌、小樽に施行し、一九〇〇年には北海道一級町村制が、一九〇二年には北海道二級町村制が施行された。「財政負担力の不

上川支庁管内	増毛支庁管内	宗谷支庁管内	網走支庁管内	室蘭支庁管内	浦河支庁管内	河西支庁管内	釧路支庁館内	根室支庁管内	計
22	18	17	12	31	31	11	13	15	455
1	1	8	1	11	1		1	1	68
18	12	4	15	14	6	10	7	9	165
23	21	26	14	39	30	11	16	15	511
4	2	4		1	2	1	1		53
24	18	7	15	18	8	23	15	11	225
26	24	26	19	43	37	15	17	21	557
4,105	3,039	2,989	1,789	3,953	1,923	1,474	1,801	1,698	65,715
3	2	1		2			1		38
240	63	27		42			34		2,357
1				1			2		5
90				73			45		243
44	23	8	12	23	13	39	16	18	326
1,841	655	145	257	730	341	1,223	393	322	11,213
28	24	26	20	47	37	22	17	22	593
5,168	3,252	3,207	1,950	4,201	2,305	2,372	1,951	1,960	74,090
4	2	1		3		1	1		30
293	95	25		151		95	40		1,977
2							2		5
94							46		220
49	24	7	12	24	13	37	16	15	335
2,151	790	155	243	666	411	1,476	463	294	12,440
33	25	28	20	52	37	26	18	22	618
6,011	3,571	3,347	1,978	4,982	2,668	2,898	2,360	2,041	80,844
4	1	4		4		1	1		28
333	33			318		77	52		1,565
1							2		4
88							44		188
54	25	6	12	25	13	42	16	17	359
2,425	908	105	355	749	495	1,579	473	355	13,713
43	25	29	20	55	39	31	20	24	652
7,909	3,931	3,805	2,330	5,653	2,992	3,339	2,671	2,184	89,035
4	1	1		3		2	1		31
346	47	38		201		170	56		1,971
1									2
91									133
58	29	8	13	27	13	57	19	20	399
3,368	1,144	179	470	1,004	516	1,692	677	343	16,142

『明治三十三年北海道庁学事年報』（北海道庁、1902年）、『北海道庁学事年報　明治三十四年度』（北海道庁、1903年）、『北海道庁学事年報』（北海道庁、1904年）、『北海道庁学事年報　明治三十七年度』（北海道庁、1906年）、『北海道庁学事年報　明治三十八年度』（北海道庁、1907年）および『北海道庁統計書第三巻ノ一（学事年報）』（北海道庁、1908年）から作成。

表7 尋常科小学校および簡易教育所の数と就学児童数

年	教育機関	公・私	札幌支庁管内	函館支庁管内	檜山支庁管内	寿都支庁管内	岩内支庁管内	小樽支庁管内	空知支庁管内
1900	尋常	公立	46	78	49	21	19	24	48
		分教場	15	9	2	2	2	6	7
		私立							
	簡易	公立	20	2	3	1	2	1	41
1901	尋常	公立	55	84	53	25	22	27	50
		分教場	12	5	3	2	1	5	10
		私立							
	簡易	公立	21	5	3	3	2	5	47
1903	尋常	公立	59	82	53	26	22	29	58
		児童	6,321	10,795	5,529	3,073	3,374	3,968	9,884
		分教場	11	4		1	1	4	8
		児童	547	218		108	69	316	693
		私立						1	
		児童						35	
	簡易	公立	28	11	9	4	9	7	62
		児童	1,075	364	292	241	348	243	2,743
1904	尋常	公立	64	84	53	27	22	30	70
		児童	7,570	11,099	5,705	3,217	3,610	4,478	12,045
		分教場	11	1		1	1	4	
		児童	657	43		107	68	403	
		私立						1	
		児童						80	
	簡易	公立	28	9	9	4	9	8	71
		児童	1,122	385	312	189	409	313	3,061
1905	尋常	公立	66	85	52	26	22	32	74
		児童	7,606	11,899	5,620	3,282	4,172	4,838	13,571
		分教場	9	1				3	
		児童	423	38				291	
		私立						1	
		児童						56	
	簡易	公立	30	10	10	7	10	7	75
		児童	1,143	346	395	379	445	298	3,263
1906	尋常	公立	68	84	53	28	22	31	80
		児童	8,075	11,794	6,434	3,410	4,507	4,960	15,041
		分教場	7	2		1	3	6	
		児童	353	77		102	176	405	
		私立						1	
		児童						42	
	簡易	公立	30	12	13	7	9	7	77
		児童	1,202	440	598	341	391	282	3,495

注1 札幌区、函館区、小樽区には簡易教育所がないため省略した。
注2 「教育機関」のうち、「尋常」は尋常小学校および尋常高等小学校の尋常科、「簡易」は簡易教育所のこと。

均衡、地域社会の流動性、地方行政荷担層の不確定」などにより府県同様の町村組織設定が困難である、との理由だった。[17] 鈴江英一は『北海道町村制度史の研究』で、それらを市制町村制の一バリエーションとして捉え、一級町村制を市制町村制下の町村に比べて議決機関が制約され、執行機関および監督官庁（北海道庁長官、支庁）の権限が強化された制度であると説明している。[18] 北海道二級町村制は戸長役場制から一級町村制へ移行する過渡的制度として位置づけられるが、一級町村制よりも財政的保護がなされ、その分、監督が強化され議決機関が簡素化されているという。[19] 二級町村制を施行できない地域はそれまでの戸長役場制を存続させた。戸長役場制は公民としての権利や自治体としての組織運営が認められていない。官費補助を受けながら行政組織を維持し、しかし教育費や衛生費などについては住民からの寄付や徴収に依拠した。簡易教育所を設置できるのは、原則として戸長役場制と二級町村制が施行されている地域だった。

ところで、第三次小学校令は授業料を徴収しないことを原則としたが、「特別ノ事情アルトキハ」認可を受け授業料を徴収することができた。北海道庁も尋常小学校の授業料については、第三次小学校令施行後、三年以内に漸次減額し、その後全廃するよう指示したが、それ以後も「諸事情」により認可を受ければ授業料の徴収を可能とした。[20] 実際、道内では三年以降も授業料を徴収したところが少なくなかった。それだけ財政基盤が府県に比して脆弱だったといえよう。

簡易教育所は単級学校であることが原則だった。一九〇四年に文部省は単級学校の「工事仕様書」を示しており、道庁もこれを受け各地に範を示した（**図3参照**）。そこには「板屋造」と「藁屋造」の二種類の建物の仕様が例示されている。[21] その構造、造りは、第1章第1節で既述した三吉笑吾が推奨した校舎、「板若は草を以て屋根を葺くべし。柱は皮の儘にても可なり。羽目は板若は土壁適宜たるべし」「教場は土間として生徒は土足の儘出入するを得べし。椅子・卓子は杭を打込たる上に板を打つべし」「実際通学すべき児童恐くは二十名

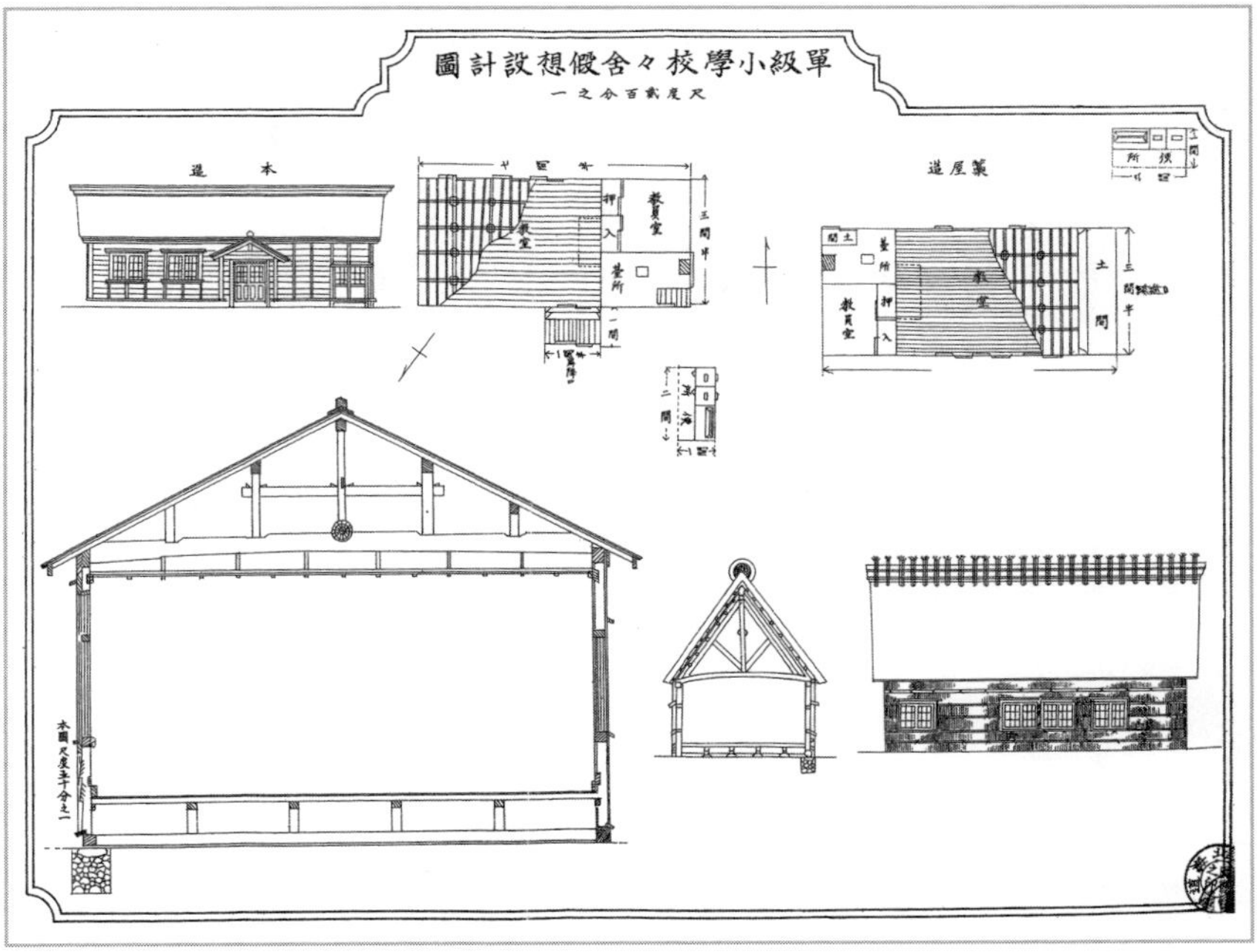

図3　単級学校校舎仮設計図
『現行教育例規類纂　全』(1910年)より。

に満らざるべし。左すれば総体の合坪十坪内外にて可ならん」と説明していた造りと重なる。仕様書には、校舎はできるだけ倹約し「敷地ノ模様ニ依リ、又ハ学齢児童数」によって「教壇ヲ略シ、障子硝子ヲ紙張ニ替ヘル」などして「斟酌セネバナラヌ」との説明書が添えられていた[22](内教第四三七号)。実際、簡易教育所には一教室のみで教員の室はなく、便所のみを備えた「藁屋造」の〝簡易〟なものが多く見られた(**第4章扉写真参照**)。

この仕様規定は、以前からあった私設の教場と同程度か、あるいはそれに若干の加工を施したものを簡易教育所として認可するもので、〝緩和〟した建物の基準を示すことで教育の普及をはかったといえる。北海道の各地で発行された自治体史の記述や、郷土史などに掲載されている移住民の回顧録などには、開拓作業の苦労話の一つとして小学校が「藁屋造」の校舎から始まったことを記したものがよくある。開拓の労苦を象徴するものであったことに違いはないが、しかしそれらは全国の単級学校校舎例として示されたものだったことも銘記しておくべきであろう。

第3節　簡易教育所の実態

1　網走郡美幌村外五箇村

長野および鳥取県からの団体移住があった網走郡美幌村は、一八八七（明治二〇）年に他五箇村とともに一つの行政区域となり、一九一五（大正四）年に二級町村制が施行されるまで戸長役場制が存続していた。「簡易教育規程」施行以後、支庁からこの地域に簡易教育実施の強い要請があった。[23] しかしそれを実施する施設を造る費用がなく、教員のあてもなかった。そこで同村では説教所を造ることを京都本願寺に要望し、それを仮校舎として、派遣してもらう僧侶に簡易教育を実施してもらうことを計画した。説教所設置経費のための補助金と僧侶の派遣とを本願寺から得ることで、簡易教育実施のための施設費用と代用教員を確保しようとしたのである。[24] 一九〇〇年、一二・五坪で「藁屋造」の本願寺大谷派の説教所を兼ねた簡易教育所が設置された。当時の村の戸数は五三戸、人口約二〇〇人であり、本願寺からの資金をもとに、村で賄う新築費用は一〇四円七〇銭だった。[25] 派遣された僧侶には、道庁から「北海道網走郡美幌外五箇村簡易教育ヲ嘱託ス」と記され「月手当トシテ」四円を補助するとの辞令書が渡された。[26]翌年、簡易教育所での教育が開始された。就学した子どもたちは、美幌簡易教育所の「沿革誌」[27]によると八人、一九〇二年は三四人、一九〇三年は二九人だった。設置当初の教育費は六一円であったが、翌年は一七八円、一九〇五年は三三〇円と、年々増加していった。当時の村費総額のうち約五七パーセントを占めており、[28]教員に対する道庁からの補助があったとしても、簡易教育所を設置し簡易教育を実施することは人びとにとって重い費用負担だったのである。

「沿革史」には一九〇〇年から一九〇二年までの間、簡易教育所に「備え付け」られていた教員用図書が記載されている。その中には算術に関するものがない。一九〇五年以後からは算術図書が加えられている。教科書がおかれていなかったとしても、算術の授業を実施した可能性は否定できないが、開校当初は算術が省かれていたと推察される。単級学校の図面には屋内体操場が想定されていない。美幌簡易教育所校舎の写真を見ても屋内体操場がないため、屋外で運動できる季節には体操を屋外で実施したのであろうが、その授業内容は規程にもあったように唱歌を授けながら遊技をしたり、教室でも実施できる身体を動かす程度のものだったであろう。この簡易教育所に学んだ人物の回顧録[29]によると、

寺小屋は草葺、草囲いの掘立小屋で、入口を入ると土間で、建物の真ん中に炉が切ってあった。床は荒ケズリの板敷で、勉強はそこに正座させられたので大変足が痛かった。（略）寺小屋には仏壇があった。また部屋の片隅には先生の布団が丸めてあった。勉強は一日二、三時間程度で、先生に用事が出来ると早くやめたり、休んだりした。

とある。簡易教育所を「寺小屋」と呼び、授業時間や授業日数も僧侶の仕事の都合によって一定しておらず、

授業科目や内容、授業時間が削られていたことがわかる。地域によって教育内容には、かなり格差があったと思われる。この簡易教育所が尋常小学校になった一九〇七年に、教員は資格を持つ者にかわった。

寺の一部を仮校舎として学校教育を開始するのは、府県でも「学制」期や「教育令」期にみられるが、北海道においては、美幌のように本願寺大谷派の説教所を借りて私設の教場あるいは簡易教育所とし、僧侶を教員にあて教育を開始した地域が多い。『北海道教育史』地方編一および二を通覧し、断片的に記述されている各公立小学校の沿革を見ると、仏教の説教所を前身とし、初期の教員が僧侶であった小学校を多く確認することができる。[30] 子どもたちの就学が迫られていたとしても、地域の財力だけでは簡易教育所を設置すること自体が困難であり、説教所と兼用し僧侶が教員を兼任することによって、ようやく実現できた地域が多くあった。『開拓指鍼北海道通覧』には、本願寺大谷派の「一ヶ寺住職の学力は中学校卒業（別科研究）以上」であることを記述したうえで、「説教場の在勤者は多く簡易科教員を兼ねしむる方策を取り北海道山間僻地未就学の子弟土人を勧誘勤学せしむ」と記述されている。[31] 本願寺大谷派は、北海道における布教方法の一つとして僧侶に「簡易教育」の教員を兼ねさせて地域社会に入り、布教の拠点を築くことを意図的、計画的にすすめたと考えられる。おそらく道庁もこれを容認し、あるいは積極的にすすめたのではないだろうか。本願寺大谷派は北海道開拓事業開始当初から「北海道開拓に熱意を持ち、新道切開、農民移転、教化普及」を目標に北海道に関わってきたと記述されている。[32] 筆者が訪れた多くの学校の発祥地が、真宗大谷派の説教所や寺であったと沿革史に記録されていた。財政基盤が脆弱な地域では「簡易教育」を実施していくために、他の仏教宗派も含めて説教所が利用され僧侶が教員となった。美幌のようにとくに本願寺大谷派の僧侶が関わった簡易教育や簡易教育所が多かった。

2 空知郡富良野村

簡易教育所の設置数が多いのは、前掲の表7から空知および上川郡であることがわかる。一八九七年に「北海道国有未開地処分法」が制定され、それ以後、両郡内で貸し下げられていた土地が多かったことが背景にあったと考えられる。空知郡富良野地域は一九〇八年まで戸長役場制が施行されていた。富良野村戸長役場の「総代会書類」[33]によれば、この時期に三重県からの団体移住があり、一九〇〇年に四カ所、翌年に一カ所、そして一九〇二年に四カ所、一九〇三年には一カ所の簡易教育所が設置されている。多くの移住民が入地し、子どもの教育については簡易教育所を次々と設置することで対応した様子がうかがえる。それらの中には、私設の教場から簡易教育所になったものもある。児童数は地域によって異なり、少ないところで一五人前後、多いところで六五人前後だった。一九〇〇年に設置された西中富良野簡易教育所は、古い寺の建物を利用して開校されている。当時の児童の回顧談には、

明治三十四年一年生として入学しました。生徒は皆で十五人余りで、十才位の一年生もいました。通学には道路らしい道もなく、木の倒れた処が道路になっているという状態で、途中防風林が二ヶ所もあり昼も薄暗く、気味の悪い処でした。フラノ川に橋がかかってなく、倒れた丸太を渡って通ったので、低学年には全く危険でした。(略)学校にはストーブが無くて囲炉裏に丸太をたいていました。窓も紙が貼ってあって、破れた処から風が入り、煙が一方に流れ、煙い処には誰も行きたがらず、年上の者に「お前そっちに行け」といって風下の方に追いやられたものも居ました。(略)

とある。[34] 簡易教育所の仕様書には「障子硝子ヲ紙張ニ替ヘル」などして「斟酌セネバナラヌ」との説明書が添えられており、そのとおりの環境で簡易教育が実施されていたことがわかる。簡易教育所の教育環境については地域によって格差があったと思われるが、美幌地域の簡易教育所同様に、尋常小学校に比べれば〝劣悪〟な環境にあったであろう。全村費中、教育費が占めた割合は、たとえば上富良野地域で約七〇パーセントだった。その後、上富良野外三つの簡易教育所から、次のような同教育所存続の申請が提出された。[35]

当富良野村上富良野簡易教育所外三地方簡易教育所ハ、（略）北海道庁指令第七六五号ヲ以テ設立開始ノ認可ヲ受ケシ以来、右通学区域内ノ児ヲシテ通学セシメ来リ候処、（略）右四ノ教育所ヲシテ一時ニ尋常小学校ニ変更スルニ於テハ従前ニ比シ経理ノ費用ハ殆ンド倍額以上ヲ要スルニ至リ、本村刻下ノ状況タル低位ノ民力ヲ以テ到底実行スヘカラサルモノニ居シ候条、右簡易教育所ヲシテ従前通リ引続キ開校ノ義御認可相成度、（略）

一九〇三年に「簡易教育規程」が改正されるまで、簡易教育所設置の期限を六年以内としていたから、それにしたがって上富良野外三つの簡易教育所は尋常小学校に変更する時期がきた。しかし、「本村刻下ノ状況タル低位ノ民力」により費用がかかり実行することができないため、簡易教育所を継続させて欲しいという内容であった。六年を期限としてそれ以後に尋常小学校を設置することが困難であったのはこの地域に限ったことではなかった。たとえば、河西郡の帯広や芽室地域には一〇年間あるいは二〇年近く、簡易教育を適用していたところもある。[36] 簡易教育所から尋常小学校になったところもあったが、それは地域の財力、すなわち入地者数に左右された。簡易教育所の継続を申請した地域では同教育所を設置し、地域の〝共有財〟として維持してきた。しかし、尋常小学校を設立するまでには至っていなかった。そこで自らの財力で子どもたちの教育を確保することが可能な同教育所を継続することを移住民間で合意し、道庁に教育政策の変更を要望したのである。そこには、同地移住民の協同的自立性を見いだすことができよう。実際、六年後に尋常小学校を設立するという道庁の計画を達成できない地域が多くあったため、一九〇三年に「簡易教育規程」は改正され、期限条件は削除されるに至ったと思われる。

3　浜益郡浜益村黄金村組合

第2章第4節2で取り上げた浜益郡浜益村および黄金村は組合村となって、一九〇二年に両村は二級町村になった。一九〇三年には尋常小学校が五カ所、分教場が一カ所、簡易教育所が二カ所に設置されていた。二つの簡易教育所は「藁屋造」で教場のみの建物であり、代用教員をおいていた。美幌地域もそうだったように、簡易教育所の教員はほとんどが代用教員である。資格を持つ教員の給料は規定されており高額であったため、代用教員でなければ雇うことができなかった。ちなみに、同地域の資格を持つ教員の月俸は一八円から二二円であり、簡易教育所の代用教員は八円だった。[37]

一九〇三年の「簡易教育規程」改正後、簡易教育所の設置期限はなくなったが、組合役場の「学事関係綴」には、従来の規程にあった設置期限が近づいたため、手続きを経なくても簡易教育所を存続することが可能か否かを道庁に問い合わせる書類も綴じられている。多くの地域で簡易教育所を存続せざるを得ない財政的な事情があったことがうかがえる。[38]一九〇三年において組合村となった同地域の教育費が占める割合は全村費中、約七五パーセントだった。[39]二級町村になっても、教育費の占める割合はやはり大きかったのである。

一九〇七年には組合村から道庁宛に、これまで濃昼地域には分教場が設置されていたが、義務教育年限の延長に伴う費用負担と通学問題を解決するために、分教場を簡易教育所に変更したいという要望書が提出された。[40]

一、変更スヘキ教育所名

濃昼簡易教育所

一、尋常小学校設置ニ要スル費用ノ負担ニ堪ヘサル事実

本村ハ沿海十里十三部落ニ散在シ而モ海岸一帯断崖崎嶇トシテ交通ノ困難ナル本道多ク、（略）戸数僅カニ一千余ニ過キサルニ係ハラス、現在尋常小学校五校簡易教育所二分教場一ケ所ノ設置アリテ、経費ノ要額又随テ巨額ニ上リ村民ノ負担ハ年々増加ノ傾向ニテ、此上尋常小学校増額ノ負担ニ堪ユル能ハス止ムヲ得ス暫ク簡易教育所ヲ設置セントスルニアリ、

一、変更独立セシムヘキ理由

本校タル尻苗小学校ト分教場トノ距離一里二十町ニシテ、道路険悪殊ニ積雪中交通ノ至難ナルコト言語ニ絶セリ、故之ニ本校ヨリ監視上遺憾ノ廉アルヲ見ルトス、加之近年就学児童増員ノ独立セシムルノ必要アリトス、（略）

一九〇七年の勅令をもって、尋常小学校の修業年限が六カ年となった。そのため尋常小学校においては教室の増築やその他、施設設備に多額の費用がかかることになる。子どもたちが、これまでどおり四学年まで分教場で学び、残り二カ年間を本校で学ぶことになれば、本校までの通学に危険が伴う。修業年限の延長に伴う教育費の負担と、通学問題を解決する方法として、尋常小学校を設立するのではなく、新たに六年制の簡易教育所を設置することが提案されたのである。六年制の簡易教育所であれば、子どもたちに遠距離通学を強いる必

要もなく、費用も賄えると見越したからであろう。費用負担の問題だけでなく、子どもたちの教育と安全を確保するために道庁に分教場から簡易教育所への変更を要望したのである。ここにも自らの財力をもって子どもたちの教育の安全を確保しようとする移住民の自立した協同性を看取することができよう。

小括

一八九〇年代後半の北海道では、開拓事業促進のための政策と教育普及が相剋し、移住民は増加するが小学校を設置することができず、各地に私設の教場が設置され、小学校就学率が〝下降〟〝停滞〟した。「簡易教育規程」は、〝簡易〟な施設設備、教育内容でも尋常科相当の教育を学んだと認めるものであった。そのため私設の教場はそれを適用し、したがって〝下降〟〝停滞〟していた北海道の就学率は〝上昇〟した。

「簡易教育規程」は、地域財政が脆弱な戸長役場制や北海道二級町村制が施行された地域の単級学校に適用された。しかし、それを適用したとしても、教育費負担は大きく、全村費中、約七〇パーセントをそれが占めた地域もあった。簡易教育所から後に尋常小学校に移行した地域もあったが、移行できるか否かは地域の財政力に拠るものであり、移住民数の増加が大きな要因としてあったため、移行は容易ではなく、一〇年、二〇年近く簡易教育所が存続した地域もあった。「簡易教育規程」は、実際には先行研究が指摘するように「子どもたちに漸次尋常小学校の機会を与えるようにした」施策ではなかったのである。

地域の財政力のみでなく子どもの通学距離の問題を解決できる教育機関として、簡易教育所が存続できるよう道庁に要望した地域が多かった。そのような地域の実態から簡易教育所の設置期限は削除された。それは道庁が地域の実情を十分に把握せず、教育施策を遂行しようとしていたからであるが、移住民による簡易教育所の継続申請には、道庁のそのような施策を相対化し、地域の協同性を背景に、自らの子どもの教育に対する考えを主張する人びとの自立性が看取されよう。

以後、道内には地域の経済的格差に対応した尋常（高等）小学校、簡易教育所という、いわば階層的初等教育機関が存続されていくことになる。さらに、「子守児童」や「年長児童」、時期によって保護者とともに移動する子どもに対する教育があったことを含めれば、「簡易教育」よりもさらに〝簡易〟な教育内容を実施するという、開拓事業推進下にあった北海道教育の特徴がみえてくる。[41]開拓事業がすすめられるなかで、地域の主産業や財政力による初等教育機関の〝格差〟が作り出され温存されていたことが、近代北海道教育の特徴なのである。地域の財政状況に応じた、そのような階層的初等教育機関の輪郭は、一九一〇（明治四三）年以後、移住民数がピークを迎える時期に、さらに浮き彫りにされていくことになるのである。

◉註

1 『北海道教育史』全道編一、北海道教育委員会、一九六一年。
2 『新北海道史』第四巻通説三、北海道、一九七三年。
3 大谷奨「開拓期北海道における小学校教育政策の展開」（『教育制度研究』第二一号、教育制度研究会、一九八八年）および「明治後期の北海道における義務教育就学率に関する考察」（『教育学系論集』第一四巻第一号、筑波大学、一九八九年）。
4 前掲『北海道教育史』全道編一、六四二頁。
5 前掲『新北海道史』第四巻通説三、四一二頁。
6 大谷前掲論文「開拓期北海道における小学校教育政策の展開」。
7 大谷前掲論文「明治後期の北海道における義務教育就学率に関する考察」。

8 『北海道私学教育史』北海道私学協会、一九六三年、八三頁。
9 同前。
10 『文部省第二十三年報』から『文部省第三十年報』、『日本帝国文部省第三十一年報』および『日本帝国文部省第三十二年報』。ただし、これら統計にある小学校就学児童数については実際よりも高い数値が府県から報告されていたことなど、その「水増し」や不正確さがすでに先行研究によって明らかにされている（安川寿之輔「義務教育における就学の史的考察」『教育学研究』第二六巻第三号、日本教育学会、一九六四年。『日本近代教育百年史』第三巻、一九七四年、六一〇〜六二一頁。土方苑子「『文部省年報』就学率の再検討」『教育学研究』第五四巻第四号、日本教育学会、一九八七年）。それらは重要な指摘であるが、本稿の目的は数値の正確さを追究することではなく就学率の〝上昇〟傾向の政策的、社会的な要因とその実態をとらえることにある。そのため文部省および北海道庁の統計上の数値については、そのまま引用し論をすすめることにした。
11 『北海道教育史』地方編一（北海道教育委員会、一九五五年）および『北海道教育史』地方編二（北海道教育委員会、一九五七年）。
12 池田源吾・宇和野与四郎編『現行教育例規類纂　全』一九一〇年、三七〇頁（北海道大学附属図書館所蔵）。文部省は一九〇〇年に府県の問い合わせに対して、「就学義務既生者ト未生者トヲ問ハス所在不明ノモノハ之ヲ徐部ス」と回答している。
13 『北海道教育雑誌』第一二号、北海道教育会、一八九三年、二〇頁。
14 「例規綴」浜益郡各村戸長役場、一九〇一年（いしかり砂丘の風資料館所蔵）。
15 前掲『新北海道史』第四巻通説三、二二三頁。
16 「学事書類綴」浜益郡浜益村黄金村組合役場、一九〇二年（いしかり砂丘の風資料館所蔵）。
17 鈴江英一『北海道町村制度史の研究』北海道大学図書刊行会、一九九五年、四二三頁。
18 同前、四〇〇・四四四頁。
19 鈴江英一「「北海道二級町村制」についての考察」『史料館研究紀要』第二六号、国文学研究資料館、一九九五年。
20 前掲「例規綴」。

21　前掲『現行教育例規類纂　全』、一三二〜一七四頁。
22　同前、一三二頁。
23　「寺誌草稿」観照寺、年代不詳（美幌町観照寺所蔵）。
24　同前。
25　『美幌町史』北海道網走郡美幌町、一九七二年、四九五頁。
26　当時、簡易教育所の教員には、道庁から補助金が支給されていた（北海道庁令第二五号）。
27　「沿革誌」美幌簡易教育所、一九〇〇年（美幌町立美幌小学校所蔵）。
28　前掲『美幌町史』、四九五頁。
29　武下喜代丸「武下喜代丸さんの話」『美幌の開拓夜話その一』美幌町役場、一九八〇年、一三九頁。
30　前掲『北海道教育史』地方編一および『北海道教育史』地方編二。
31　久松義典『開拓指鍼北海道通覧』経済雑誌社、一八九三年、七六八頁。谷川穣は、一八八六年以後設置される小学簡易科に僧侶が積極的に関わった内実を考察している（『明治前期の教育・教化・仏教』思文閣出版、二〇〇八年、二九五〜三一〇頁）。北海道においては、公立の小学簡易科はもちろんであるが、「簡易教育規程」施行以後も設置当初の公立の簡易教育所を説教所と兼用し、教員も僧侶が兼任した地域が多かった。なお、本願寺大谷派の中学校経営については、荒井明夫の『明治国家と地域教育』（吉川弘文館、二〇一一年）が詳しい。
32　「東本願寺は、北海道開拓に熱意を持ち」、松前、函館、室蘭、釧路、石狩、小樽、増毛などに寺を設置し「教線の拡張を図った」という。明治政府は札幌を北海道の中心地とするため、函館・札幌間の道路の開削を緊急の課題としたが、財政難のためそれを東本願寺に依頼している。それまで幕府側とみられていた東本願寺は、「教線の拡張の絶好の機会と捉え、現如上人」を中心に「新道切開・農民移植・教化普及」に取り組んだという（『観照寺開教百年誌　法水』観照寺開教百年誌編集委員会、二〇〇〇年）。政府の信頼を得た東本願寺の宗派が、他の仏教宗派に先んじて布教活動のために道内教育に関わっていったのではないだろうか。
33　「総代会書類」一九〇一年（上富良野町役場所蔵）。
34　松藤光太郎「開拓当時の生活」『郷土をさぐる』第三号、一九八三年、一九頁。

35　前掲「総代会書類」。
36　『きずな　帯広市立愛国小学校開校百周年記念誌』帯広市立愛国小学校、二〇〇四年。
37　「例規綴」浜益郡各村戸長役場、一九〇二年（いしかり砂丘の風資料館所蔵）。
38　「教育及学事ニ関スル書類」浜益郡浜益村黄金村組合役場、一九〇三年（いしかり砂丘の風資料館所蔵）。
39　「庶務ニ関スル書類」浜益村黄金村組合役場、一九〇三年（いしかり砂丘の風資料館所蔵）。
40　「教育」庶務係、一九〇七年（いしかり砂丘の風資料館所蔵）。
41　『日本近代教育百年史』は、北海道が第二次小学校令を受けて尋常小学校を四種類に分けたことに言及し、一八九九年以降は「尋常小学校の課程の標準化と単一化の動向が進展しつつあった」と記述している（第四巻学校教育二、一九七四年、一二二三頁）。一八九八年以降の北海道においては、尋常小学校の課程の標準化と単一化がすすめられたのではなく、修業年限については統一されたが、逆に課程内容の複線化がすすみ、その固定化が図られていったのである。

第Ⅱ部

北海道における産業構造の転換と初等教育（一九一〇年前後～一九三〇年代）

第5章

産業構造転換期の初等教育機関(1)
——鉄鋼業地域および石炭鉱業地域

「美唄の炭鉱住宅風景」(1921年)
白戸仁康氏所蔵

はじめに

本章が対象とするのは、明治末期から第一次世界大戦を経て、北海道に産業資本が確立する一九〇三（明治三六）年から一九二〇年代の時期である。一九一〇年から一九二六（大正一五）年までの期間は、道内で実施された「第一期拓殖計画」の時期と重なる。府県において産業資本がすでに確立し、その発展の対象として北海道に大資本が投入され、日露戦争後の不況への対応、地方改良運動の一環として推奨された北海道移住を背景に移住民が急増する。その後の第一次世界大戦は、北海道の社会・経済・行政に大きな変動をもたらした。移住民数は一九一五年と一九一九年に、戦前の北海道開拓政策史上もっとも多くなり、年間七万人から八万人を越えた。農業および鉱業の生産額はそれ以前よりも約三、四倍、工業生産額は約五倍と飛躍的に増大する。鉱工業生産が農業生産を上回る産業構造の転換期であり[1]、一九二〇年には北海道型工業の確立に至ったといわれている。[2]一九一六年には鉄道が道内の要地をほぼ連絡するに至り、一九二四年には青函連絡船の設備が完成するなど、交通、輸送基盤の整備がすすんだ。また、これまで市制町村制が実施されていなかった道内に、一九二二年には市制が六区（札幌、函館、小樽、旭川、室蘭、釧路）に施行され、一九二四年には戸長役場制が全廃された。

他方、教育については、一八九八年の「簡易教育規程」、一九〇三年の「特別教育規程」および「旧土人児童教育規程」を一九〇八年に廃止し、同年それらをまとめた、あらたな「特別教育規程」（北海道庁令第二三号）が制定されている。同規程の実施は、尋常科の修業年限が六年に延長された時期でもあった。そして一九一六年、「特別教育規程」は改正（北海道庁訓令第五四号）される。先に記述した北海道の産業構造の変化と、新たな「特別教育規程」、その改正との関連をおさえ、この時期の北海道教育を考察することが本章の課題である。

この時期の北海道教育について扱った先行研究は、自治体史のような個別の地域に即して論じたものを除けば極めて少ない。わずかに『北海道教育史』が、一九〇八年の「特別教育規程」を、小学校設置維持の負担軽減と児童の就学に配慮したもので「拓殖地の実情に適応させ、つとめて画一性をさけながら教育の実績をあげようとし」たものとして評価しつつ、しかし「後進性や植民地的性格」を残すものであったと述べている。[3]そして一九一七年に就学率が「ほぼ全国なみに達した」ことをあげ、「本道の教育水準」が「拡充期といわれるのにふさわしい」ものになったと記している。[4]さらに一九二二年を画期に「北海道独自の教育規程が」減少し、「文部省のしめす教則が北海道に適用されるようになり」「全国基準において律せられるようになっ」たと言及する。この時期の北海道の教育が「府県なみ」に「拡充」「発展」を遂げたとする同書の見解が、いぜんとして通説的理解になっている。この時期の北海道教育は、先行研究が指摘するように、はたして「府県なみ」に「拡充」「発展」を遂げたのだろうか。本章では農業生産を上回った鉱工業地域を対象とし、そこでの教育実態を分析する。鉄鋼業地として室蘭郡室蘭区、石炭鉱業地として空知郡歌志内村を取り上げる。

第1節 北海道鉱工業の概況と初等教育機関

北海道の工業は、食料品工業と化学工業を基軸として展開する。一九〇九(明治四二)年までは、「食料品(醸造)工業を主体に紡績(製麻)、木製品(マッチ軸木)」の生産額が上位を占めるが、日露戦争後の大資本の進出により化学（製紙）工業が加わる。[5] 大資本の進出は鉱業にもおよぶ。北海道鉱業の発展は石炭によるもので、官営の幌内炭鉱の払い下げを受けて、北海道炭礦鉄道会社が一八八九年に設立する。それ以後、鉱業部門においては同会社が卓越した位置を占める。しかし日露戦争後、徐々に参入してきた三井、三菱、住友、大倉などの大資本が、一九一二（大正元）年以後、炭坑や鉱区の買収に積極的に進出するようになる。[6]

一九一〇年代は、北海道の移住民数がピークを迎えた時期である。その背景として、第一次世界大戦による北海道産業の盛況、それと軌を一にして北海道庁がすすめた移住の宣伝や移住斡旋施設の増加に加え、一九一五年から一九一九年まで北海道庁長官を務めた俵孫一による諸施策をあげることができる。俵は、「第一期拓殖計画」を再検討し、移住民の招致、および鉱工業物資の流通のための港湾や陸上交通機関の整備に力点をおいた。一九一八年までの移住民の多くは農業移住民であったが、これ以後は減少し「日雇・雇夫など」を含む「諸産業の従事者や労働者」に比重が移っていった。[7]

他方、教育においては一九〇八年に「特別教育規程」が改正されて、「教育所」という名称の初等教育機関を設けることが示された。教育所とは、「小学校設備規則」に拠らなくてもよく、教科目、教授の程度、授業時数などを「斟酌シテ」特別に定めることができる「尋常小学校ニ代フル」教育機関であると一九〇八年の「特別教育規程」に定められたものである。「教員ノ配置」も「小学校令施行規則」に拠らなくてもよいとするものであり、「尋常小学校ノ教科目中」「図画、唱歌、裁縫」のうち一科目あるいは数科目を省くことができた。この規程により、従来の簡易教育所は教育所という名称に変わることになった。

俵は、拓殖政策とともに教育政策を見直し、一九一六年に「北海道庁訓令第五三号」および「小学校教科目教授ノ程度及教授時数ニ関スル規程」（北海道庁令第八四号）を公布する。これまで「府県ト同シク小学校令及同施行規則ニ準拠」していた尋常および尋常高等小学校の教育内容と授業時数を、「土地ノ情況ニ依リ」「斟酌」

できるように改正したのである（第四条）。尋常科においては、「公私用文類細字書キ方練習等ヲ多ク課」すための国語と、暗算と珠算の「熟達ヲ図ル」ため算術の時間を増やし、理科の時間には男子にのみ「実業ヲ併セ授」けるとした。高等科では図画、唱歌を欠くことができた。それらを削減の対象にしたのは、教科書以外の教材教具や設備が必要となり、唱歌についてはオルガンなどの楽器類を購入しなければならず、費用負担が生じるからであったと推察される。それは「地域の事情」、すなわち開拓事業の進展状況に応じて教育内容を「斟酌」し、教育費の負担を抑え事業を優先する政策だったといえる。事業のための子どもの労働力（時間）を確保するために授業時数を「斟酌」して、将来、子どもが事業を引き継ぐための「実業」が教育内容に再び加えられたのである。ちなみに、道内には財政的余裕がないため、屋内外に体操場を持たない初等教育機関が多かったことを付言しておく[8]（教育財政の問題については後述する）。

同年、俵は「特別教育規程」を改正し（北海道庁令第八五号）、同時に「北海道庁訓令第五四号」を発した。同じ義務教育を行う機関でありながら、「尋常小学校」「教育所」と異なる名称の教育機関が存在することで、「両者ノ軽重ヲ疑シメ」「就学ノ普及発達ヲ阻害スル」ため、教育所を尋常小学校という名称に改めるというものであった。「特別教育規程」が改正される五カ月前に発行された教育会雑誌『北海之教育』（第一八二号）には、

等シク義務教育ニシテ、一ハ尋常小学校ナル名称ヲ付シ、一ハ教育所ナル名称ヲ付スルハ保護者及児童ヲシテ不満ノ感情ヲ抱カシメ、延テ就学ノ普及発達ヲ阻害スルハ勿論、本道拓殖ノ根本タル移民ノ招来ニ不利ヲ来ス、

と、改正理由が記されている[9]。この記述からうかがえるのは、人びとが教育所という名称に「不満」を抱くこ

とに対する危惧、とりわけこれから北海道に人びとが移動、移住しようとする際に「不利ヲ来ス」のではないかという危惧である。しかしその一方で、教育所そのものの施設設備や教育内容の充実を図ろうとする姿勢は示されていない。学校の設備や教育内容を〝簡易〟なままにとどめる実態を追認し、むしろ「斟酌」する余地を、従来の尋常科や高等科にも広げる制度を定めつつ、教育機関の名称を統一することで「不満ノ感情」の緩和を期待し、「移民の招来」に対する「不利」の解消が目指されたのである。それだけ移住民にとって、子どもが就学する教育機関が準備されているかどうかが、北海道移住への重要な条件になっていたという証左であろう。道庁の統計書ではそのような尋常小学校を〝正規〟の尋常小学校と区別し、「特別尋常小学校」と記述している（本書においても、同様に表記する）。倶は北海道の産業構造、およびその展開を充実させるために、尋常科および高等科の教育内容を「斟酌シテ」、尋常科でも実業教育を重視し、さらに教育内容、施設設備が〝簡易〟な特別尋常小学校を設けたのである。**表8**は、一九〇八年から一九二六年までの道内公立初等教育機関の状況をまとめたものである。

ところで、尋常科の授業料は第三次小学校令で原則徴収されないことになるが、「特別ノ事情アルトキハ」府県知事の認可を得れば徴収できたから、授業料を徴収する小学校が引き続き存在した。一九〇〇年以降、授業料を徴収した小学校数を『文部省年報』で道府県別に比較すると、東京が圧倒的に多いが[10]、たとえば、一九二二年の段階では北海道、そして大阪が次いでいる[11]。授業料が徴収された児童数をみると、北海道が九五、八一二、大阪が九八、四四四で大阪が多い。しかし、尋常科授業料の徴収金額の平均は、北海道が一九銭、大阪が一七銭で、北海道が高い。なぜ北海道は小学校の尋常科で授業料を徴収しなければならなかったのか。この点については各地域の実態分析から明らかにしたい。

表8　北海道の公立初等教育機関数（1908〜1926年）

機関／年	尋常小学校	尋常小学校分教場		尋常高等小学校（尋常科）	尋常高等小学校分教場（尋常科）		教育所	特別教授場
1908	487	67		155	47		367	不明
1909	522	70		157	49		446	不明
1910	615	不明		218	不明		328	不明
1911	627	35		235	51		326	不明
1912	656	33		237	53		324	不明
1913	673	34		241	55		319	不明
1914	690	35		244	53		314	253
1915	735	36		247	55		286	267
							特別尋常小学校	
1916	781	36		252	53		273	289
1917	807	37		265	51		273	307
		全科[1]	1部[2]		全科	1部		
1918	817	14	16	285	21	31	282	327
1919	821	2	25	305	5	51	300	341
1920	835	13	12	328	24	35	283	353
1921	820	14	11	361	28	34	287	345
1922	820	9	8	395	29	36	276	338
1923	869	10	6	431	26	36	217	327
1924	850	9	11	455	36	25	216	328
1925	847	9	3	483	27	38	206	319
1926	835	8	6	520	27	41	203	306

注1・2　『北海道統計書』には、1918年から、すべての教科目を課している分教場と、部分的に課している分教場とを分けて記載されている。

『北海道庁統計書』北海道庁（1909年〜1927年）から作成。

第2節　鉄鋼業地域

1　室蘭の初等教育機関の設立状況

一九〇七（明治四〇）年、北海道炭礦鉄道会社による製鉄所が室蘭郡輪西《わにし》村に建設された。同年、日英共同事業による兵器製造を目的とした製鋼事業が同社によって経営されることになり、日本製鋼所が室蘭町に設立された。輪西村と室蘭町は一九一八（大正七）年に合併し室蘭区となり、輪西村の製鉄所と日本製鋼所は一九一九年に合併する。俵孫一が力を入れた物資流通の便宜をはかる施策により港湾の整備がすすめられ、国内外の船舶による貿易拡大がはかられて、第一次世界大戦の開始により室蘭の工業は軍需産業を中心に活況を呈していく。[12]「室蘭区勢一般」によれば、一九一一年から一九一四年までの戸数は約七、一五〇前後であったが、一九一五年には約八、四〇〇戸、一九一七年には約一一、二〇〇戸、一九一八年には約一二、一〇〇戸と増加し、毎年一、〇〇〇戸以上が室蘭に移住した。[13]

移住民の増加に伴い、就学児童数も増えていく。一九〇七年の段階で室蘭には尋常高等小学校が一カ所、尋常小学校が四カ所、そして簡易教育所が二カ所にあった。製鉄所および日本製鋼所の設立によって、一九〇九年から一九一五年の間に、輪西教育所（以前は簡易教育所）は鶴ヶ崎尋常小学校に（一九〇九年）、そして翌年には尋常高等小学校になった。分教場だった武揚小学校は尋常高等小学校になり、新たに成徳尋常小学校（三年後には尋常高等小学校になる）が設立された。また、私立日本製鋼所附属茶津尋常高等小学校（一九二一年には公立となり成徳尋常高等小学校の分校になる）も設立されている。[14]

一九〇九年に開校した成徳尋常高等小学校の「沿革誌」には、

> 本校ノ建設地タル母恋《ぼこい》ハ、明治四十年九月日本製鋼所ノ創設ト共ニ俄然発展シタルモノニシテ、其以前ハ煉瓦場トシテ茅草茫々トシテ数戸ノ農家、点々タルニ過キサリシナリ、然ルニ僅々一週年ヲ出ズシテ新移住民一千余戸ニ達シ、学齢児童亦数百ニ上リ、尚ホ続々増加スベキ趨勢トナレリ、茲ニ於テ小学校設置ノ必要ニ迫リタルヲ以テ高燥適良ノ地トシテ、明治四十一年九月十日校舎敷地ノ指定ヲ受ケ、翌四十二年五月十日起工シ同年八月十三日竣功ス、（略）

と記述されている。さらに日本製鋼所の設立とともに移住民が増加し、尋常高等小学校から尋常科三二一人および二つの尋常小学校から一三六人を同校に転校させ八学級に編制したと記述が続く。[15] 同校は翌年、一二学級編制となり教室が不足したため一、二学年に二部教授を実施している。二部教授は一九一二年六月まで継続し、翌月、教室が増築され廃止される。一九一五年に再び教室が不足し、一、二学年に二部教授を実施するが、これも増築することで廃止した。しかし翌年、児童数がさらに増え一、二学年の二部教授が行われた。翌年の一一月、天沢《てんたく》尋常小学校が設立され、四五八人の児童を同校に移すことで二部教授は解消された。[16] 成徳尋常高等小学校の尋常科の学級数は、一九二一年時に一九学級あった。ちなみに、鶴ヶ崎尋常高等小学校の学級数は二〇、武揚尋常高等小学校は一八、高等科を併置した天沢尋常高等小学校は一九学級あった。[17]

成徳尋常高等小学校には屋内外に体操場があり、一九一六年には裁縫室が設置されている。学芸会や自由画展覧会などが盛んに行われていたことから、手工、唱歌、図画の科目は削減されずに実施されていたと推察さ

13	14	15	16	17	18	19以上	計	単（%）	特別教授場数	単＋教授場（%）	単＋2＋教授場（%）
9	7	6	6	5	5	15	1,201	40	不明		
3	18	7	4	7	5	19	1,274	39			
10	9	6	9	7	3	17	1,303	37			
8	9	8	12	4	3	17	1,322	37			
									253		
10	5	12	8	5	4	7	1,359	35	267	45	66
									289		
10	6	11	3	6	4	21	1,433	30	307	43	64
9	7	9	6	2	6	27	1,467	29	327	42	63
7	12	7	4	3	4	33	1,509	27	341	41	62
10	12	7	4	8	7	34	1,530	28	353	41	61
11	11	4	11	6	6	35	1,554	27	345	40	61
18	8	5	6	11	11	46	1,566	27	338	40	60
12	11	6	8	6	15	39	1,594	27	327	40	59
12	11	4	11	6	18	41	1,537	25	328	38	58
9	14	3	8	9	13	46	1,613	26	319	39	58
14	14	7	2	9	19	44	1,640	26	306	37	58

注2　単（%）は単級学校率、単＋教授場は特別教授場数も含めた単級学校率、単＋2＋教授場は2学級以下の教育機関率。（%）は小数点以下四捨五入。
『北海道庁統計書』（1910年〜1926年）から作成。

れる。[18] それらの授業を実施し、子どもたちの作品発表会を開催するには、教育施設や教材教具の充実が欠かせず、日本製鋼所や保護者らの寄付（金）がその背景にあったと思われる。[19]

表9をみると、一九一六年以後に学級数が多い小学校が増加している。その背景には、室蘭のような工業地での小学校設立の増加があったと思われる。そして一八以上の学級数を持つ小学校の多くが、工業が盛況な町村にあったと推察される。比較のため、同じ室蘭で

表9　北海道の学級数別初等教育機関数（1910〜1926年）

年＼学級数	単	2	3	4	5	6	7	8	9	10	11	12
1910	461	262	145	71	53	45	42	27	14	10	7	11
1911	496	277	160	62	60	43	40	22	21	10	14	6
1912	482	291	173	77	64	46	34	26	13	15	8	13
1913	490	312	167	83	63	40	35	25	10	9	12	15
1914	不明											
1915	471	330	186	103	65	57	26	22	15	12	10	11
1916	不明											
1917	434	379	198	116	70	65	33	17	22	12	13	13
1918	421	379	227	98	72	86	29	32	17	15	8	17
1919	414	390	244	113	60	94	27	26	22	18	18	13
1920	422	381	238	124	63	99	28	25	14	20	19	15
1921	418	388	265	102	76	84	32	39	17	17	19	13
1922	424	381	241	127	69	89	39	25	12	17	19	18
1923	432	383	265	119	80	82	42	31	13	14	18	18
1924	386	367	267	112	74	83	44	35	17	15	15	19
1925	427	382	283	113	68	102	38	27	17	18	10	26
1926	423	404	273	110	83	104	39	22	20	16	10	27

注1　各学級数の数値は区町村立尋常小学校、尋常高等小学校の尋常科、それら各分教場の尋常科、および教育所、「特別教育規程」による尋常小学校数である。ただし、1910年から1913年までの数値には、資料上、尋常高等小学校の尋常科と高等科の区別がないため高等科も含まれている。私立小学校、高等小学校は含んでいない。

も工場地から離れた農業地に立地する喜門岱《きもんたい》教育所について触れておきたい。同教育所は、「特別教育規程」の改正により、一九一七年に教育所を尋常小学校という名称にかえ、特別尋常小学校となった。児童数は三〇人で増加はなく、戦後に至るまで単級学校だった。裁縫室の設置は一九三五年であり、屋内外の体操場が設けられるのは戦後である。[20] 喜門岱尋常小学校は、一九二二年の市制施行により室蘭市立の尋常小学校となるが、製鉄所などからの寄付がなかったため、工場地の尋常小学校に比べれば、特別教室の設置は不十分であり科目も削減されていたと思われる。

2 教育財政

では、室蘭の教育財政はどのような状況にあったのだろうか。一九一八年の室蘭区費中に教育費が占めた割合は約四三パーセントであり、一九二五年段階では約四四パーセントであった。[21] 室蘭区は一九二二年に稟請書を提出し、小学校の尋常科児童一人につき一カ月二〇銭、高等科の児童一人につき一円の授業料を徴収することを決議している。[22] 一九一〇年の段階で授業料を徴収していた小学校は二三五校あり、全尋常小学校数の約二二パーセントを占めていた。[23] 一九二二年の段階で、尋常科において徴収していた授業料の全国平均額は約一八銭、高等科は約一七銭だったから、室蘭区が定めた授業料はそれよりも高く、とくに高等科はかなりの高額だった。その点について『新室蘭市史』所収の資料には、

区制の発展に伴い、逐年施設を要すべき事業は累積し（略）最も急を要すべき事実は累積し（略）小学校の学級増加、実業補習学校の専任教員採用ほか（略）増額を示し、（略）其の所要額を得る能わざるに依り、小学校授業料尋常科一人一ヶ月二十銭、高等科は制限を超過して一人一ヶ月壱円を徴収し、不足額は付加税たる所得税割（略）等各制限外賦課をなし、（略）

とある。[24] この時期の室蘭は人口が急増し、一〇、四〇〇戸、五一、四〇〇人の都市になった。この人口増加により区制が施行されるのだが、区制の実施によって、港湾整備などの大規模なインフラ整備や公共施設設立に要する費用を地元が負担する割合が増加する。「逐年施設を要すべき事業は累積し」とは、そのような事態を指

していたといえる。その結果、区内の施設設備の拡充、とくに児童数の増加による小学校校舎の増築に必要な費用が不足し、授業料を値上げして徴収したと記述されている。さらに市制施行後は、人口の三分の一にあたる人びとが日雇いなどの労働者階層で占められており、担税力が低く、近代都市としての市民生活を維持するための行政費、とくに公共事業費の膨張に対して歳入が伴わないという事情があった[25]。区費の中で教育費が占める割合は府県と同様ではあるが、尋常科および高等科の子どもたちの家庭に高額な授業料が課せられていたのである。

表10は、授業料を徴収した全道における初等教育機関数をまとめたものである。義務教育年限の延長後、五、六学年のみに授業料を課す小学校が増加し、その後減少するが、一九一七年以後は、尋常科すべての学年から

表10　北海道の授業料を徴収する教育所および尋常小学校数（1905〜1926年度）

	教育所	尋常科全学年	尋常科5、6年のみ
1905	0	0	0
1906	0	19	不明
1907	不明		
1908	0	29	195
1909	0	不明	278
1910	0	47	188
1911	0	50	122
1912	0	47	80
1913	0	52	47
1914	7	57	36
1915	5	41	36
1916	5	41	36
1917	不明	54	27
1918		59	19
1919		85	9
1920		119	16
1921		130	11
1922		120	12
1923		85	6
1924		68	6
1925		55	2
1926		58	3

『北海道庁統計書』（1906年〜1927年）から作成。

授業料を徴収する小学校が増加する。大戦後の不況期に、その数は増加した。授業料を徴収する学校が多かったのは、じつは道内においては、札幌、函館、釧路、旭川そして室蘭や小樽など、人口が集中し市制が施行されたところだった。[26] すなわち北海道のこの時期は、尋常および尋常高等小学校が増加していくが、都市部への人の移動（とくに担税力の低い人びと）が集中し、区制や市制の施行に伴う道路橋梁、医療衛生の整備、学校を含む公共施設の設立など、都市部として必要なインフラ整備といった、急激に膨張する公共事業に予算が割かれ、尋常科の授業料徴収に繋がっていたのである。

第3節　石炭鉱業地域

1　歌志内村の初等教育機関の設立状況

一八八八（明治二一）年、空知郡歌志内村《うたしない》に石炭が発見され、一八九〇年に空知採炭所が設置された。同年、岩見沢—歌志内間の鉄道が竣工し石炭輸送が可能になり、[27] 一八九七年に戸長役場制が施行される。以後、炭鉱業を主産業とする同地に多くの移住民が入地する。戸数は一九〇六年の段階で二、〇二〇戸となり、二級町村制が施行される。一九一四（大正三）年には三、三三一戸と飛躍的に増大し、[28] 一九一九年には五、二八七戸となり、北海道一級町村制が施行された。一九二二年には、村内の一部の区域を分村し三、二五八戸となった。日露戦争と第一次世界大戦の影響を受けながら、石炭の需要増加とともに人口が増加していった。歌志内の炭鉱開発事業は、一九一九年以後、北海道炭礦鉄道会社が中心になってすすめていく。その後住友が、そして一九二六年以後は三井が参入する。一九〇二年の時点で、歌志内の全戸数中、約六五パーセントが炭鉱の仕事に従事していた。[29]大資本、あるいは中小資本が開坑するとそこに坑夫が集まり、徐々に人口が増加して坑夫のための「長屋」住居が作られ市街地が形成されていく。それとともに初等教育機関が設置されていった。

同地は石炭の需要を背景として急激に人口が増加し地域社会が形成されてきたのであるが、財政的に余裕があったわけではなかった。炭鉱開発会社は坑夫を集めるために、彼らの住まいである、いわゆる「棟割長屋」を設ける。そのため農業地とは逆に住居が密集した地域が形成された（**第5章扉写真参照**）。したがって、一定数以上の子どもと戸数が確保され一定額の教育費の負担が可能になる。しかし、坑夫の賃金は重労働に見合った金額ではなく、坑夫同士の相互扶助制度である「友子組合」が徴収する負担金も過重で、[30]たとえば、一九〇四年の夕張炭山坑夫の一カ月の生計費は家族三人で一七円四一銭だった。歌志内村会議事録によると、一九〇八年の全村費歳出中、約六一パーセントが教育費だった。[31]一九〇八年、歌志内村会において尋常小学校の修業年限が延長されたことへの対応策が議論されている。第三次小学校令により、尋常小学校の授業料は徴収されないことが原則となったが、同会では校舎の改築も含めて教育費負担が過重になるため、尋常科の五、六年生から授業料を徴収することが可決されている。[32]一カ月二〇銭の者と一〇銭の者に分けて徴収されることになった。[33]

2　初等教育機関の実態

一九一一年段階で村内には、尋常高等小学校が一カ所、尋常小学校が五カ所、教育所が二カ所設置されていた。[34]歌志内尋常高等小学校は、北海道炭礦鉄道会社空知採炭所の資金提供で設置された私立炭山小学校を前身としている（一八九二年設立）。同社は「炭山小学校に関する内規」を作り、「会社は教育資金として毎月一日現在、各炭山在住の役員、傭夫及礦夫の人員に応じ、一人につき一月金三銭の割合にて出金」することとした[35]。この私立小学校は児童数の増加とともに一九〇二年に公立の尋常高等小学校になった。神威《かもい》尋常小学校は歌志内尋常高等小学校の分教場として始まり、同社が神威炭鉱を手がけるようになってから資金を提供したことで尋常小学校になり、一九一八年には高等科を設置している。新たな石炭採掘が着手されたことによって一九一九年には西山尋常小学校新歌志内分教場が設置され、この分教場も一九二二年に尋常小学校になった。平岸教育所は一九一二年に上平岸尋常小学校となり、大倉炭鉱の採炭に伴い一九一九年に高等科を設置している。炭鉱開発事業も中小企業の資本によって試験的に行われたところもあったから、会社の規模によって分教場あるいは教育所から始まり、石炭の産出量に左右されながら尋常小学校となり高等科が設置されていった。したがって、工業地同様に石炭鉱業地にも特別ではない尋常小学校が早くに設立されていった。一九二一年の段階で前記の小学校以外に幌倉尋常小学校と百戸尋常小学校が加わった。尋常科の学級数については、幌倉尋常小学校が五、西山尋常小学校には五、百戸尋常小学校には三学級あり[36]、複式授業が行なわれていた。歌志内尋常高等小学校および神威尋常小学校は六以上の学級数だったと思われる。炭鉱地の小学校の学級は、炭山の規模やその産出量に左右されながら六学級以上であったり複式学級だったりした[37]。

歌志内尋常高等小学校が炭鉱会社から資金援助を受けていたことは既述したが、神威尋常高等小学校も同様であり、校舎、教室の増改築や体操場の設置の際には寄付金を得ていた。上平岸尋常高等小学校（以前は平岸教育所）は会社のグランドを屋外運動場として使用しており、炭鉱会社からの寄付で手工や理科に必要な教材教具、実験器具などが比較的整えられた学校として全道で知られていたという。運動会、修学旅行などを行う際にも、会社が半額、あるいは一部を負担した。会社の福利厚生と学校経営を表裏一体とすることが石炭採掘を増強し坑夫や会社従業者を定住させることができる、と会社が考えていたからである。[38] 炭鉱開発事業に参入した会社が、社員や坑夫の確保、定住を考慮してその子どもたちが通う学校に寄付や資金援助を行うことによって、炭鉱地の学校は特別ではない尋常小学校、尋常高等小学校になったのである。

歌志内の炭鉱地からやや離れた農業地に設置されたのが百戸教育所である。一九〇九年に百戸地域から、

> 過半小学校令改正セラレ義務教育二ヶ年延長シ一般ニ本年即チ四十二年度ヨリ本令実施セラレ候ヘバ、当教育所ニ於テモ従来ノ尋常四ヶ年ニ更ニ二ヶ年増加、即チ六ヶ年ヲ以テ義務教育ヲ卒ヘ候様御編制シ、専ラ其恩恵ニ浴シ得ルナラント期セシ所、仄カニ洩レ承ハル所ニ依レバ豈《あ》ニ計ランヤ、当所ニハ従前ノ儘四ヶ年ノ御編制他二ヶ年ハ某隣村ノ校舎ニ通学其義務ヲ了ヘシムルノ御計画ナルヤト、若シ果シテ右ノ如キ御計画御取扱ニ於テハ、実際左記ノ不便アリ、（略）当教育所ニモ六ヶ年制ノ義務教育ヲ御施行相成候様、御取計相成此段本村有志者連盟ヲ以テ及出願候也、（略）

という出願書が村会に提出された。[39]「実際左記ノ不便アリ」と記された「不便」とは、子どもたちが冬季間は雪路のため通学上困難であること、雪解けの頃は、川の水が増し流木が多く渡船で通うのは危険であること、遅刻が多く、また川の状況によっては帰宅できない日もある、という不便だった。[40] 五、六年生を近隣の尋常小学校に通わせるのではなく、教育所で学ぶことができるように教育所の設備拡充要求が村会に提出されたのである。しかし村議会側は、

> 御承知ノ如ク年々歳々膨張スル教育費ノ負担スラ非常ノ困難ヲ見ツヽアル本村ハ、今一般ニ施行スル事実

ニ於テ至難ノ事ト被存候ヘトモ、義務教育延長ノ件発令セラレタル以来、既ニ二ヶ年ヲ経過セシ義ニモ有之、殊ニ児童教育ノ一日モ忽《ゆるがせ》ニ付スヘカラスハ論ヲ待タサル次第ニシテ、又町村トシテ一大義務トモ思料セラレ候ニ付テハ右施行スヘキヤ否ヤ、（略）

と応答している。教育費の膨張によってそれが「至難ノ事」であることを吐露し、躊躇していることがわかる。結果として、この時期には五、六年生のための教室が教育所には設けられなかった。この教育所は一九一六年の「特別教育規程」の改正により、翌年、特別尋常小学校になり、その際、五、六年生も通える機関になったようである。[41] 学級数は三で、複式授業が行われていた。炭鉱地の小学校のように会社からの寄付がないため、それらの学校に比べて施設や設備が不十分となり、教育内容も〝簡易〟であったと思われるが、子どもたちの安全を確保するために有志の「連盟」により教育所で五、六年生が学べるよう、村会に助成を主張した点に、移住民の協同的主体性が看取できる。

3 教育財政

一九一〇年および一九二〇年代において歌志内の教育費が占めた割合は、村費中約六五パーセント前後だった。[42] 室蘭よりも教育費の負担率が高い。同地では、高等科の生徒からも授業料を徴収している。役場資料には、

一、引続キ高等科及補習科授業料ノ徴収ヲ要スル理由
予算縮小シタルモ教育費役場費等村費多端ノ折柄、他ニ相当収入財源ナキニ付其幾部ヲ補充スルニアリ

二、授業料額
児童壱人壱ヶ月金参拾銭
但シ八月（夏期休暇中）之レヲ徴収セズ（略）

とあり、一九一六年には尋常小学校補習科の生徒からも授業料月額三〇銭を徴収していた。[43]「村費多端」となり他に「収入財源」がないため、授業料を徴収したと説明されている。[44] さらに、一九二〇年から一九二三年までの間、高等科の授業料を五〇銭とし、尋常科児童一人一カ月二〇銭を徴収することが決議された。一九二三年の一月には、同年四月から一九二六年三月まで、高等科の授業料を七〇銭にすることが決定されている。[45] 全国の平均金額に比べて、同地でも高等科の授業料が高いことがわかる。

一九一九年、村吏員や「学校職員の待遇改善に要する費用など、やむを得ない支出も増加」し、「財源に恵まれない本村としては、既存の税の増徴により経費を賄うほかなく」、戸数割やその他の付加税を「法律の許可最大限まで課税した」と記述されている。[46] また同年、校舎整備の必要に迫られ、各炭鉱会社に必要経費の寄付を求めている。[47] 一九二四年に「義務教育費国庫交付金」が増加されたので「村税負担ニ於テ幾分軽減シ得タルモ」「尚教育費ハ村経済ノ六割三分強ニ当リ」、教育費が村財政を圧迫し続けていた。[48]

小括

一九一〇（明治四三）年から一九二〇年代における北海道は、鉱工業生産額が農業生産額を上回る産業構造の転換期にあった。日露戦争後、そしてとくに第一次世界大戦による影響を背景にして、移住民数は激増した。北海道庁長官に就任した俵孫一は、それら移住民を確実に確保するために、教育所を尋常小学校（特別尋常小学校）という名称に改めた。そして、これまで「府県ト同シク小学校令及同施行規則ニ準拠」していた尋常および尋常高等小学校の教育内容と授業時数を「斟酌」できるように改正し、尋常科男子の理科の時間に「実業ヲ併セ授」けた。

人口増加と産業の盛況は、就学児童数の増加と教育財源の確保につながり、尋常小学校、尋常高等小学校数の増加につながった。とくに、鉄鋼業地域や炭鉱業地域の尋常小学校の施設設備や教育内容は、企業からの寄付によって〝充実〟したものになっていった。しかし、産業生産額の増大とそれに伴う人口増加は公共事業費を膨張させ、都市部の行財政を圧迫した。そのため道内の都市部においては尋常科で授業料が徴収され、移住民に課せられる教育費負担は府県に比べて大きいままだった。

この時期、北海道の初等教育機関には、教育内容および施設設備の異なる教育機関が階層的構造を形作り、市制が施行された地域とそれ以外の地域との差異が明確になってくるのだが、その〝格差〟については、次章でさらに明らかにしたい。

◉註

1 『新北海道史』第四巻通説三、北海道、一九七三年、八三七頁。
2 田中修『日本資本主義と北海道』北海道大学図書刊行会、一九八六年、八九頁。
3 『北海道教育史』全道編一、北海道教育委員会、一九六一年、三二九・三三〇頁。
4 同前、一〇〇頁。
5 田中前掲書、六六〜七七頁。

6 同前、八〇頁。
7 前掲『新北海道史』第四巻通説三、八四六頁。
8 『北海之教育』第二八五号、北海道教育会、一九一六年。
9 『北海之教育』第二八二号、北海道教育会、一九一六年。
10 土方苑子は、東京の公立の尋常科で授業料が徴収された理由を「都市基盤整備に負われ税負担も増えていたため、市も税を負担する有産者層も公立小学校の新設を望まなかった」。しかし、「それ以上に重要な理由は、この時期成立した都市支配層が下層の子どもと一緒の教育を忌避して高額の授業料によって下層の子どもの入学を阻止した」ためであると述べている(『東京の近代小学校——「国民」教育制度の成立過程』東京大学出版会、二〇〇二年、一一三頁)。下層の子どもたちに対するそのような有産者層の意識は、東京の特徴といえるかもしれない。しかし、この時期の東京という都市部、市街地への国内各地からの人の移動、それによる急激な人口集中(下層の人びとの集中)によって生じる公教育設備や他の公共事業整備にかかる費用負担については、北海道と共通する問題が(大阪もそうであったように)あり、それが大きな要因となって小学校の授業料徴収に繋がったと思われる。
11 『日本帝国文部省年報』第五〇年報下巻、一九七二年。
12 前掲『新北海道史』第四巻通説三(八九七頁)および『新室蘭市史』第三巻(室蘭市役所、一九八五年、二六八〜二七六頁)。
13 『大正八年 室蘭区勢一般』室蘭区役所、一九二〇年(市立室蘭図書館所蔵)。
14 前掲『新室蘭市史』第三巻、五七六・五七七頁。
15 「沿革誌」成徳尋常高等小学校(室蘭市立星蘭中学校所蔵)。
16 同前。
17 『大正十一年 室蘭市勢一般』室蘭市役所、一九二三年(市立室蘭図書館所蔵)。
18 前掲「沿革誌」成徳尋常高等小学校。
19 成徳尋常高等小学校では、保護者会が毎年発行していた『成徳』という保護者、同窓会を対象にした会報冊子があり、そこには毎年、学校行事や設備充実のために集められた寄付金の一覧が掲載されている。

20　「沿革史」喜門岱国民学校（室蘭市立喜門岱小学校所蔵）。
21　『大正九年　室蘭区勢一般』（室蘭区役所、一九二一年）および『大正十四年　室蘭市勢一般』（室蘭市役所、一九二六年）（市立室蘭図書館所蔵）。
22　前掲『新室蘭市史』第三巻、五九六頁。
23　『第二拾二回北海道庁統計書』北海道庁、一九一二年。
24　前掲『新室蘭市史』第三巻、五九六頁。
25　同前、二三五頁。
26　『北海道庁統計書』北海道庁、一九〇五～二六年。
27　『歌志内市史』歌志内市役所、一九六四年、一三九・一四〇・一五四頁。
28　同前、三〇〇～三〇二頁、五一〇～五一三頁。
29　同前、三〇五・三〇六頁。
30　月々割り当てられた金額（約三〇銭）を納入するほか、たとえば作業時に三人の死亡者が出たときは五〇銭、家族の中で七歳以上の者が死亡したときは五銭など、日常生活全般にわたった互助項目が定められていた（前掲『歌志内市史』七三二～七六六頁）。
31　「村会議録決議書」歌志内村役場、一九〇八年（歌志内市役所所蔵）。
32　同前。
33　同前。
34　前掲『歌志内市史』六五六～六六二頁。
35　「歌志内小学校　沿革史」（歌志内市立歌志内小学校所蔵）。
36　「大正十年歌志内村事務報告書」歌志内村役場、一九二一年（歌志内市役所所蔵）。
37　前掲『歌志内市史』六五六～六六七頁。
38　『北海道教育史』地方編二、北海道教育委員会、一九五七年、六六〇～六七六頁。季節によって異なるが、歌志内および神威尋常高等小学校では毎月、児童一五人前後、西山および新歌志内尋常小学校では五人前後の転出入があった。このような鉱業地の学校は、会社からの寄付により学校の学習環境が比較的充実していたと同書に記述されている。しかし鉱山の事故など、子どもたちは家族を喪う危険と背中合わせだったことも銘記すべきだろう。たとえば、歌志内は他の炭鉱地と比較して爆発事故件数が少なかったといわれているが、一九一三年から一九二六年の間だけでも九件の爆発事故があり、大きな事故では八九名の死傷者を出している（前掲『歌志内市史』）。

39　「村会ニ関スル書類」歌志内村役場、一九〇九年（歌志内市役所所蔵）。

40　同前。

41　前掲『歌志内市史』。

42　「大正二年度　村会関係書類」（歌志内村役場、一九一三年）、「大正五年度　村会ニ関スル書類」（歌志内村役場、一九一六年）、「大正八年度　会議録」（歌志内村役場、一九一九年）、「大正九年度　会議録綴」（歌志内村役場、一九二〇年）、「大正十一年度　村会書類綴」（歌志内村役場、一九二二年）および「大正十三年度　歌志内各村会計歳入出予算」（歌志内村役場、一九二四年）（歌志内市役所所蔵）。

43　「大正二年度　歳入歳出予算表」空知郡歌志内村、一九一三年（歌志内市役所所蔵）。

44　同前。

45　「大正十二年度　村会書類綴」歌志内村役場、一九二三年（歌志内市役所所蔵）。

46　前掲『歌志内市史』、四一六頁。

47　同前。

48　「大正十三年度　村会会議録」歌志内村役場、一九二四年（歌志内市役所所蔵）。

第6章

産業構造転換期の初等教育機関（2）
――農業地域の実態と教育機関の格差構造

「標津原野教育所」（1908〜15年頃）
ポー川史跡自然公園所蔵

はじめに

本章は、前章が対象にした時期である一九〇三（明治三六）年から一九二〇年代までの農業地域における教育の実態を明らかにする。この時期、農業地域においては北海道型の地主制が確立され、いわゆる「小作制大農場」経営が展開されていく。鉱工業生産が農業生産を上回る産業構造の転換期ではあったが、農業の生産額も以前より約三、四倍に増大していた。教育については前章で既述したように、新たな「特別教育規程」（北海道庁令第二三号）が制定され、一九一六（大正五）年にはその改正（北海道庁訓令第五四号）に至っている。「特別教育規程」の制定および改正には、そのような農業状況の変容が反映されていたと思われる。この時期の農業地域における北海道教育の特徴を明らかにすることが本章の課題である。

当時の道内農業地域の教育について扱った先行研究には『北海道教育史』があり、一九〇八年の「特別教育規程」を、「拓殖地の実情に適応させ、つとめて画一性をさけながら教育の実績をあげようとし」たものであると評価しつつ、しかし「後進性や植民地的性格」を残すものであったとしている。[1]そして、北海道の教育が「全国基準において律せられるようになっ」たと言及したことは前章でも述べた。榎本守恵は、その著『近代僻地教育の研究』において簡易教育規程を、「開拓に手をつけた地主層にとって」「小作人子弟の教育に多額の投資をせずにすむ得策」だったと記述している。[2]その見解は、新たに制定された「特別教育規程」下にもあてはまり、むしろ「小作制大農場」経営が展開する当該時期においてこそ検証すべき内容と思われる。ちなみに榎本は「特別教育規程」以前の「簡易教育規程」を、「いわば傍系ともいわれる落差のある小学校のしくみ」を「温存」するものであったと位置づけている。[3]では、新たに制定された「特別教育規程」はどのような機能を有していたのだろうか。北海道の産業構造が変化するこの時期に施行された新たな「特別教育規程」の内容を確認し、地域の実態分析をとおして北海道教育の特徴を明らかにしてみたい。分析対象とする地域は、河西郡芽室村、河東郡音更村、斜里郡斜里村である。

第1節　北海道農業の概況と初等教育機関

一八九七（明治三〇）年、帝国議会は「北海道国有未開地処分法」を可決する。北海道の未開地を多額納税者に無償で払い下げるもので、資本家、大地主、官僚らの強い要望で成立したといわれている[4]。これ以後、道外の多額納税者であった政商・華族・大地主らが道内の一五〇万坪以上の土地を所有する不在地主となり、小作人を募集することになるが、当初は小作層の確保が困難であったために失敗に帰すケースが多かったという。小作層の確保が可能となり、本格的にそれが展開されるのは日露戦争後であった。田中修は、北海道が産業資本確立の段階に至るのは一九〇七年頃であったとしている[5]。そしてその後、急速に財閥による独占資本支配体制が確立するのが北海道の特徴である[6]。

日本の地主制の基幹である五〇町歩以上の土地を所有する地主は、一九二〇（大正九）年段階で三、二二二戸存在していた。そのうちの三分の一に該当する一、〇六五戸の地主が、北海道の土地を所有していた。当時、一、〇〇〇町歩以上の土地を所有する大地主は、日本全国で二二人存在し、そのうち一六人が北海道に土地を所有していた。一六人が所有する耕地総面積のうち二四パーセントが北海道の土地であり、小作地総面積のうち約四五・七パーセントが北海道の土地だった。北海道は東北、北陸地方とともに、日本の地主体制の根幹地域だった。[7] しかし直接生産者である小作人の実情は府県とは異なる。当初、地主の募集に応じ北海道に移住した小作人は開墾小作であり、小作人一戸に貸与される土地は平均一五、〇〇〇坪（五町歩）から三〇、〇〇〇坪（一〇町歩）という広大なものだった。地域の構造は、これまでと同様に散居（疎居）型が多い。日露戦争で領有したロシア海域の利益を求めて北海道へ人びとが移動し、移住民が増加する。府県では日露戦後の不況と租税重課による農村の疲弊に対する立て直し策として地方改良運動がすすめられるが、その一環として北海道移住が奨励されたことも移住民が増加する要因だった。

一九〇八年の「特別教育規程」改正により従来の簡易教育所が教育所という名称に変わったことや、その規程の内容については第5章で記したとおりである。それらに加え同規程には、さらに年齢一〇歳以上の子どもや、他地域への「委託教育」もできず、また「新開部落」や保護者が時期によって出稼ぎするため、ともに移動する子ども、「季節ニ依リ通学困難ノ場所ニ在ル」子どもたちには「便宜ヲ図」った場所で「特別教授」を実施できることが規定されていた。一九〇三年制定の「特別教育規程」が対象としていた子どもの範囲をさらに拡げた「特別教授」の内容は、「各教科目ハ総テ簡易ヲ旨トシ」「生活ニ最モ適切ナル事項ヲ撰フ」というものだった。「特別教授ニ関スル注意事項」（北海道庁訓令第二八号）によると、修身、国語、算術、裁縫などの内容は一九〇三年の「特別教育規程」とほぼ同様であるが、日本歴史、地理、理科、図画、唱歌、体操、手工についても同様に〝簡易〟〝近易〟な内容を教授することが明記された。このような「特別教授」を行う施設を、道庁の統計書では一九〇八年の「特別教育規程」制定後、「特別教授場」と記している。そのため、本書でもその名称を使用する。教育所および特別教授場はともに単級学校であることが原則で、教員は代用教員だった。したがって、一九〇八年以後は尋常小学校、尋常高等小学校、そして尋常小学校よりも施設設備および教育内容が〝簡易〟な教育所、教育所よりも教育内容がさらに〝簡易〟な特別教授場、〝簡易〟な施設設備で全教科を課している分教場と、教科の一部のみを課している分教場という初等教育機関が存在することになったのである。一九一三年までの特別教授場の設置状況は不明であるが、一九一四年には二五三あったと記述されており、一九一五年には二六七に増加し、その数は一九二〇年にピークを迎える。[8]

一九一五年に北海道庁長官に就任した俵孫一が、一九一六年に「北海道庁訓令第五三号」および「小学校教科目教授ノ程度及教授時数ニ関スル規程」(北海道庁令第八四号)を公布して、授業時数を「土地ノ情況ニ依リ」「斟酌」できるように改正し、尋常科の理科の時間には男子に「実業」を課したこと、そして「特別教育規程」を改正し、教育所を尋常小学校という名称に改めたことは前章で記したとおりである。

明治末期に実施された義務教育年限の延長は、道内教育費の負担を増大させ、教育施設設備の節約を余儀なくさせた。教育費は町村財政の五〇パーセント以上を占め、八〇パーセントに至った地域もあった。府県では町村財政における教育費の割合が三〇から四〇パーセントだったのに比すれば、開拓政策下における道内町村の教育費負担の大きさが見てとれる。その対応策として道庁は唱歌室、裁縫室のような「特別の設備を省」くなどの節約策を奨励した。[9] しかし、部分的施設の節約のみでは足りず、たとえば、「是迄五小学校七教育所なりしを四小学校四教育所」にして、教育機関の数を減らすことで町村は対応していた。[10] 一九一三年には、「全道に渉れる未曾有の」凶作が「幾多の農民をして困厄の極に達せしめ」た。[11] そのため、尋常科「一学級に七八十人若くは夫以上多数の児童を収容」[12]する学級整理が励行されたのである。[13] そのような状況下で第一次世界大戦が始まり、道内産業は盛況へと向かい移住民が増加して就学児童数も増加していった。

『文部省年報』の一九二二年における市町村立尋常小学校の府県別学級数をみると、道庁の統計書とは数値が異なるが、北海道の単級学校数が全国一位の三六三で奈良県の七二がそれに次いでいる。[14] 就学児童数の増加は、単級学校から学年別学級への移行を促すが、もともと単級学校が多く新開地への入地が引き続き行われていた北海道は、単級学校数が府県を圧倒している。特別教授場は単級であることが原則であり、それも含めれば、北海道では一九一五年段階で初等教育機関の約四五パーセント、一九二〇年代で約四〇パーセント前後を単級の教育機関が占めていた。一九二〇年代には、全国的に六学級編制（一学年一学級）の小学校が大勢を占めるようになるが、北海道においては単級および、三学年を一つの学級にする二学級編制からなる教育機関が全体の約六〇パーセント前後を占めており、さらに三学級編制（二学年を一つの学級にする）の複式学級も含めれば、小学校数全体の約七〇パーセント以上を単級複式学校が占めていた。したがって複式および二部教授をいかに工夫し実施するかが課題となり、その工夫が当時の教育会雑誌に紹介されている。児童を午前と午後に分けて授業を行う方法ではなく、学級を二つの集団に分け両集団を同じ時刻に登校させて、「一時間交代」で「交互に教授する法」が多く取り入れられた。[15] 学級をどのように二つに分けるかは、各学校の裁量、「地域の実情」に任され、教員数や教科内容を考慮して複式や二部教授を実施し易くするための工夫が行われた。[16] 既述した一九一六年の「小学校教科目教授ノ程度及教授時数ニ関スル規程」の施行は、義務教育年限の延長、児童数の増加および地域の教育費過重負担という実情に、授業内容、教授方法を自由に「斟酌」して教育経費を削減することで対応しようとした俵の施策であったと思われる。

第2節　農業地域

俵孫一の政策は、主として道内産業の主軸を鉱工業へと移すものであったが、他方、農業政策においては北海道型のいわゆる「小作制大農場」の確立を後押しした。一九一〇年代においては、五〇町歩以上を所有する地主が上川、十勝地方に集中していた。そして一九二〇年代には、十勝、網走、根室地方へと広がっていった。[17]**表11**は、一九二〇(大正九)年度における各支庁管轄別および区別の特別教授場数である。地主の土地所有が集中し「小作制大農場」経営が多い上川、十勝(河西支庁管内)、そして網走地方に特別教授場数が多いことがわかる。小作層の子どもたちの通学負担を考慮し、少ない戸数で設置できる初等教育機関は、特別尋常小学校や分教場、そして多くは特別教授場だった。この時期に増加する特別教授場は、北海道の地主体制が確立する過程の「小作制大農場」経営に対応した初等教育機関だったといえよう。

1 芽室村の初等教育機関の設立状況

表11 支庁管轄および区別の特別教授場数(1920年度)

支庁	教場数	区	教場数
札幌	4	札幌	0
空知	17	旭川	0
上川	39	小樽	0
後志	24	函館	1
檜山	9	室蘭	0
函館	16	釧路	1
室蘭	14	計	353
浦河	8		
河西	48		
釧路	36		
根室	13		
網走	90		
宗谷	11		
留萌	22		

『北海道庁統計書』(1921年)から作成。

十勝平野の西部に位置する河西郡芽室《めむろ》村は、一九〇〇(明治三三)年に戸長役場制が施行され、五カ村(西士狩《にししかり》、美蔓《びまん》、芽室、美生《びせい》、羽帯《はおび》)とともに一九〇六年に芽室村となり、二級町村制が施行されていた。一九一五年段階で、特別教授場が三カ所、分教場が二カ所、教育所が一カ所、冬季出張教授場が一カ所設置されていた。翌年、特別教授場がさらに設置されている。移住民は設置の理由を次のように述べている。[18]

私は明治四十年に渡道しました。（略）美生で農業をしましたが、勿論小作で、働けど働けど赤字続きなので、どこかで土地を求めたいと思い、支庁に行きましたところ、上伏古原野に土地があるとの事、（略）開墾に専念したのですが、余りのつらさに内地に帰るか（略）と幾度も考えた事もありましたが、（略）開墾に努力したのでした。然し子供の教育には困ったものだと思いましたが、当時、上伏古原野にもポツポツ入植者があり、美生川を渡って美生校へ子供を出すのは心配でならないので、其の頃美生の学校へ行っていた父兄と相談の末、学校を自力で立てる決心をしたのでした。（略）草葺の二十坪余りの学校を建てたのが始めでした。

回顧談にあるように、子どもたちは渡船でもっとも近いとされる美生の尋常小学校に通っていた。しかし大水のため船が転覆し、六人の子どもたちが亡くなるという事故があった。そのため、近隣移住民と相談し、共同で一九一六年に特別教授場を設置したのである。[19] しかし教員の確保が困難であったため、本校から派遣される教員に頼っていた。「一週間に三日位」「本校から出張して来たんです。あとはうちです。先生が来ると、部落部長の知らせで子供達は出かけました」、という状況だった。[20] 芽室村にあった他の教育所は、一九一七年に特別尋常小学校になっている。ちなみに、芽室村の一九〇九年における全村費予算中、教育費が占めた割合は約六三パーセントだった。[21]

十勝平野の東部、河東郡音更《おとふけ》村に移住民が入地するようになったのは、一八九七年以後のことである。同村にある高倉農場は、高倉安治郎が一九〇九年に八〇〇町歩、一九一一年には一、五六〇町歩の払い下げを受けた農場で、一九一三年に管理人をおいている。[22]小作人は一九一六年以後、秋田、山形、東京から移住している。子どもたちは、それぞれの住居から近いとされる東士狩尋常小学校、上然別《かみしかりべつ》尋常小学校、鎮錬《ちんねる》特別教授場のいずれかに通うことになっていた。しかし、「道路亦不完全ニシテ危険ト困難甚ダシク不就学ノ止ムナキ」状況だったため「住民相謀リ学校ノ設置ヲ理事者ニ請願」し、一九一九年に特別教授場の設置に至った。[23]その際、農場主の高倉から寄付金を得ているが、特別教授場であったから、安上がりな寄付であったと思われる。この特別教授場は、一九二一年に特別尋常小学校になっている。[24]ちなみに一九二六年における音更村の村費中、教育費が占める割合は約五八パーセントだった。

資本家や大地主が払い下げを受けた土地に入地した小作層の人びとは、子どもたちのために特別教授場を設置することから始めている。しかも、小作層の人びとからの強い要望があって実現に至っていた。地主や資本家は、その設置に際して寄付金を出してはいるが、特別教授場であれば、榎本守恵が指摘したように安価ですんだ寄付であっただろう。特別教授場は単級であることが原則だったが、たとえば、「先生は殆ど代用教員で二名、一年生、五、六年生が一教室、二三、四年生が一教室の複々式授業でした。生徒数はいつも百三十名以上で、日本一大きい特別教授場だと聞かされて居た」という回顧録が同地に残されている。地域によっては財政上、単級ではなく複数の学級を持った特別教授場が存在していたのである。[25]

2　斜里村の初等教育機関の設立状況

斜里郡斜里村は、一九〇二年に戸数三〇〇戸の漁村であったが、土地の払い下げや定期船、網走線の開通により農村地域が拡張し、一九一四年には一、七一九戸の村となる。[26]一九一二年以後、「三井、富士の大農場が」同村の「三分の一の大面積を専有」することになった。[27]一九一三年、三井合名会社と三井物産株式会社が斜里村の三、六〇〇町歩を一〇カ年計画で開墾する条件で払い下げを受けた。その地域は当時、以久科《いくしな》地域に属していたが、一九二二年には地域一帯を「三井」という地域名に改名している。三井物産は木材を得ることが目的だったため、伐採後は三井合名会社が土地を引き受け農場事務所をおいて農場長に伊藤章を任命し、小作人を募集した。山形、宮城、広島、香川、山梨から応募してきた小作人に旅費を貸与し、需要品を東京から直送させた。小作層のために物品販売部や浴場、理髪所なども設置したため好評だったといわれている。[28] 一九一四年に三井本社課長が農場を視察し、報告書を本社に提出している。そこには、「入植者は子弟の教育に関心をもっているので会社としても相当の出資をして、一日も早く小学校を設置する努力を払うべきだ」という記述がある。[29] 入地した人びとの子どもたちは、

（略）勿論学校などなかつたので以久科まで通わねばならなかつたが、道がなかつた上に春から秋にかけて熊が出没して危険であり到底小学校の一年生には通学は不可能であつたので三井に学校が出来るまで家で遊んでしまつた。（略）

という回想録もある。[30] 報告書の提出後、農場長の伊藤が「入植者が安心して開墾に従事してもらいたいとの配慮から」「村当局と交渉し仮教授場約三〇坪建物を提供することを条件に教員一名の常置を認めてもらうことにな」った、と三井小学校の「沿革史」にある。[31] 同年、農場の倉庫を改造して以久科尋常小学校附属三井特別教授場が開設された。就学した子どもたちは四八人だった。[32] 開設当初教員として就任した長尾増一郎は、そのときの特別教授場の情況を次のように述べている。[33]

開校はしましたが設備が殆どなく、バケツも白墨もないので隣の大竹惣次商店から一時借りて間に合せ、白墨や黒板は以久科校からもつて来て使いました。それに井戸がないので裏の笹藪の中を流れている谷川の水を使用し、便所も藪の中に熊笹で葺いてむしろを一枚さげて間に合わせました。真に原始的なものでした。黒板は四米位のもの一枚で教卓は一つのみでした。

この特別教授場に対して、三井合名会社からの「相当の出資」はなかったことがわかる。一九一六年、移住民はさらに増加し、三井特別教授場は三井尋常小学校になった。学校「沿革史」には、会社側が中心となって「小学校として独立昇格させ、施設、教員の充実を計り、本格的な学校教育を念願し関係当局と再度交渉、小学校設置の見通しを得た」と記述されている。[34] 三井合名会社から千円の寄付があり、教室、便所、廊下を増築し、それまでは代用教員であったが、訓導資格を持つ校長を迎えている。[35] この尋常小学校開校当時の就学者は、七四名だった。一九一八年には、会社からの寄付金によって特別教室の増築が行われた。[36] 一九一六年に設置された尋常小学校は、三井合名会社からの寄付によって施設設備を充実させ訓導を迎えた経緯から、特別ではない尋常小学校だったと思われる。

他方、同地域の以久科において、一九一八年に富士製紙株式会社が二、五〇〇町歩の払い下げを受けて、富士農場を開設した。富士農場に入殖した小作層は、道内、そしてとくに斜里近郊の人びとが多かったといわれている。富士農場は以久科の行政区内にあったが、一九二二年には同農場周辺の地域名を「富士」に変更している。[37] 一九一九年、富士製紙株式会社から敷地と建物、三〇〇円の寄付を受けて以久科尋常小学校附属上以久科特別教授場が設置された。この特別教授場の開校によって、三井農場東部の子どもたちが三井特別教授場よりも近距離にある上以久科特別教授場への通学を希望した。三井農場が一、二三七円を寄付して教室を増築することになり、一九二二年には、上以久科特別教授場が三富尋常小学校に「昇格」し、名称を改称したと記念誌に記されている。[38] 三井農場および富士農場に設けられた特別教授場は、道外の大資本会社による寄付によって尋常小学校になったのである。

ところで、三井は前記農場地域よりも西部の来運《らいうん》地域に、二〇数戸の小作人を入殖させ開墾をすすめていた。山形からの移住民が入地し、年々その数は増えて就学年齢に相当する子どもたちが増加していた。当初、子どもたちは上斜里尋常高等小学校に通っていたが、遠距離で交通が不便であり、とくに冬季における低学年の通学には無理があったため、一九二〇年に小作人たちが、三井農場倉庫を修理して上斜里尋常高等小学校附属来運特別教授場を設置した。[39] 四学年までがそこに通い、五、六学年は上斜里尋常高等小学校へ通った。特別教授場開校当初の就学者数は四八人だった。その後、就学者数は一九二六年に七八人（戸数一〇〇）、一九三四年に五九人（戸数六七）になった。特別教授場での教育環境を当時の卒業生が、

確か三井の倉庫を改造した三十坪くらいの土台つきの校舎でしたが、玄関もあとからつけたもので、窓も小さくて暗かったし、雨もりもするし、すき間風も入る教室に七十人ぐらいの生徒がいましたね。

と述べている。[40] この特別教授場が特別尋常小学校になったのは、一九三四年だった。[41] 同じ三井合名会社の事業下にあった地域ではあったが、三井地域と来運地域とでは、同会社の初等教育機関に対する待遇が異なっている。残された記録を見る限り、三井合名会社から来運地域への寄付は、特別教授場にあてた倉庫のみだったようである。

第3節　教育勅語謄本と御真影からみる教育機関の格差構造

1　御真影奉置所

天皇制国家体制下にあった戦前の日本においては、教育勅語謄本と御真影（複写御真影も含めて）の二点が、各公立小学校に「奉護」されていた。教育勅語は、その公布と同時に「全ての公式の学校に対して一律にその謄本が交付され」ており、御真影は一九三〇年以降に「各種学校や夜間中学・小学校併設青年学校などを除く」「ほとんど全ての学校に」行き渡っていたという。[42] では、北海道におけるそれらの下付についてはどのような状況だったのか。

道内でもっとも早くに御真影が下付されたのは、第1章第1節の1で記述した松城学校で一八九〇（明治二三）年七月であり、そして創成学校の同年一〇月だった。[43] 松城学校は、旧松前城の建物を校舎にあてた、道内でも早くに設けられた学校だった。[44] 創成学校は、同じく第1章第1節の1で記した開拓使学務局などの官吏を務め道内の学校を巡視した三吉笑吾が校長心得になった学校であった。[45] 両校ともに高等科を併置する「模範となるべき優等の学校」とされていた。[46] 御真影および教育勅語謄本の保管については一八九一年に文部省訓令第四号に規定され、北海道庁はそれに準じて同年、北海道庁訓令第八一号で「校内一定ノ場所ヲ撰ビ最モ尊重ニ奉置」することを定めた。以後、高等科を併置する小学校をはじめ、「模範となる」尋常小学校に御真影が下付されていった。[47] その後、一八九四年一月に北海道庁訓令第一号をもって次のようにあらためられている。

御影並　勅語の謄本奉衛に関する規程
第一条　天皇陛下　皇后陛下の　御影並教育に関する勅語の謄本は尊重に奉衛すへし
第二条　御影並　勅語の謄本を奉置せる学校に於ては奉衛の為め其教員をして宿直せしむへし
但其学校構内に教員住宅の設あるときは其居住の教員をして奉衛勤めしめ別に宿直を置かさることを得
第三条　御影奉拝の式日を除く外は猥《みだ》りに奉置所の戸扉を開閉すへからす
第四条　御影並　勅語の謄本奉置所の火災事変等に遭際するときは速に之を奉遷し不敬の畏なき様常に注意すへし（略）

これ以降、御真影を校舎内に「奉置」していた学校は、構内に独立の「奉置所」を設置するようになったという。[48]北海道毎日新聞の付録として毎週一回発行されていた『北海道教育週報』は同年一一月に、石室構造の奉置所が札幌の豊平小学校に設置されたことを報じた。そして札幌区内の他の学校にも石室の奉置所を設けることを呼びかけた。[49]それには、札幌で一八九二年に八八七戸を焼失し、創成尋常高等小学校をも類焼する大火があったことが背景にあると思われる。[50]北海道は府県に比べ年間で暖をとる期間が長いこと、可燃性の建造物が札幌では密集していたこと、そして消火設備が不十分だったことが要因であったとされている。そのような大火は札幌だけでなく道内各地に発生しており、とくに入殖まもない地域では消防設備のみならず消防組織も十分に設けられていなかった。同規程のもとでは、奉置所を校舎内におくことも可能であったが、開拓事業下にあった北海道においては、早くから御真影「奉護」のために、それが下付された学校を中心に独立した奉置所が設置されていったのである。一八九五年一一月の『北海道教育週報』には、歌棄《うたすつ》郡にある歌棄尋常高等小学校に奉置所が新設されたが、その後「本道二三の学校に不慮の災害ありて畏れ多くも　御影を炎上し奉りたるを聞き」不燃質の石材をもって新たに奉置所を設置したと記載されている。[51] さらに同年一二月には、札幌の月寒尋常小学校が「赤煉瓦石を以て」奉置所を営造したことが報じられている。[52] そのような『北海道教育週報』の報道が、御真影の保管のためには独立した奉置所を設置するべきである、という認識を道内に浸透させていったと思われる。

小野雅章は、大正天皇の即位を契機に御真影を「拝戴」することが奨励され「奉護」のあり方も強化されていき、昭和天皇の御真影がさらに拡大普及していくに伴って「奉護」もいっそう強化されていったと、その著『御真影と学校』で述べている。[53] 北海道では地域によって異なっていたが、たとえば上川支庁は、一九二一（大正一〇）年の各町村長に宛てた「御真影拝戴ニ関スル件」において、「御真影奉置所ノ設備完成ヲ告ケ拝戴差支ナキ学校ニ対シテ」「御真影拝戴」の上申ができるとし、御真影が下付されるためには奉置所設備の完成を条件としていた。[54] さらに同支庁は一九二八（昭和三）年に「御真影拝戴ニ関スル件」を発し、「別棟奉置所ヲ有セス当該学校ノ一部ニ奉安所ヲ設ケ奉衛スル」学校は、「奉衛設備ノ状況並ニ非常時ニ於ケル奉衛方法ヲ」詳細に記述することを求めた。[55]

ところで御真影は、小学校に到着するまでどのような「奉迎」環境のなかにあったのだろうか。一九一五年に村内七校の小学校が（複写）御真影を受け取ることになった八雲村は、「一体」（一枚）分一円八〇銭の七校分を町村費から支出し、村長が支庁から御真影を受け取り、八雲駅から学校までの「奉迎」方法を詳細に指示している。警察官が先導し、村長、御真影を持った校長、警察官、次に有位帯勲者及公吏高官公務者、下付された学校の生徒、一般奉迎者の順序で「荘厳極マリナク」まずは村役場へ行き、そして学校へ向かった。市街においては早朝から国旗を掲揚し、道路を掃き清め「御影御通過ノ際ハ何レモ屋外ニ整列シ道中最敬礼裡ニ奉迎」

するよう指示している。[56] 御真影はそのように「奉迎」されながら学校に奉置されたのである。

2 教育勅語謄本および御真影下付の実態

では、尋常小学校および尋常高等小学校以外の教育機関における下付の実態はどうだったのだろうか。道庁が制定した御真影に関する規程には、御真影を管理する教育機関を「学校」とのみ記している。簡易教育所、教育所、特別教授場や特別尋常小学校への下付について示した道庁令や訓令を見いだすことはできなかった。学校に保存されている「沿革史」の記録を確認することで、「学校」名称が付かない教育機関や特別尋常小学校への下付の実態を追究してみたい。

一九〇五年に設置された河東郡にあった音更第一尋常高等小学校附属中音更特別教授場は、一九一四年九月に中音更尋常小学校となり同年一二月に「教育勅語謄本ヲ下賜セラル」と「沿革史」に記されている。御真影については、一九三四年一月に同校が駒場尋常高等小学校となって一〇月に「拝戴」されたとある。[57] 一九一五年に開設した以久科尋常小学校附属三井特別教授場は、一九一六年に尋常小学校になるが、教育勅語謄本は一九一九年に下付されている。[58] 河西郡芽室町の伏古第二尋常小学校附属伏古特別教授場は一九一六年に開校式を挙行し、一九二七年に特別尋常小学校になった。教育勅語謄本は、一九二九年に下付された。そして一九三一年に尋常小学校となり、御真影は一九三七年四月に下付され、同年六月に奉安殿の竣工に至っている。[59] また一九一九年に授業を開始した西士狩尋常小学校附属特別教授場は、一九二七年に特別尋常小学校である北明尋常小学校となり、翌年に教育勅語謄本が下付された。[60] 各学校の「沿革史」の記録から、特別教授場には、教育勅語謄本および御真影が下賜されていなかったことがわかる。[61] 特別教授場は簡易教育所や教育所、あるいは尋常小学校の附属機関として設置されていた。教育勅語謄本は本校にのみ下付されていたと思われる。では「祝日大祭日」の儀式はどのように実施されていたのか、今後の課題として追究する必要がある。

簡易教育所や教育所、特別尋常小学校はどうだったのだろうか。一九〇〇年に設置された美幌簡易教育所には、一九〇六年に教育勅語謄本が下付され、御真影の下付は同教育所が尋常小学校になり、さらに尋常高等小学校となった後の一九一五年だった[62]。一九〇一年に認可された音更の東士狩簡易教育所には、一九〇四年に教育勅語謄本が下付された。一九一四年に東士狩尋常小学校となり一九一七年に奉安殿が落成した翌年、御真影が下付されている[63]。一九〇〇年に設置認可された室蘭の喜門岱簡易教育所には、翌年に教育勅語謄本が下付され、一九三七年二月に御真影が下付された。同年一〇月に奉安殿が落成している[64]。旭川の当麻教育所は一九一〇年に開始され、一九一五年に教育勅語謄本が下付されている。一九一七年に当麻東尋常小学校になり、奉安所を設置し一九二八年に御真影が下付された[65]。宇園別教育所は一九〇八年に始まり教育勅語謄本が下付され、一九一一年に特別尋常小学校、一九二三年に尋常高等小学校となり奉安殿の設置とともに御真影が下付された。先に既述した駒場尋常高等小学校や伏古尋常小学校の「沿革史」の記述からも、簡易教育所や教育所、特別尋常小学校には、教育勅語謄本が下付されるが、御真影の下付までには至らず、特別ではない尋常小学校となり、さらに御真影を「奉護」する奉安殿や奉置所の設置が見込まれた時点で下付されたと思われる。したがって北海道においては、「小学校祝日大祭日儀式」が行われる際には、「御影奉開」および「御影奉閉」とそのときの「一同最敬礼」を省いた儀式[66]が簡易教育所、教育所、特別尋常小学校において行われていた。

佐藤秀夫は御真影の下付が「学校制度体系上での「高き」から「卑き」へ」と位階的に行われ、「学校の「格」」によって順序が付けられていたと指摘している[67]。教育勅語謄本と御真影の両方が下付されない特別教授場、教育勅語謄本のみが下付された簡易教育所、教育所、特別尋常小学校、そして御真影が下付された、奉安殿あるいは奉安所が設置されている尋常小学校や尋常高等小学校、という実態が浮かび上がる。それは、北海道の初等教育機関が教育内容、施設の設備状況などによって〝格付け〟されていたからであり、逆に、教育勅語謄本および御真影の下付のあり方によって、その〝格付け〟がさらに明確化されていたといえよう。

筆者はこれまで、北海道外の各学校に所蔵されている「学校沿革史」も確認してきたが、道内各小学校の「沿革史」でひときわ目にとまったのが、「教育所に昇格した」「尋常小学校に昇格した」（傍点は筆者による）という記述である。〝昇格〟という表現には、〝簡易〟から、より上の段階に近づきたいという思いが表現されており、教員が道内にある学校の〝格差〟を強く意識していたことを反映するものだったといえるだろう。教育内容、施設設備、そして教育勅語謄本や御真影の下付のあり方によって初等教育機関の〝格付け〟が明確化されていたのである。おそらく、そのような思いは教員だけでなく、地域の人びとも抱いていたと思われる。北海道では「市制町村制ヲ施行セサル地方ノ小学教育規程」が適用され、尋常（高等）小学校と特別尋常小学校（簡易教育所、教育所）、そして特別教授場という、初等教育機関の三層の格差構造が作られてきた。その格差は、産業構造の転換期となる時期に、地域の主産業、財政力を背景にして、より鮮明に浮き彫りにされたといえよう。しかしその一方で、特別教授場や簡易教育所、教育所を設置した地域では、子どもの教育や安全を確保するために主体的、自立的な協同性が発揮されていたことも確認してきた。〝低位〟におかれた初等教育機関が設置されている地域においても、自立した地域協同性をもって子どもの教育を確保してきたことをあらためて確認しておきたい。

3 支庁長市長会議における北海道庁の「指示」

北海道庁は、一九二二年および一九二三年に開催した「支庁長市長会議」で、一九一〇年以降の初等教育制度の実施と今後のあり方を、次のように「指示」した。

大正五年十二月発布ニ関スル庁令第八十四号（小学校教科目教授ノ程度及教授時数ニ関スル規程）ハ、実施以来各位ノ努力ニヨリ相当ノ成績ヲ挙ケツヽアルハ信シテ疑ハサル所ナリ、然リト雖該規程ノ適用ニ関シテハ時勢ノ推移ト地方開発ノ実情ニ鑑ミ、更ニ考究ヲ要スルモノナキニ非ラサルカ如シ、即チ該規程ノ精神ハ拓殖地タル本道ノ実情ニ鑑ミ各地ノ情況ニ適応シタル教育施設ヲ期待シタルモノニシテ、本道各地ヲ通シ画一的ニ施行セムコトヲ庶期シタルニアラサルヤ言フヲ俟タス、而シテ今日ノ状態ヲ以テ見ル時ハ、寧ロ大正八年四月ヨリ施行セラレタル改正小学校令、及同施行規則ニ依拠スルヲ適当ト認メラルヽ地方鮮《すくな》キニアラサルカ如シ、元ヨリ制度ノ更改ハ特ニ慎重ヲ要スルハ論ナシト雖、各位ハ宜シク管内ノ状勢ヲ洞察シ周到慎密ナル調査ヲ加へ、大正五年十二月庁令第八十四号ト大正八年四月ヨリ実施セラレタル改正小学校令及同施行規則ノ適用ニ於テ、万遺漏ナキヨウ期セラレ以テ小学校教育ノ内容改善ニ努メラレムコトヲ望ム、

一九一六年に施行した「小学校教科目教授ノ程度及教授時数ニ関スル規程」は、本書でも先に取り上げたとおり、道内各地域の実情に合わせて授業内容を「斟酌スルコト」ができることを示したものである。しかし道庁は、「今日ノ状態」を見れば、「寧ロ大正八年四月ヨリ施行セラレタル改正小学校令、及同施行規則」に拠ることが「適当ト認メラルヽ」地方も少なくない、と述べている。「小学校令」や「小学校令施行規則」は、「市制町村制ヲ施行」する地域に実施された制度である。「管内ノ状勢ヲ洞察シ周到慎密ナル調査ヲ」実施して、「全国基準」である「改正小学校令、及同施行規則ニ依拠スルヲ適当ト認メラルヽ地方」なのか、「大正五年十二月庁令第八十四号」の授業内容を「斟酌」して〝簡易〟な教育を行う地域なのか「遺漏ナキヨウ期セラレ」たい、と道庁は指示した。

一見すればその指示は、「管内ノ状勢」によっては当時の「小学校令」や「小学校令施行規則」の適用を道庁が奨励していると解することができる。しかし留意すべきは、この会議に招集されたのが支庁と、そして市の当局者だったということである。「小学校令」やその施行規則の実施が奨励された主たる対象は、市制が施行された市や、あるいはそれに準じた財政基盤を有する地域だったと見るべきであろう。「北海道庁令第八十四号」はこのとき廃止されたのではなく、いまだ財政基盤が確立していない地域では、その状況に〝適応〟させるべく、学校の設備および教育内容が「斟酌」されたままだった。[68] 特別尋常小学校、特別教授場が、とくに農村部に多く存在する当時の実情を考えれば、このときの道庁の指示内容が、財政基盤が脆弱な地域における教育機関の改善を促すものではなかったと考えるべきであろう。また「小学校令」や「小学校令施行規則」に準じることが奨励された市や町村においても、授業料が徴収され地域の教育財政の基盤が十分に整っていたわけではなかった。そのような実態から、先行研究が指摘する、移住民の「生活の向上」により「文部省のしめす教則が北海道」に適用され、北海道も「全国基準において律せられるようになっ」た、という見解は教育の実態に即してみる限り、妥当だとはいえないのである。

北海道の教育は、「市制町村制ヲ施行セサル地方ノ小学教育規程」の適用以降、〝簡易〟な教育を実施し、第二類小学校、〝簡易〟な教育を実施する分教場、簡易教育所、教育所、特別尋常小学校、特別教授場、という教育機関を設けてきた。道庁は「支庁長市長会議」において、鉱工業や石炭鉱業を主産業とする市街地や都市部に「小学校令」「小学校令施行規則」による教育の実施を促した。しかしそれは逆に、都市部と農業地域や、都市部以外の地域との教育格差を拡げることにもなったといえるのである。

小括

日露戦争後、そしてとくに第一次世界大戦の影響により、北海道の移住民数は激増する。大企業や資本家、大地主が北海道の土地を所有するようになり、それを小作する多くの小作層が移住して「小作制大農場」が展開された。新たな「特別教育規程」には、「小作制大農場」の展開を予想したように、特別教授場という教育機関を設置できることが明記されていた。それは、教育所よりも設備や教育内容が〝簡易〟な教育機関であった。教育所はその名称を尋常小学校と変更することになったが、特別尋常小学校であり、教育内容や施設設備は〝簡易〟なままだった。

この時期、北海道の初等教育機関には、尋常（高等）小学校、特別尋常小学校（以前の教育所、簡易教育所）、そして特別教授場という教育内容および施設設備の異なる三種の教育機関が存在し、階層的構造を形作っていた。地域の産業状況や財政力を背景にして、それら機関への教育勅語謄本と御真影の下付のされ方も異なり、三種の初等教育機関の階層的〝格差〟が、より明確に浮き彫りにされることになった。奉安殿や奉置所が設置できた尋常（高等）小学校には教育勅語謄本に加えて御真影が下付され、特別尋常小学校には教育勅語謄本のみが下付されており、特別教授場には教育勅語謄本も下付されていなかった。支庁長会議における同庁の「指示」も、その〝格差〟をさらに拡げるものであった。しかしそのような〝格差〟のなかにあって、〝低位〟に位置する特別教授場や教育所、簡易教育所を設置した地域では、主体的、自立的な地域の協同性を発揮し子どもの教育と安全を確保しようとしていたのである。

◉註

1 『北海道教育史』全道編一、北海道教育委員会、一九六一年、三二九・三三〇頁。
2 榎本守恵『近代僻地教育の研究』同成社、一九九〇年、三六頁。
3 同前、三九頁。
4 飛岡久「日本資本主義と北海道・十勝の歴史」『トカプチ十勝郷土研究』第一一号、静窓書房、一九八九年、三二頁。
5 田中修『日本資本主義と北海道』北海道大学図書刊行会、一九八六年、六〇頁。
6 同前。
7 浅田喬二『北海道地主制史論』農業総合研究所、一九六三年、一一九頁。
8 『北海道庁統計書』北海道庁、一九〇九年〜一九二七年。
9 『北海之教育』第二三六号、北海道教育会、一九一二年。
10 『北海之教育』第一八六号、北海道教育会、一九〇八年。
11 『北海之教育』第二八二号、北海道教育会、一九一六年。
12 『北海之教育』第二四二号、北海道教育会、一九一三年。
13 『第二拾二回北海道庁統計書』第三巻、北海道庁、一九一六年。
14 『日本帝国文部省年報』第五〇年報下巻、一九七二年。
15 『北海之教育』第二二〇号、北海道教育会、一九一一年。このような教授方法を「隔時式部合型式」と呼んでいた。
16 たとえば一、二学年を一集団、三、四、五、六学年を一集団とする分け方や、高学年が低学年の世話をすることを期待して、二、六学年を一集団、三、四、五学年を一集団として分けるなど、種々の方法が実施されていた。
17 浅田前掲書、一三五頁。
18 治部博之『芽室村史』一九一〇年、一七〜二六頁（芽室町図書館所蔵）。
19 『帯広教育史』帯広市教育委員会、一九九七年、二一頁。
20 『根っ子』祥栄小学校開校五〇年創立七〇年記念誌、芽室町立祥栄小学校、一九八一年。
21 治部前掲書。

22 『音更町史』音更町編さん委員会、一九六一年、三五二頁。
23 「学校沿革誌」音更町立高倉国民学校（音更町立東士狩小学校所蔵）。
24 同前。
25 『明正』明正小学校閉校及び七十五周年記念誌、一九八八年。
26 『斜里町史』斜里町役場、一九五五年、三三六頁。
27 同前。
28 同前、二四二頁。
29 同前。
30 『記念誌』斜里町立三井小学校・三井部落、一九六五年。
31 「小学校沿革史」三井国民学校（斜里町立朝日小学校所蔵）。
32 前掲『記念誌』二四六頁。
33 同前。
34 前掲「小学校沿革史」。
35 同前。
36 『愛しき故郷』三井小学校統合記念事業協賛会、二〇〇九年。
37 『富士のあゆみ』六十周年記念協賛会、一九七九年、二六一頁。
38 同前。
39 『永遠に輝け』（来運開基七五周年・来運小学校開校七〇周年記念協賛会、一九九〇年）および前掲『斜里町史』。
40 同前。
41 同前。
42 佐藤秀夫『教育の文化史四　現代の視座』阿吽社、二〇〇五年、二四〇・二四七頁。
43 前掲『北海道教育史』全道編一、四六八頁。
44 『松前町史』通説編第二巻、松前町、一九九三年、二九五頁。

45 『北海道教育史』地方編二、北海道教育委員会、一九五七年、一九一頁。
46 小野雅章『御真影と学校――「奉護」の変容』東京大学出版会、二〇一四年、四頁。
47 『北海道教育週報』北海道毎日新聞社、一八九四年一一月一七日。
48 前掲『北海道教育史』全道編一、四六八頁。
49 前掲『北海道教育週報』一八九四年一一月一七日。
50 同前。
51 前掲『北海道教育週報』一八九五年一一月一六日。
52 前掲『北海道教育週報』一八九五年一二月二一日。
53 小野前掲書、一四頁。
54 「御真影及勅語謄本」上川郡当麻村役場、一九二〇年（北海道立文書館所蔵）。
55 同前。
56 「御真影拝戴ニ関スル書類」八雲村役場教育係、一九一五年、一九一七年、一九二八年および一九三一年（北海道立文書館所蔵）。
57 「沿革史」中音更尋常高等小学校（音更町立駒場小学校所蔵）。
58 前掲「小学校沿革史」三井国民学校。
59 『創立五十周年記念誌』北海道河西郡芽室町北伏古小学校五十周年記念協賛会、一九六四年、一〇頁。
60 『開基六〇周年開校五〇周年記念誌ほくめい』北明地区・北明小学校、一九六九年、四八・四九頁。
61 たとえば、標茶町の虹別第二特別教場は一九二九年に開校するが教育勅語謄本が交付されたのは、一九三五年に特別尋常小学校になった後の一九三九年である（「学校沿革誌」北海道川上郡虹別第二尋常小学校）。また一九二六年に設置された標茶町の上御卒別特別教授場に教育勅語謄本が交付されたのも、特別尋常小学校となった一九三三年の翌年であった（開基・開校六十周年記念事業期成会記念誌部代表斉藤定男『上御卒別六十年』上御卒別開基・開校六十周年記念事業期成会々長熊谷顕、一九八三年）。
62 「学校沿革誌」美幌小学校（美幌町立美幌小学校所蔵）。

63　「諸参考資料」(音更町立東士狩小学校所蔵)。
64　「沿革史」(室蘭市立喜門岱小学校所蔵)。たとえば、河西郡帯広の美生小学校は、一九〇四年に上美生教育所として開始され、一九〇七年に教育勅語謄本が下付される。一九一〇年に第二芽室尋常小学校となり、一九三一年に御真影が下賜されている(「沿革史」美生小学校)。広野小学校は、上帯広第二教育所所属上帯広特別教授場として一九〇八年に始まり、一九一三年に上帯広教育所となり翌年教育勅語謄本が下付され、一九二七年に広野尋常小学校、一九三〇年に広野尋常高等小学校となり一九三三年に御真影が下付されている(「沿革史」広野尋常高等小学校)。
65　前掲「御真影及勅語謄本」。
66　「小学校祝日大祭日儀式に関する次第」(北海道庁令第一三号)。ちなみに、この規程によれば、「唱歌を教授せさる学校に於ては之を省くこと」ができた。
67　佐藤前掲書(二三五頁)および佐藤秀夫『学校ことはじめ事典』(小学館、一九八七年、四七頁)。
68　『教育関係会議事項集』北海道庁内務部教育兵事課、一九二四年、二~四頁(北海道教育大学附属図書館所蔵)。

第7章

北海道庁による「許可移民」制度の導入・展開と「愛郷心」の涵養策

上：「太郎とポチ」
北海道小学校長会編『北海道小学郷土読本』（1932年）北海道教育大学所蔵

下：「尊い北海道移住民」
高坂久喜編『北海道小学郷土読本』（1930年）北海道教育大学所蔵

はじめに

第一次世界大戦後の一九一九（大正八）年をピークとして、その後、北海道の移住民数は減少傾向に転じる。この状況を憂慮した道庁は、移住民政策の見直しを行う。関東大震災の直後、内務省は罹災者に北海道移住を促す事業を計画し、道庁が実行した。移住を希望する人びとに対して一戸あたり三〇〇円の補助金を交付するという「補助移民」制度が推進されたのである。[1]この事業はその後、一九二七（昭和二）年から実施される「北海道第二期拓殖計画」のなかにも盛り込まれ「許可移民」制度として継承された。「許可移民」制度は、校舎建築や教員給与を補助するという「補助移民」制度で行われていた措置を継承し、一戸あたり三〇〇円の補助金に加え、自作農移住民に対しては住宅費五〇円を支給するなどの措置が加えられた。[2]このような移住民を、補助を受けない一般の移住民と区別して「許可移民」と呼んだ。「許可移民」には補助を受ける代償として、これまで比較的入地者数が少なかった根室、釧路、北見、十勝といった道東の土地が貸与された。[3]

「許可移民」制度が実施されたのは日本経済が深刻な状況に至る時期であり、学校教育においては郷土教育が本格的に展開された時期でもあった。郷土教育の展開によって、いわゆる国定教科書とは別に、自治体ごとにその地域の特徴を反映させた教科書や副読本などが編さんされた。北海道では、一九二八年に高坂久喜の編集による『北海道小学郷土読本』が出版されており、その後、北海道校長会が開拓事業と郷土教育とを関連づける綱領を掲げ、一九三一年以後、あらためて『北海道小学郷土読本』（郷土読本と略記する）を刊行し、「愛郷心」を育成する教育が展開された。郷土読本には、「許可移民」を題材にした読み物も掲載（高坂編）されている。竹ヶ原幸朗はその著『近代北海道史をとらえなおす』において、教科書は「子どもの認識を確立する方法と内容に直接的に」関わるものであると述べている。[4] では、子どもの認識を確立するために北海道の郷土読本にはどのような内容が掲載されていたのか。「許可移民」として北海道に移住する子どもたちや、すでに移住している子どもたちに、郷土読本をとおして形成しようとした「認識」「愛郷心」とは何かを分析する必要がある。本章では、まず北海道の郷土読本に収録されていた読み物の内容を分析し、子どもたちに求められた「認識」「愛郷心」とは何かを明らかにする。そして、「許可移民」が多く入地した川上郡標茶村を取り上げ、人びとの実情と子どもたちの教育実態を明らかにすることを課題とする。

第1節　郷土教育と「開拓」政策——『北海道小学郷土読本』の内容をとおして

1　郷土読本について

郷土読本に関する先行研究は、これまで府県を対象に「郷土教育」の内容や方法の分析とともに行われてきた。伊藤純郎は、茨城県湊町の『湊町郷土読本』を取り上げ、それが郷土の自然、文化、偉人、神事習俗などを題材に構成され経済更生運動との関連で編さんされたことを指摘している。[5] 板橋孝幸は、たとえば、香川県の陶小学校の低中学年においては郷土の基礎的理解を中心に学習し、高学年は地域振興のために産業組合を学習するが、その際、郷土読本を使用していたと述べている。[6] 府県で編さんされた郷土読本の内容は、おもに尋常科（初等科）で地域を理解するために郷土の自然や文化、偉人や方言、地域行事などを確認させ郷土愛を育み、高等科、あるいは尋常科（初等科）の高学年からは経済更生運動につなげ、地域産業進展のための題材を載せて学習させる、という構成でおおむね共通していたと思われる。では、北海道の郷土読本はどうだったのだろうか。

北海道の郷土読本の内容を取り上げた先行研究には、北海道教育研究所の『北海道教育史』（全道編四）[7]と桑原真人の「北海道の許可移民制度について」[8]がある。前者は、一九三一（昭和六）年以後に発行された北海道小学校長会編の『北海道小学郷土読本』を、「郷土愛の涵養を根本とし、特に本道開拓が、明治維新の聖謨に発した点、父祖開拓の苦心力闘が今日の北海道を築いたという点を明らかにすることに努めたもの」だったとしている。後者は、「許可移民」制度の分析に際し、一九三〇年発行の『北海道小学郷土読本』に取り上げられた根釧原野の虹別地域に入地した「許可移民」の読み物の一部を紹介し、「許可移民の多くが希望に燃えながら原野の開拓に挑む」ということを強調する文章になっていたと指摘している。[9]

北海道で発行された『北海道小学郷土読本』は、当時、日本教育出版社の代表だった高坂久喜が編集したものと、北海道小学校長会が編集したものに大別でき、尋常科用と高等科用があった。高坂編は一九二八年から一九三〇年の間に発行され、校長会編は一九三一年から一九三六年まで毎年発行された（一九三七年からは名称が『北海道小学読本』になる）。全道的組織である北海道小学校長会（校長会と略記する）は、一九三〇年に結成されている。経済的、思想的動揺、教員の教職に対する不安などに対処するために創立されたという。[10]一九三一年に道庁長官に就任した佐上信一は、翌年の視学会議において「愛郷心」の育成を強調する。校長会編の郷土読本は、佐上の意向を受け編集されていた。佐上が意図し、北海道の教育界で強調された「愛郷心」とはどのようなものだったのか。この時期の国家体制を支えることにつなげた北海道の郷土読本の、とくに尋常科用の内容を把握し、その特徴を明らかにしてみたい。その特徴を明らかにすることによって、移住した子どもたちにどのような「認識」形成、「愛郷心」の育成が求められていたかを明らかにすることができると考える。[11]

2 『北海道小学郷土読本』の編集方針

校長会編に先立って出版された高坂久喜編の郷土読本は、一編一編の読み物が長編である。校長会編のものは、高坂編の読み物を踏襲しつつ短編にまとめ、新たな読み物を加えた構成になっている。高坂編にあった読み物を再掲する際には、子どもにとって難しいと思われる表現をわかりやすい表現にかえている。全体的にメッセージ性が強く、低学年を対象にしたものには挿絵が多い。そして、子どもたちの生活環境である都市部や工業地、農業地、そして漁業地を対象にした読み物が配置されているのが特徴である。とくに尋常科用の郷土読本には、相対的に農業地に関連した読み物が多い。それは、当時すすめられた「許可移民」制度で移住する人びとの生業が農業だったことも背景にあったと思われる。また校長会の尋常科編は高坂編に比べて、北海道で生きる厳しさを記述している部分を抑え気味に、[12]ひとつひとつの話の起承転結を明確にして、情緒的な高まりを子どもたちに抱かせるように構成された内容になっているところにも特徴があった。『北海道小学郷土読本編纂趣意書並ニ典拠、解説』（以後『編纂趣意書』と略記する）には編さん方針として、郷土読本は子どもの「思想感情を育て上げるといふものでなければ」ならないと記述されている。「郷土愛の涵養」「郷土理解力の養成を根本」とし、「北海道開拓が明治維新の聖謨に発した」こと、「父祖開拓の苦心力闘が今日の北海道を築いた」内容を「明らかにする」ことを方針としていた。[13]実際、中学年以上を対象にした巻には、北海道開拓と天皇の関係を盛り込んだ読み物が掲載されており、開拓事業が天皇によって発せられた重要な使命を持つもので、いかに意義深いことかを認識させる構成になっている。北海道の開拓事業に従事し、それをさらにすすめることが「聖謨」に報いることとされていた。ちなみに高等科用には、道内の具体的な地域を取り上げ、その開拓の歴史から現在の状況を具体的に専門的な用語も交えながら記した読み物と、各種産業の状況を北海道全体から俯瞰する読み物が掲載されている。挿絵もあるが、実際の写真を多く載せているところが尋常科用と異なる。それは卒業後、より現実的に開拓作業に貢献する意識を醸成する構成であったと思われる。では、その基底となる子どもたちに育成すべき「愛郷心」とは、いかなるものだったのだろうか。

校長会編の尋常科用郷土読本の内容は、皇室と北海道開拓の関係、北海道の自然の豊かさと美しさへの親しみ、先人による開拓事業の苦労、現在の開拓状況、親子愛、そしてアイヌに関わる昔話や逸話といった、おもに六項目の内容に分類できる。低学年対象の郷土読本は、そのほとんどが北海道の自然、動植物、作物を扱い、北海道の美しさとその中で遊び親しむ子どもの姿を映し出す内容の読み物で構成されている（**表12参照**）。地域の自然環境に親しむ内容は、道外の郷土読本と共通するだろう。中学年からは、それらに加えて他の項目の読み物が網羅的に配置される。読み物のなかで多いのは、開拓作業に関するものである。先人がいかに苦労し開拓事業に着手したか、その苦闘が語られる。親の働く姿を描き、親子がいかに愛情あふれた関係にあるかを認識させ、今は機械が導入されて作業も以前より楽になり、社会がいかに発展しているかを知らせる。先人が苦労し進展させた開拓事業を自分たちが引き継ぎ、さらに発展させなければならない、という思いを子どもたちに抱かせる内容になっていると思われる。アイヌに関する話や昔話、文化なども全巻に取り入れられている。それは「旧土人児童教育規程」廃止後、前章で記述した一九二二（大正一一）年の支庁長市長会議において、「旧土人児童ト和人児童トニ対シ差別的待遇ヲ持続シタルヲ改メ総テ同等ナル取扱ヲナシ」「旧土人教化ノ普及発達ヲ期スル」[14]ことが提起されたのが背景にあったと思われる。『編纂趣意書』には、「人種的偏見を除去し、アイヌ民族の優れた点、懐しむべき点を挙げて同胞愛を養ふやう努力」したと記述されている。[15]しかし、たとえば高坂編尋常科五年用にある「故郷へ」という読み物は、樺太にいたアイヌの人びとが船に乗せられ北海道に

表12　北海道小学郷土読本　各巻の構成

	発行年	巻	編者	構成および内容
1	1928（昭和3）	第一学年用	高坂久喜	牛の荷車の絵（2）　ハナ（3）　リリー（3）　コロポックル（5）　ウシ（2）　タイコノオト（2,6）　ナマケモノトサケ（3）　リンゴバタケ（2,3）　トマト（3）　アキノカゼ（3）　クマ（3）　一ネンセイノツヅリカタ　イサマシイアイヌ（5）　ソリ（3　ツララ（3）　ワスレッポイカワウソ（5）　ソリスベリ（3）　カミノ子トアクマノ子（5）　フブキノバン（3,6）　オトコノ子トカラス（5）
2	1928（昭和3）	上学年用 第一輯	高坂久喜	明治大帝の北海道御巡幸（1）　北海道を歌へる（3）　時計台（2,3）　五兵衛老人（2,4）　福山行（3,4）　枝幸図書館の由来（4）　ピストルと熊（2,6）　高田屋嘉兵衛（4）
3	1930（昭和5）	尋常三年用	高坂久喜	一、オキクルミ神の天くだり（5）　二、こぶし（3）　三、りんごの苗（3）　四、木の芽ごろ（3）　五、なまけものと鮭（1）　六、川口のかしらと川上のかしら（1）　七、にれの木（3）　八、いかつり舟（2）　九、熊祭り（5）　十、スキーのえらび方（3）　十一、かた雪（3）　十二、松本判官（4）　十三、船乗り勘八の話（2,3）　十四、郵便配達人と犬（2,3）
4	1930（昭和5）	尋常四年用	高坂久喜	一、どこかで春が（3）　二、夏の支笏湖（3,4）　三、鰊時（2,3）　四、北海道の三大峠（3）　五、アイヌのお葬式（5）　六、避暑（3）　七、千島の子供から（2,3）　八、村の勝ち（2）
5	1930（昭和5）	尋常五年用	高坂久喜	一、私は識る（2）　二、早山爺さんの家（2）　三、北海道の動物（3）　四、アイヌの天気予報（5）　五、石狩川（2）　六、尊い北海道移住民（2）　七、田舎の凍夜（3）　八、ペオツペの白金掘（2,3）　九、故郷へ（5）
6	1930（昭和5）	尋常六年用	高坂久喜	一、明治大帝の北海道御巡幸（1）　二、北海道を歌へる（3）　三、時計台（2,3）　五、海霧の街から（3）　六、五兵衛老人（2,4）　七、福山行（3,4）　八、ピストルと熊（2）　九、高田屋嘉兵衛（4）
7	1931（昭和6）	尋常科用 巻一	北海道小学校長会	（2）（3）（5）
8	1931（昭和6）	巻三	北海道小学校長会	一、ホクカイダウノコドモ（2,3）　二、フクジユサウ（3）　三、マキツケ（2）　四、ウマ（2）　五、アカシヤの花（3）　六、タケダノブヒロ（1,4,5）　七、太郎とポチ（2）　八、がんぜとり（3）　九、みたにオト（1,5）　十、たうきび（3）　十一、大力のサマイウンクル（5）　十二、みつばち（2）　十三、かにつり（3）　十四、べんあんべとばんあんべ（2）
9	1931（昭和6）	巻四	北海道小学校長会	一、あき（3）　二、もみぢ（3）　三、山ぶだうとり（3）　四、うつくしいトカプチユプカムイ（一）（5）　五、うつくしいトカプチユプカムイ（二）（5）　六、さけれふ（2）　七、はつ雪（3）　八、スキー（3）　九、お母さん（3,6）　十、ぐわん日（3,6）　十一、雪あそび（3）　十二、ふぶきの日（3,6）　十三、あなぐまさうだん（一）（3）　十四、あなぐまさうだん（二）（3）

表12　北海道小学郷土読本　各巻の構成（続き）

	発行年	巻	編者	構成および内容
10	1931（昭和6）	巻五	北海道小学校長会	一、明治天ワウサマトハコダテ（1）　二、鰊時（2,3）　三、いねまき（2）　四、札幌神社祭（1）　五、いたどりあそび（3）　六、おやぐま（3,6）　七、えぞふじ（3）　八、羊（2,3）　九、いかつり舟（2）　十、小さな力（2,4）　十一、オキクルミ神の天くだり（5）
11	1931（昭和6）	巻六	北海道小学校長会	一、小樽へゴ上陸（1）　二、秋（3）　三、稲かり（2）　四、道開き（4）　五、なまけものと鮭（2）　六、にはのあかだも（4）　七、馬とおほかみ（2）　八、雪の中からわいた人（5）　九、ゴツコ（3）　十、ふぶきの日の学校通ひ（3）　十一、あまいつらら（3）　十二、松本はんぐわん（2）
12	1931（昭和6）	巻七	北海道小学校長会	一、どこかで春が（1）　二、屯田兵（2）　三、開墾の苦心（4）　四、中川五郎治（4）　五、札幌より旭川へ（1,2）　六、リリー（3）　七、北海道の気候（2,3）　八、夏の支笏湖（2,3）　九、ミルクの話（2）　十、千島の子供から（2）
13	1931（昭和6）	巻十	北海道小学校長会	一、この心（1）　二、庭の松（2,4）　三、北海道の秋（3）　四、土地を守る虫（3,4）　五、室蘭の港（2）　六、武田翁の思い出話（4）　七、北海道の鉄道（2,4）　八、吹雪はやんだぞ（3）　九、根室の冬（2）　十、最上徳内（4,5）　十一、最上徳内（二）（4,5）　十二、最上徳内（三）（4,5）
14	1931（昭和6）	高等科用巻一	北海道小学校長会	一、皇太子殿下に拝謁（1）　二、春のおとづれ（3）　三、春の悦び（3）　四、当別開村（4）　五、ルーランの奇勝（4）　六、懐しい自然（3）　七、北海道の農業（2）　八、麦刈り（3）　九、万国海律全書（4）　十、いかつり（2）　十一、北海道の湖沼（3）　十二、小西郷と永山大佐（1,5）
15	1931（昭和6）	巻二	北海道小学校長会	一、北海道の大観（3）　二、御父陛下の御跡（1）　三、刈れよ、刈れよ（2）　四、友人の手紙（2）　五、伊達町開拓（1）　六、新冠牧場行（2）　七、雪焼け（3）　八、石狩川の治水工事（2）　九、鱵釣り（2）　十、排雪車の進歩（2）　十一、近藤重蔵（一）（4）　十二、近藤重蔵（二）（4）　十三、水産の北海道（2）
16	1932（昭和7）	尋常科用巻三	北海道小学校長会	一、フクジュサウ（3）　二、日なた（3）　三、おはな見（3）　四、マキツケ（2）　五、タケダノブヒロ（1,5）　六、ウマ（2）　七、うみべ（3）　八、アカシヤの花（3）　九、がぜとり（3）　十、いもばたけ（2,3）　十一、えんばくおとし（2）　十二、かにつり（2）　十三、太郎とポチ（2）　十四、たうきび（3）　十五、オキクルミさま（5）
17	1932（昭和7）	巻四	北海道小学校長会	一、あき（3）　二、もみぢ（3）　三、山ぶだうとり（3）　四、うつくしいトカプチユプカムイ（一）（5）　五、うつくしいトカプチユプカムイ（二）（5）　六、さけれふ（2）　七、はつ雪（3）　八、スキー（3）　九、お母さん（3,6）　十、ぐわん日（3,6）　十一、雪あそび（3）　十二、ふぶきの日（3,6）　十三、あなぐまさうだん（一）（3）　十四、あなぐまさうだん（二）（3）

表12　北海道小学郷土読本　各巻の構成（続き）

	発行年	巻	編者	構成および内容
18	1932 （昭和7）	巻五	北海道小学校長会	一、明治天皇トハコダテ（1）　二、鰊時（2,3）　三、いねまき（2）　四、せりつみ（2,3）　五、五月ののはら（3）　六、札幌神社祭（1）　七、善さんとおやぐま（3,6）　八、えぞふじ（3）　九、月寒のひつじ（2,3）　十、いかつり舟（2）　十一、こんぶ（2）　十二、小さなものの力（2,3）　十三、おばあさんの話（4）　十四、オキクルミ神の天くだり（5）
19	1932 （昭和7）	巻七 第二版	北海道小学校長会	一、何よりのおよろこび（1）　二、海（3）　三、木の芽ごろ（3）　四、浜そだち（2,3）　五、中川五治（4）　六、すゞらん（3）　七、北海道の名づけ親（4,5）　八、ほそ路（3）　九、夏の支笏湖（3）　十、屯田兵（2,4）　十一、林檎の話（3）　十二、千島の子供から（2,3）
20	1932 （昭和7）	巻八	北海道小学校長会	一、千歳のお泊（1）　二、鉄道開通（2）　三、老人と馬（2,3）　四、山に初雪（3）　五、神の道のごくい（1）　六、ナキウサギ（2）　七、おぢいさんのお話（4）　八、スキー遊び（3）　九、六十九のお習字（一）（2）　十、六十九のお習字（二）（1,2）　十一、北海道の山（3）　十二、冬の伐木（2）　十三、村の勝（2）
21	1932 （昭和7）	巻九 第二版	北海道小学校長会	一、校庭の松（1）　二、こぶし（3）　三、北海道の歴史（1,4,5）　四、早山爺さんの家（3,4）　五、数字から見た北海道（2）　六、アイヌの天気予報（5）　七、移住民とバチラーさん（1,4）　八、夏の札幌（3）　九、函館の港（2）　十、三百万石となるまで（2,4）　十一、にれの木（3）　十二、北海道の気候（3）
22	1932 （昭和7）	巻十	北海道小学校長会	一、この心（1）　二、庭の松（2,4）　三、北海道の秋（3）　四、土地を守る虫（3,4）　五、室蘭の港（2）　六、武田翁の思い出話（4）　七、北海道の鉄道（2,4）　八、吹雪はやんだ（3）　九、根室の冬（2）　十、最上徳内（4,5）
23	1932 （昭和7）	巻十一	北海道小学校長会	一、明治大帝の北海道御巡幸（1）　二、春十三句（3）　三、我等の北海道（2）　四、私は知る（4）　五、地を拓く礎（4）　六、小樽港の大観（2,3）　七、時計台（2）　八、ブラキストン線と八田線（3）　九、高田屋嘉兵衛（4）　十、東京からの手紙（3）　十一、北海道と拓殖計画（2,4）
24	1932 （昭和7）	高等科用 巻一	北海道小学校長会	一、皇太子殿下に拝謁（1）　二、春のおとづれ（3）　三、春の悦び（3）　四、当別開村（4）　五、ルーランの奇勝（4）　六、懐しい自然（3）　七、北海道の農業（2）　八、麦刈り（3）　九、万国海律全書（4）　十、いかつり（2）　十一、北海道の湖沼（3）　十二、小西郷と永山大佐（1,5）
25	1932 （昭和7）	巻三	北海道小学校長会	一、積雪中の建府（1）　二、北海道青年歌（1,2）　三、大雪山（3）　四、枝幸図書館の由来（2）　五、北海道の工業（2）　六、惜しいこと（2,3）　七、昆布採り（2）　八、七つの岬（3）　九、薄荷（2）　十、苗木と戸籍と家内（4）

表12　北海道小学郷土読本　各巻の構成（続き）

	発行年	巻	編者	構成および内容
26	1932（昭和7）	巻四	北海道小学校長会	一、明治大帝の御巡幸を偲び奉る（1）　二、空知川の岸辺（2）　三、札幌農学校（4）　四、蟹工船の話（2）　五、江差町（2）　六、手宮の古代文字（4）　七、雪の石狩平原（2）　八、製麻工場参観記（2）　九、北海道の鉱業（2）　十、北海道拓殖の使命と計画（1,2）
27	1933（昭和8）	尋常科用巻一	北海道小学校長会	（2）（3）（5）
28	1933（昭和8）	巻二	北海道小学校長会	一、ダイコンホシ（2）　二、山ブダウ（3）　三、アラレフル日（3）　四、クマ（3）　五、ユキ（3）　六、ロータリーシャ（2）　七、ソリ（2,3）　八、マユダマ（1）　九、オミヤゲ（3）　十、サムイ二月（3）　十一、ツララ（3）　十二、バソリウマ（2）　十三、カミノ子とアクマノ子（5）
29	1933（昭和8）	巻五	北海道小学校長会	一、明治天皇トハコダテ（1）　二、鰊時（2）　三、いねまき（2）　四、せりつみ（2,3）　五、五月ののはら（3）　六、札幌神社祭（1）　七、善さんとおやぐま（3）　八、えぞふじ（3）　九、月寒のひつじ（2,3）　十、いかつり舟（2）　十一、こんぶ（2）　十二、小さなものの力（4）　十三、おばあさんのお話（4）　十四、オキクルミ神んぽ天くだり（5）
30	1933（昭和8）	巻六	北海道小学校長会	一、小樽へゴ上陸（1）　二、川のなみ（3）　三、稲かり（2）　四、道開き（4）　五、なまけものと鮭（2）　六、にはのあかだも（4）　七、馬とおほかみ（2）　八、雪の中からわいた人（5）　九、ゴツコ（3）　十、ふぶきの日の学校通ひ（3）　十一、あまいつらら（3）　十二、松本はんぐわん（2）
31	1933（昭和8）	巻八	北海道小学校長会	一、千歳のお泊（1）　二、鉄道開通（2）　三、山に初雪（3）　四、老人と馬（2,3）　五、ナキウサギ（2）　六、おぢいさんのお話（4）　七、スキー遊び（3）　八、六十九のお習字（一）（2）　九、六十九のお習字（二）（1,2）　十、北海道の山（3）　十一、冬の伐木（2）　十二、二つの団体（2）
32	1933（昭和8）	巻九	北海道小学校長会	一、校庭の松（1）　二、こぶし（3）　三、北海道の歴史（1,4,5）　四、早山爺さんの家（3,4）　五、数字から見た北海道（2）　六、アイヌの天気予報（5）　七、移住民とバチラーさん（1,4）　八、夏の札幌（3）　九、函館の港（2）　十、三百万石となるまで（2,4）　十一、にれの木（3）　十二、北海道の気候（3）
33	1933（昭和8）	巻十	北海道小学校長会	一、この心（1）　二、庭の松（2,4）　三、北海道の秋（3）　四、室蘭の港（2）　五、武田翁の思い出話（一）（4）　六、武田翁の思い出話（二）（4）　七、吹雪はやんだぞ（3）　八、根室の冬（2）　九、最上徳内（一）（4,5）　十、最上徳内（二）（4,5）　十一、最上徳内（三）（4,5）
34	1933（昭和8）	巻十二	北海道小学校長会	一、蓮の花（1）　二、北海道を歌へる（3）　三、常野正義（4）　四、海霧の町から（3）　五、福山行（4）　六、冬籠り（3）　七、輪西の製鉄所（2）　八、冬の灯（2）　九、ケリからゴム靴まで（2）　十、伊能忠敬（4）　十一、防波堤（2）　十二、明治大帝と北海道（1）

表12　北海道小学郷土読本　各巻の構成（続き）

	発行年	巻	編者	構成および内容
35	1933（昭和8）	高等科用巻二	北海道小学校長会	一、北海道の大観（3）　二、御父陛下の御跡（1）　三、刈れよ、刈れよ（2）　四、友人の手紙（2）　五、新冠の牧場（2）　六、北国の冬（3）　七、鯱釣り（2）　八、石狩川の治水工事（2）　九、近藤重蔵（4）　十、吹雪の待合室（3）　十一、伊達町の開拓（4）　十二、北海道の水産業（2）
36	1933（昭和8）	高等科用巻四	北海道小学校長会	一、明治大帝の御巡幸を偲び奉る（1）　二、空知川の岸辺（2）　三、札幌農学校（4）　四、雪の森林（3）　五、蟹工船の話（2）　六、手宮の古代文字（4）　七、雪の石狩平原（2）　八、江差の町（2）　九、北海道の鉱業（2）　十、北海道拓殖の使命と計画（1,2）
37	1934（昭和9）	尋常科用巻一	北海道小学校長会	（2）（3）（5）
38	1934（昭和9）	巻三	北海道小学校長会	一、フクジュサウ（3）　二、日なた（3）　三、おはな見（3）　四、マキツケ（2）　五、タケダノブヒロ（1,5）　六、うみべ（3）　七、アカシヤの花（3）　八、がぜとり（3）　九、いもばたけ（2,3）　十、えんばくおとし（2）　十一、かにつり（2）　十二、太郎とポチ（2）　十三、たうきびばたけ（3）　十四、オキクルミさま（5）
39	1934（昭和9）	巻七	北海道小学校長会	一、何よりのおよろこび（1）　二、海（3）　三、木の芽ごろ（3）　四、浜そだち（2）　五、中川五郎治（4）　六、すゞらん（3）　七、屯田兵（1,2,4）　八、林檎の話（2）　九、千島の子供から（2,3）　十、ほそ路（3）　十一、夏の支笏湖（3）　十二、北海道の名づけ親（4,5）
40	1934（昭和9）	巻八	北海道小学校長会	一、千歳のお泊（1）　二、鉄道開通（2）　三、山に初雪（3）　四、老人と馬（2,3）　五、ナキウサギ（2）　六、おぢいさんのお話（4）　七、スキー遊び（3）　八、六十九のお習字（一）（2）　九、六十九のお習字（二）（1,2）　十、北海道の山（3）　十一、冬の伐木（2）　十二、二つの団体（2）
41	1934（昭和9）	巻九	北海道小学校長会	一、こぶし（3）　二、校庭の松（1）　三、早山爺さんの家（3,4）　四、数字から見た北海道（2）　五、アイヌの天気予報（5）　六、移住民とバチラーさん（1,4）　七、夏の札幌（3）　八、函館の港（2）　九、三百万石となるまで（2,4）　十、にれの木（3）　十一、北海道の歴史（1,4,5）
42	1934（昭和9）	巻十一	北海道小学校長会	一、明治大帝の北海道御巡幸（1）　二、時計台（3,4）　三、地を拓く礎（4）　四、小樽港の大観（2）　五、春の俳句（3）　六、ブラキストン線と八田線（3）　七、私は知る（2,4）　八、高田屋嘉兵衛（4）　九、北海道の旅から（3）　十、北海道と拓殖計画（2）
43	1934（昭和9）	巻十二	北海道小学校長会	一、蓮の花（1）　二、北海道を歌へる（3）　三、常野正義（4）　四、海霧の町から（3）　五、福山行（4）　六、冬籠り（3）　七、輪西の製鉄所（2）　八、冬の灯（2）　九、ケリからゴム靴まで（2）　十、伊能忠敬（4）　十一、防波堤（2）　十二、明治大帝と北海道（1）

表12　北海道小学郷土読本　各巻の構成（続き）

	発行年	巻	編者	構成および内容
44	1934 (昭和9)	高等科用 巻一	北海道小学校長会	一、皇太子殿下に拝謁 (1)　二、春のおとづれ (3)　三、当別開村 (4)　四、ルーランの奇勝 (3,4)　五、懐しい自然 (1,3)　六、北海道の農業 (2,4)　七、麦刈り (3)　八、万国海律全書 (1)　九、いかつり (2)　十、北海道の湖沼 (3)　十一、小西郷と永山大佐 (1,5)
45	1934 (昭和9)	高等科用 巻三	北海道小学校長会	一、積雪中の建府 (1)　二、北海道青年歌 (1,2)　三、大雪山 (3)　四、枝幸図書館の由来 (2)　五、北海道の工業 (2)　六、惜しいこと (2,3)　七、昆布採り (2)　八、七つの岬 (3)　九、薄荷 (2)　十、苗木と戸籍と家内 (4)
46	1935 (昭和10)	尋常科用 巻二	北海道小学校長会	一、オマツリ (2)　二、カケス (3)　三、ダイコンホシ (2)　四、フナイレマ (2)　五、クマ (3)　六、オンドリ (3)　七、ロータリーシャ (2,3)　八、ソリ (3)　九、マユダマ (1)　十、タノシミ (3)　十一、サムイ二月 (3)　十二、ツララ (3)　十三、バソリウマ (2)　十四、カミノ子トアクマノ子 (5)
47	1935 (昭和10)	巻四	北海道小学校長会	一、あき (3)　二、青空 (3)　三、くだものやのみせさき (2)　四、山ぶだうとり (3)　五、さけれふ (2)　六、雪は大雪 (3)　七、お母さん (2,6)　八、スキー (3)　九、きつねのおんがへし (3)　十、キシャノアカリ (2)　十一、ふぶきの日 (3)　十二、うさぎのあしあと (3)　十三、うつくしいトカプチュプカムイ (5)
48	1935 (昭和10)	巻九	北海道小学校長会	一、こぶし (3)　二、校庭の松 (1)　三、早山爺さんの家 (3,4)　四、数字から見た北海道 (2)　五、アイヌの天気予報 (5)　六、移住民とバチラーさん (1,4)　七、夏の札幌 (3)　八、函館の港 (2)　九、三百万石となるまで (2,4)　十、にれの木 (3)　十一、北海道の歴史 (1,4,5)
49	1935 (昭和10)	巻十	北海道小学校長会	一、この心 (1)　二、庭の松 (2,4)　三、北海道の秋 (3)　四、室蘭の港 (2)　五、武田翁の思い出話 (一) (4)　六、武田翁の思い出話 (二) (4)　七、吹雪はやんだぞ (3)　八、根室の冬 (2)　九、最上徳内 (一) (4,5)　十、最上徳内 (二) (4,5)　十一、最上徳内 (三) (4,5)
50	1935 (昭和10)	第十一	北海道小学校長会	一、明治大帝の北海道御巡幸 (1)　二、時計台 (3,4)　三、地を拓く礎 (4)　四、小樽港の大観 (2)　五、春の俳句 (3)　六、ブラキストン線と八田線 (3)　七、私は知る (2,4)　八、高田屋嘉兵衛 (4)　九、北海道の旅から (3)　十、北海道と拓殖計画 (2)
51	1935 (昭和10)	高等科用 巻一	北海道小学校長会	一、皇太子殿下に拝謁 (1)　二、春のおとづれ (3)　三、当別開村 (4)　四、ルーランの奇勝 (3,4)　五、懐しい自然 (1,3)　六、北海道の農業 (2,4)　七、麦刈り (3)　八、万国海律全書 (1)　九、いかつり (2)　十、北海道の湖沼 (3)　十一、小西郷と永山大佐 (1,5)
52	1935 (昭和10)	巻二	北海道小学校長会	一、北海道の大観 (3)　二、御父陛下の御跡 (1)　三、刈れよ、刈れよ (2)　四、友人の手紙 (2)　五、新冠の牧場行 (2)　六、北国の冬 (3)　七、鯱釣り (2)　八、石狩川の治水工事 (2)　九、近藤重蔵 (4)　十、吹雪の待合室 (3)　十一、伊達町開拓 (4)　十二、水産の北海道 (2)

表12 北海道小学郷土読本 各巻の構成（続き）

	発行年	巻	編者	構成および内容
53	1935（昭和10）	巻四	北海道小学校長会	一、明治大帝の御巡幸を偲び奉る（1） 二、空知川の岸辺（2） 三、札幌農学校（4） 四、雪の森林（3） 五、蟹工船の話（2） 六、手宮の古代文字（4） 七、雪の石狩平原（2） 八、江差の町（2） 九、北海道の鉱業（2） 十、北海道拓殖の使命と計画（1,2）
54	1936（昭和11）	尋常科用巻五	北海道小学校長会	一、明治天皇トハコダテ（1） 二、鰊時（2） 三、いねまき（2） 四、五月ののはら（3） 五、札幌神社祭（1） 六、善さんとおやぐま（3） 七、えぞふじ（3） 八、月寒のひつじ（2,3） 九、いかつり舟（2） 十、こんぶ（2） 十一、小さなものの力（4） 十二、鹿のお話（3,4） 十三、オキクルミ神んぼ天くだり（5）
55	1936（昭和11）	巻六	北海道小学校長会	一、小樽へゴ上陸（1） 二、川の波（3） 三、稲かり（2） 四、道開き（4） 五、なまけものと鮭（2） 六、にはのあかだも（4） 七、馬とおほかみ（2） 八、雪の中からわいた人（5） 九、ゴツコ（3） 十、ふぶきの日の学校通ひ（3） 十一、あまいつらら（3） 十二、松本はんぐわん（2）
56	1936（昭和11）	巻十一	北海道小学校長会	一、明治大帝の北海道御巡幸（1） 二、時計台（3,4） 三、地を拓く礎（4） 四、小樽港の大観（2） 五、春の俳句（3） 六、ブラキストン線と八田線（3） 七、私は知る（2,4） 八、高田屋嘉兵衛（4） 九、北海道の旅から（3） 十、北海道と拓殖計画（2）
57	1936（昭和11）	第十二	北海道小学校長会	一、蓮の花（1） 二、北海道を歌へる（3） 三、常野正義（4） 四、海霧の町から（3） 五、福山行（4） 六、冬籠り（3） 七、輪西の製鉄所（2） 八、冬の灯（2） 九、ケリからゴム靴まで（2） 十、伊能忠敬（4） 十一、防波堤（2） 十二、明治大帝と北海道（1）
58	1936（昭和11）	高等科用巻一	北海道小学校長会	一、皇太子殿下に拝謁（1） 二、春のおとづれ（3） 三、当別開村（4） 四、ルーランの奇勝（3,4） 五、懐しい自然（1,3） 六、北海道の農業（2,4） 七、麦刈り（3） 八、万国海律全書（1） 九、いかつり（2） 十、北海道の湖沼（3） 十一、小西郷と永山大佐（1,5）
59	1936（昭和11）	巻四	北海道小学校長会	一、明治大帝の御巡幸を偲び奉る（1） 二、空知川の岸辺（2） 三、札幌農学校（4） 四、雪の森林（3） 五、蟹工船の話（2） 六、手宮の古代文字（4） 七、雪の石狩平原（2） 八、江差の町（2） 九、北海道の鉱業（2） 十、北海道拓殖の使命と計画（1,2）

凡例：「構成および内容」の（ ）で括った番号は、筆者が便宜上区分した次の内容を示す。（1）は皇室と北海道、（2）は開拓（家畜に関することも含む）、（3）は北海道の特徴ある自然（気候・植物・動物）、（4）は先人の苦労、（5）はアイヌに関する話（逸話も含む）、（6）は親子愛。
『北海道小学郷土読本』（1928年～1936年）から作成。

移住させられる場面から始まるが、それはアイヌの人びと自らが望んだからであると（アイヌの人びとを樺太に強制移住させた歴史的経緯は省かれて）説明されている。また、読み物のなかに「優れた」「アイヌ民族」として登場するのは、校長会編一九三一年発行の巻三に登場している通称「みたにオト」というアイヌのように、教育勅語および御真影の「ほうちしょのまへをとほる時」には「おじぎを」し、家に「日の丸の旗」をかざす人のことであった。アイヌ民族としての特性や文化を尊重するというよりも、「和人」に「同胞愛」を示す理想化されたアイヌの人を登場させた内容だったといえる。では、アイヌに関する内容以外の読み物には、具体的にどのような特徴が見いだせるのか。

第2節　郷土読本の内容と子どもたちに求められたもの

1　「寂しくない」

一九三一（昭和六）年および翌年、そして一九三四年に発行された校長会編の郷土読本に、「太郎とポチ」という次のような読み物がある（**第7章扉郷土読本挿絵参照**）[16]。（なお、『北海道小学郷土読本』の「読み物」については、文章中の空き、マス、ルビとも読本のまま引用した。）

太郎さん　の　おいへ　は　げんや　の　まんなか　でした。まだ　かいこん　の　さいちゆう　なので、おとなり も ずうつ と はなれて ゐました。（略） 太郎さん は 一人ぼつち でした。なぜ なら、その ずうつ と はなれた おとなり には、子ども は ゐません。その また おとなり の 子ども は まだ あかちゃん でしたから。けれども 太郎さん は すこしも さびしく ありません でした。それは 太郎さん には だれよりも だれよりも なか の よい かはいゝ おともだち が ゐたからです。その な は ポチ と いひました。（略）ポチ は ことば は わかりません。けれども ことばで いひつくせない おはなし を 目 と 目 で して ゐました。太郎さん が すこしでも、さびしさうな かほ を して ゐます と、ポチ は すぐ に じやれて 見せました。には に ゐる すずめ に とびついたり、さかな の ほね を つついて ゐる からす に からかつたり、ばつた を くはへて その ひやうし に ころんだり して みせます。そのかつかう が いかにも こつけい なので、太郎さん も つひ ふきだします。だから 太郎さん の 口ぶえ は いつも ゆくわいさう でした。

「太郎とポチ」は、移住後まもない家の子どもの話である。散居（疎居）型の農業地構造のなかに居住する子どもの風景が描かれている。ここで強調されているのは、周囲に友だちがいなくても「さびしくない」「さびしがらない」ということであろう。『編纂趣意書』に「太郎とポチ」は、「開墾地の子供には友達といふ者」はなく、「自然が友であり、家族が友であり」、そのような境地を「理想化して」書いたと記述されている。[17] 移住先が子どもにとって「さびしい」生活環境であったとしても、自然や他のものに楽しさやおもしろさを見いだして、そこに生活し続ける、居続けることの重要性を教えているように思われる。

一九三〇年発行の高坂編[18]、および翌年発行された校長会編[19]、そして一九三二年[20]および一九三四年発行[21]の郷土読本には、「千島の子供から」という次のような読み物もある。

僕《ぼく》のお父さんが北千島の無線電信局《むせんでんしんきょく》（無電局《むでんきょく》）の留守番《るすばん》になって、お母さんと三人で幌筵島《ほろむしろとう》に来たのは、僕《ぼく》が九つになった年の五月でした。幌筵浬《ほろむしろかいり》は北海道の根室浬《ねむろかいり》から六百浬《かいり》もはなれた遠《とほ》いところにある島で、（略）ロシアのカムチヤツカが手に取《と》る様《やう》に見えています。（略）幌筵の塁山《るゐさん》の無電局へ着《つ》いてから四年たちました。僕は十二になりました。島へ上陸《じょうりく》した時は何といふさびしいところだろうと思って、ひとりで悲《かな》しくなったのに、住《す》んで見ると何でもない事がわかりました。（略）お父さんとお母さんと僕とは、空屋《あきや》のようなカランとした広《ひろ》いお家《うち》に、他《ほか》の人間《にんげん》の顔《かほ》を見ないで一冬《ひとふゆ》雪の中にうづまって暮《くら》すのです。（略）春が来て、一番初《いちばんはじ》めの汽船《きせん》が沖《おき》へついた時、どんなに僕達《ぼくたち》はうれしいでせう。またその反対《はんたい》に最後《さいご》の切揚船《きりあげせん》がお別《わかれ》の汽笛《きてき》をボーと鳴《な》らして、だんだん沖《おき》へ消《き》えて行くのを見る時どんなに僕たちはさびしいでせう。それでも船《ふね》の影《かげ》がすっかりかくれてしまうと、今度《こんど》はみんな元気《げんき》になります。（略）海はどんなに暴《あ》れていても、氷が流れていても、雪の島の上はすてきに面白《おもしろ》くなって来るからです。（略）北千島の三つの島は、ほんとうに面白いところです。淋《さび》しい様《よう》で淋《さび》しくありません。春が来ても花は咲《さ》きません。夏になると海岸《かいがん》にも野原《のはら》にも、山にも、一時《じ》に美しい花が咲《さ》いて、見渡《みわた》すかぎり一面《いちめん》のお花畑《はなばたけ》になります。（略）冒険小説《ぼうけんしょうせつ》に出て来そうな面白い景色《けしき》です。（略）僕はお父さんがいる間は喜《よろこ》んで島にいます。

『編纂趣意書』はこの読み物を、「北海道の北辺は如何なる自然と人間の生活を持つてゐるかを」教えてくれる「非常に良い文であると共に有益なものである」と評価している。[22] 父親の仕事でカムチャツカ半島に極めて近い幌筵島へ渡り、長期間、家族だけで暮らすことになった子どもの話である。この読み物は、一九二九年に実際に幌筵島へ行った小樽新聞記者の向井長雄の文章を引用したものである。[23] たしかに、「如何なる自然と人間の生活」がそこにあるかがわかる読み物である。そして同時に周囲に人がいなくても、豊かな自然の風景や動植物がそこにはあり、それらに親しめば「さびしくない」ことも強調されている。この読み物には、「太郎とポチ」と同様に、周囲に「友だち」や「人」がいない環境にいても、美しい自然やその他のものに「楽しさ」や「面白さ」を見いだし、そこで生活し続けることの重要性を子どもたちに認識させようとする意図があったと思われる。とくに、道外や、道内の都市部で生活していた子どもの移住先が、散居（疎居）型の農業地になり生活環境が一変したならば、寂しさを感じざるを得なかったであろう。このような読み物が掲載されていること事態が、実際には「さびしい」という気持ちが子どもたちのなかにあったと思われるのである。

ところで、幌筵島へ渡った「僕」は小学校に就学しているはずの年齢であるが、島には学校がないことは容易に推察される。学校への就学よりも「お父さんの仕事」、開拓事業が優先されているところにも北海道郷土読本の特徴があり、教員にもそれが自明のこととして認識されていたと思われる。

2　北海道の「愛郷心」

一九三二年発行の郷土読本巻三にある「えんばくおとし」[24] という読み物は、次のような内容だった。

ゴトゴト　ゴトゴト　ポツポツ　ポツポツ　はつどうき　が　けむり　を　出しながら　うごき　はじめます　と、ベルト　が　ぐるぐる　ぐるぐる　とまはつて、えんばくおとしきかい　が　ぶうん　とうなり　を　たてて　まはつて　きました。（略）まさ一さん　の　お母さん、ねえさん、おてつだひ　のおぢさん、をばさん、にいさん、ねえさん、たち　は、せつせ　と　きかい　の　そば　で　たば　をとりついだり、みを　はこんだり、から　を　のけたり　してゐます。（略）今日　は　まさ一さんの　おうち　の　えんばくおとし　です。きんじよ　の　おうち　が　みんな　てつだいひ　に　きてゐます。この　きかい　は　その　おうち　の　人たち　が　みんな　おかね　を　出し　あつて　かつたものです。（略）「この　ごろ　の　えんばく　おとし　は　らく　に　なりましたわねえ。きかい　をつかふ　上　に　おたがひ　たすけ　あつて、一日　で　かたつけて　しまひます　から。」（略）

農繁期の作業に、近隣の親戚の人びとと協力して取り組んでいる様子が描写されている。その他の開拓作業に関する話にも、周囲の人びととともに作業することの必要性が強調されている。北海道には異なる府県から人びとが移住してくる。そのため、郷里が異なっても慣習や文化の壁を越えて協力し合う必要が生じる。「えんばくおとし」は、親戚同士に限定されてはいるが、そのような「共同的精神」を子どもたちに「早くから極力涵養」するための題材であると『編纂趣意書』には記述されている。[25]そして、使用している機械の性能が以前よりもよくなり仕事が楽になったことも描かれていた。

高坂久喜編尋常科四年用の郷土読本には、「村の勝ち」という読み物がある。[26]校長会編はそれに修正を加え、「二つの団体」というタイトルをつけて掲載している。[27]郷里が異なる二つの団体が移住した地域で対立する場面から始まる読み物である。小学校を設置せざるを得ず資金を出し合い設置したものの、対抗意識は変わらず反目し合う移住民の姿が描かれていた。校長会編は、しかし、そこに赴任した教員の人柄に人びとが触れるにつれ、一つにまとまっていくという展開に改変されている。文化や慣習の異なる人びとの対立を避けて地域は一つにまとまらなければならないという内容を読本に盛り込み、子どもたちがその必要性を認識することを求めたものといえる。実際に、移住団体同士の対立が各地で生じていたのであろう。ちなみに高坂編では、集団対抗の地域行事で青年が競い合い勝敗に一喜一憂しながらも、しかしその勝敗をめぐり団体同士が融和していくという結末を迎える内容になっている。校長会編で集団の対立構造を融和させたのは教員だった。地域に対立関係が生じた際の修復が教員に期待されていたとも読み取れよう。

一九三二年に発行された校長会編の郷土読本にある「移住民とバチラーさん」[28]は、キリスト教聖公会の宣教師だったジョン・バチェラーが、移住後まもない狭い家に住む家族の世話になり、三〇年後に再び訪れると、その家は「努力と忍耐の結果」「立派な家」になっていたという読み物である。『編纂趣意書』は、「堅忍不撓な移住民が遂に目的を達して生活の安定と心の満足を充たし得たといふ」「拓殖精神の陶冶にも有益な文章」である、とこの読み物を説明している。[29]同年発行の巻一一（第二版）には、「地を拓く礎」という読み物があり、[30]盛岡から移住した吉田清という女性から開墾の話を聞く、という構成になっている。熊を見たこと、隣家が一〇町離れて大変だったこと、髪を結う時間もなく「真っ黒になって開墾に従事」したこと、夜は「薄暗いランプ」の下で昼の疲れにもかかわらず針仕事をしたこと、「骨を削るような苦労をなめて」遂に成功することができたことが語られる。そして、そのような女性の力が今日の北海道を作り上げた礎であると結ばれている。移住民のなかには郷里と異なる北海道の気候に慣れず、とくに農業の開墾作業の厳しさから土地を離れ道内で流転を繰り返し郷里に戻る者も少なくなかった。成功するためには、忍耐強く不屈の精神で作業を続けることが必要であり、それを成し遂げてこそ成功に至ることを教え認識させる内容だったと思われる。この郷土読本が発行された一九三二年は、北海道が前年から続く大凶作に見舞われ、農業地においては欠食児童が続出するという困窮期であった。そのような環境にあっても、だからこそ「努力と忍耐」を求めた内容であったと思われるのである。

校長会編の低学年用に編さんされた郷土読本[31]には、次のような記述がある。

ボクハ　ホクカイダウノコドモダ　ダカラ　クマノヤウニツヨイ
ボクハ　ホクカイダウノコドモダ　ダカラ　ウマノヤウニスナホダ
ボクハ　ホクカイダウノコドモダ　ダカラ　ウシノヨウニ　シンバウヅヨイ

移住民の子どもたちは、「クマノヤウニ」力強く開拓作業を手伝い、その仕事を引き継ぎ、「ウマノヤウニスナホ」に教えにしたがって努力し、寂しくても辛くても「ウシノヨウニ」辛抱強くがんばることが求められた。このような北海道郷土読本において全体的に流れる子どもたちへのメッセージは、北海道の自然や親子関係のなかに「たのしさ」や「面白さ」を見いだして寂しがらず移住地に居続けること、そして開拓事業を引き継ぎ忍耐強く従事することが尊い、という内容である。すなわち、北海道の郷土愛、「愛郷心」とは、北海道という新たな郷土にとどまり、先人が築いてきた開拓事業を引き継いで忍耐強く開拓作業に従事することであったといえる。それが北海道の子どもたちに求められた、育成すべき「愛郷心」だったと思われる。

第3節　「許可移民」と学校

1　「第二期拓殖計画」下の「許可移民」

一九二七(昭和二)年から二〇年間は「第二期拓殖計画」の実施が見込まれており、それは「九億五七〇余万円」という予算で計画された。計画完了時には一五八万町歩の土地が開墾され、道内の総人口が六〇〇万人（自然増加も合わせて）になることが予定されていた。[32]「第二期拓殖計画」に盛り込まれた「許可移民」制度については、桑原真人の先行研究「北海道の許可移民制度について」[33]がある。「第二期拓殖計画」の最終的な目標は、「北海道が明治の開拓期以来の内国植民地的な位置づけから脱却し、さまざまな制度を含めて「内地」並みの社会に到達すること」だったと桑原は述べている。[34]「北海道第二期拓殖計画実施概要」によれば、移住を奨励する方法として、北海道内外に移住案内所や世話所の設置、「府県移民取扱人」の嘱託、移住成功者の派遣などが計画されていた。[35]「許可移民」制度は、自作農業を奨励するものであり、三五〇円の補助金が支給され、指定された土地が貸し付けられるというものであったが、そのためには次のような条件があった。[36]

（一）五年以上農業ノ経験アルモノ
（二）二十歳以上四十五歳以下ニシテ身体強壮ナルモノ
（三）品行方正ニシテ確実ナル身元保証人二名ヲ有スルモノ
（四）五百円以上ノ資産ヲ有スルモノ

それらの条件に加えて「許可移民」の申請に際しては、移住時に三〇〇円以上を「携行」するか、あるいは郷里から送金があることも条件だったから、[37]支給される補助金と同額か、またはそれ以上の資金を持つ者でなければ「許可移民」としての資格はなかった。「許可移民」になるためには、過酷な労働にも堪えられる「身体強壮」の働き盛りの年齢であることが条件とされている。そのような条件を満たす人びとは、学齢期に相当する子どもがいるか、あるいは近い将来、学齢期に達するであろう子どもがいたと推察される。従前の「補助移民」そしてこの時期の「許可移民」を募るために、「医業の乏しい」「新開部落には拓殖医師及拓殖産婆を配置して、その衛生施設を為すとともに既設小学校を建てること、遠く交通不便の地方には小学校の建設費及教育費を補助し」「永住良俗の気風を馴致させる」とされた。[38] 医療と初等教育機関の設置が、「永住良俗」を可能にすると認識されていた。一九二九年の「拓殖費教育補助規程」（北海道庁令第二一号）により、新移住地に特別教授場あるいは特別尋常小学校を設置する際には補助金が交付されることが定められた。そして一九三一年には、新移住地のそれらの教育機関で増築の必要が生じた際には、さらに補助金を交付する規程（北海道庁令第三号）が定められた。「許可移民」の応募者は、一九三〇年頃までは増加傾向にあった。しかし、それ以後は減少に転じ、一九三五年以後は著しく低下していったという。[39] 根釧原野の冷害や、満洲移民政策により満洲へ渡る人びとが増加したことが要因とされている。[40] 日中戦争以後は、政府の財政方針がもっぱら「軍需資材の生産、軍事上必要な事業の推進及び食料の増産に」向けられていった。[41]「許可移民」制度によって道内に移住した戸数は、最終的に当初の計画の約二五・六パーセントにすぎなかったという。[42] では、実際に「許可移民」として入地した釧路地方の移住民の子どもたちの実態はどうだったのか。

2 初等教育機関の設置維持

釧路地方で「許可移民」が多く移住したのは標茶《しべちゃ》村である。同地は一九二三（大正一二）年に北海道二級町村制が施行され、[43] 一九二七年以後、「許可移民」が移住する。一九三五年までに、村内の阿歴内《あれきない》に二六戸、久《く》著呂《ちょろ》に七一戸、虹別《にじべつ》に三三七戸が移住した。各地域に移住した人びとを出身県別にみると、福島県がもっとも多い。次いで宮城、岩手、高知、徳島、岐阜と続き東北の出身者が多く、東京およびその周辺から移住した関東大震災による罹災者もいた。[44]「許可移民」が移住する様子は、次のように記録されている。[45]

徒歩隊の姿――三十四、五の男が、三つ位の子供を背負い、恐らくはとし子であろう、おかみさんの背には、二ツ位の子が眠っている。父と母に絡まるようについて行くのは、七ツ位の女の子と、五ツ程の男の子、外套も着けていない、疲れ切った足の運びである。

「許可移民」となるためには、五〇〇〇円以上の資産があることが条件だった。しかし実際は、三〇〇円を所持する者も少なく、三〇円、一〇円を所持する家族が大半を占めており、なかには無一文の夫婦もいたという。「許可移民」として補助される渡道費や住宅建築費の支給を、逆に期待して応募した人びとが多かったのである。[46] 阿歴内には一九三〇年および一九三六年にそれぞれ一カ所、久著呂に一九二八年および一九三五年にそれぞれ一カ所、虹別には一九二九年に三カ所の初等教育機関が設置された。それらは、「許可移民」の移住時期に設置されている。一般の移住民が教育機関を設置するには五年以上の期間を要したのに比べれば、「小学校の建設費及教育費」が補助されたから、優遇された環境にあったといえる。設置された教育機関は、すべて特別教授場だった。学校の設置基準に準拠しなくてもよい特別教授場の設置に必要な費用は、尋常小学校に比べればはるかに安く、安上がりな補助であったといえる。そして教育内容も尋常小学校のそれに比べれば、〝簡易〟な内容だったから、子どもたちが開拓作業を親とともに行う、手伝うことを前提にした措置だったと思われる。設置された特別教授場の多くは、五年以上かけて特別尋常小学校になった。

では、教育費の負担状況はどうだったのだろうか。**表13**は、「許可移民」が移住する前と後の、標茶村の全歳出村費に教育費が占

表13　標茶村の村費に占める教育費の割合

年	教育費（%）
1922	64
1923	55
1929	53
1930	55
1932	69
1933	52
1934	62

『標茶町史』通史編第二巻および「支庁長事務引継書」（1929年）から作成。

めた割合である。「許可移民」が移住する前は、全村費中五〇から六〇パーセントを教育費が占めており、府県のそれに比べればかなり多い。「許可移民」の移住後も変わらず、五〇から六〇パーセントだったから、補助金が支給されたとはいえ、教育費の負担状況は変わらなかったのである。

第4節　標茶村阿歴内および虹別の実態

1　阿歴内

「許可移民」が移住した標茶村の阿歴内には、すでに宮城県と福島県の団体合わせて百数十戸が移住しており[47]、そこには阿歴内尋常小学校が設置されていた。「許可移民」が移住したのは同地の東地区であり、一九戸がすでに移住していた。それら移住民の子どもたちは、阿歴内尋常小学校に通うことになっていたが同地区から遠距離にあり、四キロメートルから六キロメートルの山道を越えて通学しなければならなかった[48]。一九戸では特別教授場を設置することができず、それまで低学年の子どもたちは、ほとんど学校に通うことができなかったと思われる。「許可移民」の入殖による補助金によって、その地域に特別教授場を設置することが可能になった。

一九二七（昭和二）年に「許可移民」の一〇戸が移住し、翌年に三戸、そして一九二九年に二戸が移住し、一九三〇年に阿歴内尋常小学校附属第二特別教授場が設置された。補助金二、七七五円と移住民による一〇〇円の寄付をもって、教室一室二〇坪、宿直室一〇坪、廊下などを合わせた五四・五坪の特別教授場が設置された。[49] 開校当初の児童は四四名だった。特別教授場の落成は八月だが開校は一〇月だった。「許可移民」がそれぞれの住居小屋を建てるまで、特別教授場が共棲場所だったからであろう。「許可移民」の移住によって、それまで通学が困難だった子どもたちは、教育機関に通うことができるようになった。しかし補助金交付があったといえども、移住民からの寄付金も必要だったことに留意したい。

特別教授場が設置されてから、毎年、移住民全員による校庭の地均しが行われ、井戸を設置し門柱やブランコ、鉄棒などが寄付され取りつけ作業が行われたことが記念誌に記録されている。[50] 一九三六年にこの特別教授場は特別尋常小学校になった。特別教授場設置後、最初に赴任した教員が「着任早々乳牛を取り入れた農業を奨め、自らも学校用地で乳牛を飼育し、経験のない農家に乳牛管理の方法を教えた」と『標茶町史』に記述されており、[51] 阿歴内では次に述べる虹別に比べて、早くから同地の地理的、自然的条件に適した畜産業が導入されていたことがわかる。子どもたちは、三、四学年になれば「学校で弟や妹の子守をし」、家に帰れば「作物の草取り」などの開拓作業を行う毎日で、[52] 栄養状態が良好ではなかった。教員が学校用地で乳牛を飼ったのは、子どもたちに栄養を補給するためであり、それだけ子どもたちの健康状態が悪かったことがわかる。

2　虹別

「許可移民」数がもっとも多かったのは虹別だった。「許可移民」が移住する以前は二〇戸前後の人びとが住んでいたようである。戸数が少なく、近隣の初等教育機関がかなり遠距離にあり、子どもたちが通うことができなかったため、同地は「義務教育免除地」に指定されていた。[53] アイヌの榛幸太郎を中心に同地に在住していたアイヌの人びとが特別教授場の設置運動を行い、[54] 一九二二（大正一一）年に鮭鱒ふ化場の一室を教室に代えることで設置が認められた。しかしその後、就学児童がいなくなったため特別教授場は一九二五年に廃校となった。[55] そして「許可移民」が移住し、再び特別教授場が設置されたのである。補助金によって木造平屋、屋根は柾葺き、教室一室二〇坪、約五三・五坪の特別教授場が三つ設置された。[56] 一九二九年に、標茶尋常高等小学校附属虹別第一、第二、第三特別教授場として開校した。

設置された三つの特別教授場の開校当初の児童数は、第一が七三名、第二が四九名、第三が七七名だった。三つの特別教授場は、移住民が居住する小屋を建てるまで阿歴内のように人びとの共棲場所でもあった。[57] 教科書、読本などをすぐに買うことができた者は一四、五名だったという。[58] 開校と同時に保護者会が組織されている。保護者らは、阿歴内同様に校地の地均しや実習地の開墾などの賦役を担い、物置を設置し教材費のための寄付金を出し、備品類を寄付したりした。[59] 第一特別教授場は一九三〇年に、第二および第三特別教授場は一九三五年に特別尋常小学校になった。教員は開校当初、准訓導が雇用されている。その後は代用教員だったり准訓導だったりしている。[60]

「許可移民」は年々移住してきた。一九三一年および翌年に道内は大凶作に見舞われた。この凶作で三六〇町歩の畑の収穫が皆無となり、それは道内耕地面積の二割に相当した。凶作による疲弊は東部ほど甚大で、標茶村内で被害がもっとも大きかったのが虹別だった。「生まれた嬰児の殆ど全部が栄養不良に罹り、死亡率の全部がこれに起因」したという。[61]「学校沿革誌」には、「昭和六年七年ニ渉リ凶作ニ会ヒ」「入地シタ人々モ転出ヲ希望ス」、「続々内地」や「樺太方面ニモ移セリ」とある。そして一九三三年の「学校沿革誌」には、「特ニ留意スベキ事項」として、「胃腸ヲ害スル児童多シ、空腹関係上多量ノ水ヲ飲ム、飲料水ニ注意ヲ要ス」と記述されている。[62] 一九三二年の第三特別教授場周辺にある戸数のうち七二戸が転出して七七戸となり、その後も転出は続き、一九三四年には五〇戸のみとなった。一九三二年に一〇九名だった第二特別教授場の児童数は、翌年には五二名になっている。虹別に残った人びとは、その後、「経営改善ヲ志シ主《おもに》畜農業ニ重点ヲ置」き、「其ノ成功ヲ見ルニ至」ったと「学校沿革誌」には記載されていた。[63] 第二および第三特別教授場が特別尋常小学校になったのは、主産業を畜産業に切り替え、それが軌道に乗ったことが背景にあったと思われる。

高坂久喜編の郷土読本には、虹別に向かい、そこで開墾作業に着手しようとする「許可移民」の読み物が掲載されている。[64] そこには、

（略）広い原野に、五町も六町も離れて、小さな家がぽつりと建ちました。学校から遠い処は一里半もあります。吹雪の日には、子供はどうして通ふでせうか。夜になると、吹雪が来ました。小さなお家の壁の隙間からは雪がぴゅうっと入って来ます。こうして雪が融ける頃まで、皆は我慢《がまん》をして暮らしました。毎日の様に大人も子供も外に出ては樹を伐りました。春が来て土が現れたら、笹を苅《か》り萩《はぎ》を掘り返して、畠を作るのです。移民達と別れる時に、一人のお爺さんに、「随分辛《ずいぶんつら》いことでせうな。」と、言ひましたら、「私は汗が好きなので、辛いとは思はない。汗程尊いものはないのだ。自分の為に流す汗、村の為に働いて出る汗、友達の仕事を助ける汗、国の為の汗。どれも皆尊いものだ。私は此の原野で汗を流して、北海道を立派にするのだ。」と、にっこり笑って語りました。

とある。桑原真人は、この読み物を取り上げ、「許可移民の多くが希望に燃えながら原野の開拓に挑むということを全体的に強調する文章となって」[65]いると指摘している。同地が大凶作によって窮状に陥ったからか、校長会編の郷土読本にはこの読み物が再掲されることはなかった。移住地にとどまり忍耐強く開拓作業を行う

「愛郷心」の育成は、大凶作という現実のなかにあった移住民や子どもたちにとっては、むしろ苛酷な教えとなったであろう。艱難辛苦の先に「生活の安定と心の満足を充たし得」るようになるのは、限られた人びとだったのである。

小括

一九二八（昭和三）年以後、北海道で展開された郷土教育は、開拓事業が天皇の「聖謨」であり、したがってそれに従事することが天皇の恩に報いることであることを強調し、それがいかに意義深いことであるかを子どもたちに教えた。それを前提にした「愛郷心」の育成が重視され、当時発行された『北海道小学郷土読本』をとおして指導された。北海道という新たな郷土にとどまり忍耐強く開拓作業に従事する、それが子どもたちに育成しようとした「愛郷心」だった。そして、艱難辛苦を乗り越え忍耐強く努力した先には、「生活の安定と心の満足を充たし得」るという成功が待っているはずだった。

当該時期、「第二期拓殖計画」で遂行された「許可移民」として道内に移住した人びとは、北海道東部に居住した。補助金によって子どもたちのための初等教育機関が設置できるという条件の下で、各地に特別教授場が早々に設置されていった。しかし、一九三二年前後の大凶作によって、「許可移民」の多くの子どもたちは栄養不良に陥り、生活苦により地域から転出者が続出する事態に至った。移住地にとどまり、忍耐強く開拓作業に従事するという「愛郷心」では、大凶作の生活苦を乗り越え克服することはできない現実があった。忍耐と努力の先にある「生活の安定と心の満足を充たし得」ることができたのは限られた人びとであり、「愛郷心」

によって得られる幸福な理想的生活と、現実の生活との間には、大きな隔たりがあったのである。

◉註

1 『新北海道史』第五巻通説四、北海道、一九七五年、一二〇頁。
2 桑原真人「北海道の許可移民制度について」『地域と経済』第三号、札幌大学経済学部附属地域経済研究所、二〇〇六年、一一・一二頁。
3 同前。
4 竹ヶ原幸朗『近代北海道史をとらえなおす――教育史・アイヌ史からの視座』竹ヶ原幸朗研究集成第二巻、社会評論社、二〇一〇年、三八頁。
5 伊藤純郎『郷土教育運動の研究』思文閣出版、一九九八年、三四八頁。
6 板橋孝幸『近代日本郷土教育実践史研究――農村小学校教員による地域社会づくり構想の展開』風間書房、二〇二〇年、六七頁。
7 『北海道教育史』全道編四、北海道教育委員会、一九六四年、五九四頁。
8 桑原前掲論文、一二頁。
9 桑原は、「許可移民」についての読み物を載せた郷土読本を小学校長会編のものとしているが、校長会編の郷土読本は一九三一年以後の発行のものであるため、それは日本教育出版社代表の高坂久喜編集によるものである。
10 前掲『北海道教育史』全道編四、五八三頁。
11 郷土読本の内容は、道内の開拓事業がある程度すすみ、しかし全国的な経済不況を背景にして編さんされたものである。校長会編さんの郷土読本は、当時、道庁長官だった佐上信一の意向により作成されたものであり、北海道という地に移住した意味を子どもたちに理解させるような内容になっており、その教育方針が色濃く反映されていると思われる。
12 たとえば、高坂編の一九三〇年発行尋常科三学年用にある「郵便配達人と犬」は、吹雪の中、散居（疎居）型農業地の各家々をまわる郵便配達人が途中で亡くなるという話であるが、校長会編の読本には採り上げられていない。
13 北海道小学校長会『北海道小学郷土読本編纂趣意書並ニ典拠、解説』日本教育出版社、一九三四年。

14 『教育関係会議事項集』北海道庁内務部教育兵事課、一九二四年、四頁。
15 前掲『北海道小学郷土読本編纂趣意書並ニ典拠、解説』、三頁。
16 北海道小学校長会『北海道小学郷土読本』巻三、一九三三年。
17 前掲『北海道小学郷土読本編纂趣意書並ニ典拠、解説』、一四頁。
18 高坂久喜『北海道小学郷土読本』尋常四年用、一九三〇年。
19 北海道小学校長会『北海道小学郷土読本』巻七、一九三一年。
20 北海道小学校長会『北海道小学郷土読本』巻七（第二版）、一九三二年。
21 北海道小学校長会『北海道小学郷土読本』巻七、一九三四年。
22 前掲『北海道小学郷土読本編纂趣意書並ニ典拠、解説』、二四頁。
23 同前。
24 前掲『北海道小学郷土読本』巻三所収。
25 前掲『北海道小学郷土読本編纂趣意書並ニ典拠、解説』、一四頁。
26 高坂前掲書。
27 北海道小学校長会『北海道小学郷土読本』巻八、一九三四年。
28 北海道小学校長会『北海道小学郷土読本』巻九（第二版）、一九三三年。
29 前掲『北海道小学郷土読本編纂趣意書並ニ典拠、解説』、二八頁。
30 北海道小学校長会『北海道小学郷土読本』巻一一（第二版）、一九三二年。
31 北海道小学校長会『北海道小学郷土読本』巻三、一九三一年。
32 「北海道第二期拓殖計画実施概要」北海道（年代不詳であるが一九二五～二六年に作成されたものと推察される）（標茶町図書館内標茶町史編さん室所蔵）。
33 桑原前掲論文。
34 同前、一一頁。
35 前掲「北海道第二期拓殖計画実施概要」。

36 「北海道第二次拓殖計画案」憲政会北海道支部、一九二七年（標茶町図書館内標茶町史編さん室所蔵）。
37 桑原前掲論文、一四頁。
38 同前。
39 同前、一四・一五頁。
40 同前。
41 前掲「北海道第二期拓殖計画実施概要」。
42 桑原前掲論文、一五頁。
43 『標茶町史』通史編第二巻、標茶町役場、二〇〇二年、一六頁。
44 同前、六八頁。
45 同前、一〇七頁。
46 『虹別五十年』虹別開拓五〇周年記念事業実行委員会、一九七九年、五五頁。
47 『雄飛』標茶町立阿歴内第二小学校閉校記念事業実行委員会（発行年不詳）、一五頁。
48 『標茶町教育史』標茶町、一九七九年、一二二頁。
49 前掲『雄飛』、一五頁。
50 同前、一六頁。
51 『標茶町史』通史編第三巻、標茶町役場、二〇〇二年、二一八頁。
52 同前、二六頁。
53 前掲『虹別五十年』、四六頁。
54 同前、四六頁。
55 同前、四七頁。
56 「昭和八年一月改訂　沿革史」中茶安別小学校（標茶町立中茶安別小学校所蔵）。
57 前掲『虹別五十年』、五六頁。
58 「学校沿革誌」および「昭和四年六月二十七日開校　学校沿革誌」（標茶町立虹別小学校所蔵）。

59 同前。
60 同前。
61 前掲『標茶町史』、一二九頁。
62 前掲「学校沿革誌」（標茶町立虹別小学校所蔵）。
63 同前。
64 高坂久喜『北海道小学郷土読本』尋常五年用、日本教育出版、一九三〇年。
65 桑原前掲論文、二二頁。

第Ⅲ部

戦時下および敗戦直後の北海道における移住民・引揚者にとっての学校（一九三〇年代～一九五〇年代）

第8章

一九三七年から一九四五年までの北海道の教育

「朝鮮人の子どもたちの協和学級」(1941年頃)
三笠市役所所蔵

はじめに

一九四一(昭和一六)年の「国民学校令」(勅令第一四八号)から、北海道は府県と〃同一〃の教育法令、規則にしたがった教育を実施することになった。北海道の初等教育機関もすべて国民学校という名称に統一された。「国民学校令」は、総力戦に対応する教育を求めると同時に、これまでの〃特別〃で〃簡易〃な教育をとりやめるという画期を北海道にもたらしたのである。しかし学校の名称がすべて府県と〃同一〃になったとはいえ、当時、不況期のなかにあった地域の学校がその施設設備や教育内容を充実させ、府県と〃同一〃の教育を実施したとは思われない。〃同一〃の教育法令、規則にしたがった教育を実施するために、近隣の特別教授場や分教場を統廃合して各学年単式の学級になった小学校もあったが、特別教授場や特別尋常小学校の施設設備、教育内容のまま、単級学校や複式学級を持つ学校は存在していた。本章では、この時期における北海道の、とくに農業および牧畜業の地域における小学校教育の実態を明らかにすることを課題としている。

戦時下においては、石炭増産運動が遂行され、道内炭鉱地の石炭増産と新たな炭山の発掘が求められた。坑夫の移住増加とともに児童数が増加し、炭鉱地域における小学校の学級数が急激に増加する。[1] 農業・牧畜業地域とともに、この時期の炭鉱地域における教育実態も明らかにする必要がある。石炭増産運動は新たな炭山労働者を必要とし、日本政府は一九三九年に朝鮮人労働力の導入を企図した。北海道では、鉱工業地や石炭鉱業地に中国人や他の外国人労働者が導入されたが、なかでも朝鮮人労働者が多かった。それらの人びとを定着させる施策として、労働者の家族も呼び寄せられた。そのため朝鮮人労働者とその子どもたちが、北海道に移住することになった。当時の朝鮮人労働者の子どもたちの教育実情を分析することは、今後も継続する必要があるが、本章ではその手がかりとして、断片的ではあるが収集した資料をもとに、とくに石炭鉱業地における朝鮮人労働者の子どもたちの教育状況に触れておきたい。

第1節 「国民学校令」と「国民学校令施行規則」

一九四一(昭和一六)年の「国民学校令」の施行に際して、北海道庁学務課の小林民治は、

今回の国民学校令は本道に対しても直接府県と同様適用せられるので、斯る特別の規程は不要となったので三月三十一日限り之を廃止したものである。そして此の特別教育規程に依つて設けられて居つた本道特有の特別教授場は、不取敢《とりあえず》之を国民学校の分教場と看做すことにしたのである。(略)特別教授場は之を国民学校の分教場として一応認められたるものであるけれども、道庁に於ても勿論国民学校の分教場とは斯る施設内容を以て足れりと考へて居るものではないのであり、全く已むを得ない措置として認めたのであるから町村当局に於ては鋭意内容の改善を図られ、一日も早く名実共に国民学校たらしむべく否更に進んで独立の国民学校たらしむべく万全の労力払つて戴き度いと思ふものである。

と、述べた。[2] **表14**は、当時の尋常小学校、尋常高等小学校、分教場の数の変遷をまとめたものである。「国民学校令」が本道にも「府県と同様適用せられるので、斯る特別の規程は不要となった」と宣言し、特別尋常小

表14　学校数の変遷（1937年度〜1945年度）

	尋常小学校（国民学校）	尋常高等小学校（国民学校）	分教場
1937（昭和12）	1,122（173）	708	75
1938（昭和13）	1,120（163）	722	73
1939（昭和14）	1,113（132）	746	72
1940（昭和15）	1,090（114）	788	71
1941（昭和16）	1,059	855	160
1942（昭和17）	1,019	920	141
1943（昭和18）	942	1,001	129
1944（昭和19）	942	995	129
1945（昭和20）	821	1,126	116

（　）は特別教授場数
『北海道教育史』総括編（1970年）から作成。

学校もすべて国民学校と改称された。道庁の統計書によれば、国民学校と改称した特別尋常小学校も、数字上、他（特別ではない尋常小学校や尋常高等小学校）の国民学校と同種の国民学校として処理されている。しかし、特別尋常小学校だった学校が名称を同じくしたとはいえ、他の国民学校と施設設備や教育内容を〝同一〟にしたとは思われず、依然として〝設備、教育内容では簡易〟な学校だったと思われる。また表から、一九四一年以後、分教場の数が増加していることがわかり、特別教授場を「已むを得ない措置として」国民学校の分教場にした、あるいは本校か近隣の国民学校に統廃合したことがわかる。しかし全国的に不況期にあったこの時期に、設備を充実させる財政的余裕があったとは考えられず、分教場も名称のみで、施設設備や教育内容は特別教授場のように〝簡易〟なものだったと思われる。

「国民学校令」第四条には、教科を国民科、理数科、体錬科及芸能科に統合することが規定されている。そして「国民学校令施行規則」（文部省令第四号）第三〇条および三一条には、

第三十条　国民学校ニ於テ数学年ノ児童ヲ一学級ニ編制スルトキハ各学年ノ程度ニ拘ラズ全部又ハ一部ノ児童ヲ同一ノ程度ニ依リ授業スルコトヲ得

第三十一条　各教科及科目ノ毎週授業時数外ニ於テ毎週凡ソ三時ヲ限リ行事、団体訓練等ニ充ツルコトヲ得、実業科農業ヲ課セザル場合ハ前項ノ外毎週適当ナル時数ヲ農耕的戸外作業ニ充ツベシ

と明記された。「数学年ノ児童ヲ一学級ニ編制スルトキハ」「各学年ノ程度ニ拘ラズ全部又ハ一部ノ児童ヲ同一ノ程度ニ依リ授業スルコト」ができ、「授業時数外ニ於テ毎週凡ソ三時ヲ限リ行事、団体訓練等ニ充ツルコト」とある。それらの条文を受け、道内の教員、とくに単級学校の教員はこれまで実施してきた教育方法と授業内容が、「国民学校令」に示された合科・総合的な授業方法と一致するものであった、と受けとめたのである。教科を統合するという新たなカリキュラムが、単級学校において三つの学年を一つの学級で一人の教員が教えていたこれまでの教育に繋がるものであると受けとめた教員もいた。そのため、「国民学校令施行規則」の第三〇条と第三一条が単級学校教員の「教育に対する熱意を高め」た、と『北海道教育史』に記述されている。[3]小学校全体の約四〇パーセントを単級学校が占め、さらに複式学級の学校を含めれば全体の約六六パーセントを単級複式学校が占めた北海道においては、これまで学年の異なる子どもたちを「同一ノ程度ニ依リ授業」せざるを得なかった学校が多々あった。そして、実業を尋常科理科の時間に男子に課していた北海道では、「国民学校令」の教育方針、教育内容は北海道でこれまで実施してきた教育と一致するものであり、むしろ北海道が先行して実践してきた教育であるとも受けとめたのである。

第2節　農業・牧畜業地域における教育の実態（1）

1　単級学校へのまなざし

北海道庁が後援した「国民学校経営の研究」が、四つの師範学校（札幌、函館、旭川、岩見沢）とそれらの附属国民学校とですすめられ、一九四二（昭和一七）年にその成果が刊行されている。[4] 当時の道庁長官だった佐上信一は道内学校の半数以上を占める単級複式の小学校教育に関心を寄せ、それが「拓殖の第一線に活動する人物を養成するに必要欠くべからざる機関」であるから、附属国民学校はその内容、方法に貢献するべきであると述べた。そのため師範学校は、それまであった附属小学校に加えて、農村や漁村に設置されていた一ないし二の小学校を代用附属国民学校に指定し、教育実践研究に取り組むことになった。[5] 単級学校経営のあり方は、『単級複式国民学校経営の基調』というタイトルで刊行された。[6] 当時、北海道では国民学校全体の約四〇パーセントを単級学校が占めていたから、単級学校の教育を「国民学校令」に合致した的確なものとするためには、いかに教育を実践すべきかが課題とされた。『単級複式国民学校経営の基調』には、これまで「教育者も社会人も単級の教育実践に対しては価値なき特殊地帯と見、教育は間に合わせ的な低級な存在といふ見解を抱いていた」[7] とし、しかし「地理的、経済的事情に組織された単級学校形態こそ真実なる人間育成の場として相応しい要素が存立してゐる」[8] と記述されている。単級学校が「皇国民育成の場としての妙所を発揮」するとすれば、それは「共同性」であると強調された。特別教授場や特別尋常小学校のほとんどが単級学校であり、それらと

表15 単級国民学校の時間割

	月	火	水	木	金	土
1限	全 修身	1,2,3 算数	1,2,3 読方	1,2,3 算数	全 読方	1,2 読方
		4,5,6 読方	4,5,6 算数	4,5,6 読方		3,4,5,6 修身
2限	全 体操	1,2,3 読方	1,2,3 算数	1,2,3 読方	全 算数	1,2 読方
		4,5,6 綴方	4,5,6 読方	4,5,6 算数		3,4,5,6 算数
3限	1,2,3 読方	全 音楽	全 図画	1,2,3 綴方	全 音楽	全 体操
	4,5,6 算数			4,5,6 習字		
4限	1,2,3 習字	全 体操	全 工作	1,2,3 体操	1,2,3 理科	4 読方
	4,5,6 読方			4,5,6 武道	4,5,6 綴方	5,6 地理
5限	1,2,3 綴方	4 郷土	3,4 体操	4,5,6 理科	2,3 読方	
	4,5,6 図画 裁縫	5,6 地理	5,6 武道		4,5,6 工作 裁縫	
6限	5,6 国史		5,6 国史	4,5,6 理科	3,4 体操	
					5,6 武道	

「全 修身」は全学年が修身、「1,2,3 読方」は1,2,3学年が読方の授業時間であることを表している。
函館師範学校附属亀田国民学校単級複式教育研究部『単級複式国民学校経営の基調』から作成。

他の小学校の間には教育環境や内容に格差があり、一学年から六学年までを一人の教師が教える形態が「低級な」学校と見なされる傾向にあったことが同書の記録であらためて確認できる。しかし「国民学校令」の趣旨からすれば「共同性」が重要であり、それを身につけさせることにもっとも貢献できるのが単級学校であると認識されたのである。実際、「一つの教室に兄弟姉妹、従姉妹同志が居る」単級学校は、「長幼の序、心情を根基として」「共同性の訓育を経営の第一条件に置」くことが相応しいと考えられたのである。前章で検討した郷土読本には子どもたちに養成するべきものとして「共同性」の重要性が記述されていたが、「国民学校令」施行後は皇国民錬成と結びつけられ、国家のために「共同する」ことが強調されていった。[9] 皇国民を育成するためには、勤労作業をとおして、すなわち開拓作業という錬成を行うことが必要であり、その内容、方法がとくに重要であるとされた。

表15は、単級国民学校の時間割の例である。そこ

で授業を実施する際には、各学年の子どもたちを組み合わせて学習させる方法が採られていた。学年の組合せは「近接学年組合せ方式」を規準にするべきであると、『単級複式国民学校経営の基調』に記述されている。学習形態として「共同労作」を提案し、四段階学習方式を奨励している。その方法は、「独自学習」「相互学習」「補導学習」「発展学習」の四つの学習方法であり、それらの「有機的連絡を工夫する」ものであるという。「独自学習」とは教師が一定の学習順序を定め、「児童の力で解決すべき点は解決」する学習形態で、「相互学習」とは「優中遅進児を入れた集団で相互に学習すること」であり、「補導学習」とは「独自、相互の学習」で「未解決の点を教師に質問し」教師が指導する学習である。そして「発展学習」は、教師が問題を出して児童に解答させる学習であると説明されている。[10] 一学年、二学年、あるいは一学年、二学年、三学年を同時に教える場合の教科教材の組合せ方も提示されていた。[11] これまで単級複式学校の指導方法ついては、学年の組合せ方法や、時間割の組み方などが稀に教育会雑誌『北海道教育』に掲載されていたが、学習方法や複数学年の教材の組合せなどの具体的な教育方法に紙幅が多く割かれることはなかった。そのため、そのような具体的指導方法の提示は、単級学校教員の職能を前進させるものだったといえるだろう。四段階学習方式は、子どもたちの主体性を伸ばし、協働の学び合いによって学力を向上させた側面があったと推察される。その方法は、新教育運動のなかで実践された子どもの自由や個性を重視した教育方法の延長線上にあり、今日においての協働学習のスタイルも実施されていたと思われる。しかし『単級複式国民学校経営の基調』には、「子供に子供自身で立つ力を拓いて歩ませる教育こそ能率の高い価値的な教育である」と記述されており、そのような方法は一人の教師がすべての学年を教えなければならないという状況を効率的に行うという点に重きがおかれていたといえる。そして何よりもその主体性育成の目的は「全我を労作にたたきこんでいく」錬成そのものに向けられたものであり、主体性、「共同性」の行先は皇国民の育成にあったのである。[12]

2　単級学校の実態

単級学校経営について、当時、指導的立場にあったのが中戸川勇である。中戸川は虻田《あぶた》郡洞爺《とうや》村の単級学校、大原尋常小学校校長時代の経験をもとに、その経営方法の持論を雑誌などで展開しており、『単級複式国民学校経営の基調』を編集した人物でもあった。[13] 当時の大原尋常小学校の児童数は残念ながら明らかにすることはできなかったが、一九一〇年の段階で七〇人から八〇人いたことから、比較的児童数の多い単級学校だったと推察される。[14] 同校は一九三一年に総坪数六〇坪、工費三、〇〇〇円をもって新築され、「管内稀にみる立派なもの」と言われたという。[15] 校地内に実習地を二つ持ち、一学年から六学年の児童に蔬菜類を栽培させた。さらに家庭でも実習地を持たせて学校での作業を家庭に延長し、収益を得させていた。中戸川は小学校の勤労作業、労作教育を地域に拡大し、自らを全村指導者と位置づけながら「部落教化」体制をつくっていった。[16] 学校の作業演習をとおして「兄弟姉妹」「従姉妹同士」が学んだ内容を家庭に延長し、地域産業の進展へと拡大することを意図していた。中戸川はそれを「家族的な社会化」と表現し、地域の教化策とした。大原国民学校を参観した教員は、校内の「至る所に小黒板があり、教具が、教室といはず廊下といはず」あった、と発言している。子どもたちがどこでも自主的に学習できる環境を作っており、それは、同校に教材教具が豊富にあったことを示している。[17] 大原国民学校を中心に地域の教化体制へとつなげた中戸川の実践は、佐上信一の〝理想〟を具体化した単級学校の姿だったといえよう。学校には実習地があり、さらに教材教具が豊富にあって、各家庭にも実習地を持たせることができるという環境は、洞爺村がそのような環境を準備できるだけの財政的基盤を持っていたからであったと思われる。

しかし当時、他の単級学校が大原国民学校と同様に実践することができたわけではなかった。たとえば、ある単級学校の校長は教育会雑誌『北海道教育』に、次のような手記を寄せている。[18]

児童数が二十名未満の学級になると全く昔の寺小屋式の筆法で行くより方法はなく、団体的訓練など殆ど其の施し様がない。（略）財政の豊かでない町村や、役場から八、九里もある学校などでは仲々容易なことではない。（略）家庭訪問と言つても全部落で僅かに二十戸内外ではあるが其の距離が大へんである。彼方に一軒此方に二軒、甚だしきは僅か一軒を訪問するのに渡船に乗じ、或は又、一歩ふみはづすと数十尺といふ崖の細道を通らなければならないことである。（略）十科目にあまる数科目を而も尋一から尋六までを、単式学級や複式学級のそれと同等にすることは、単級小学校の訓導兼校長としては、実に並々ならぬ努力を要しても出来難いことは当然である。渡船によつて通学する児童は現在四戸で四名である。（尋一、三、五、女各一名、尋四男一名）而も、二戸は学校より相当の距離（部落はづれ）にあるが、他の二戸は川をへだてゝ学校の裏手に当つてゐる。夏季減水の際は徒歩にて川を渡つて通学することが出来るので非常に好都合ではあるが、一朝出水となると渡船も利かず交通が途絶する状態である。十一月末から十二月にかけては、川岸から結水しかけるので渡船が困難となり、四月になつてからはこれとは反対に、流水と出水のために渡船が危険となるので、右の四名はどうしても欠席が多くなる。（略）汽船も見たことのない児童に対して、絵画や写真に依つて軍艦の説明をして、児童に其の実感を起させるには、並大抵ならぬ工夫と方法が必要なことである。

単級学校の教育が時勢に乗った教育だと認識されたとしても、実際、一学年から六学年まですべての子どもを一人の教師が教えることは難しい。大原国民学校のように児童数が多く地域財政がある程度確立されている地域の単級学校ならば、〝理想〟的な単級学校教育を実施することができたのかもしれない。しかし、児童数が僅かであり、手記にあるような地理的環境、条件にある学校では、政府が奨励する団体訓練を行うことや、戦時下にふさわしい知識、すなわち軍艦や戦闘機などを理解させることさえ困難だったのである。戦時下の〝理想〟的な教育を実践するには、各単級学校がおかれていた環境や条件に格差があり、戦時下の〝理想〟とする単級学校の教育と現実は、大きく乖離していたといえよう。

第3節　農業・牧畜業地域における教育の実態（2）

一九三八（昭和一三）年、北海道庁は各支庁管轄内に一校の勤労教育研究指定小学校を設定した。さらに、支庁管轄内の各市町村に同様の指定校を一校、選定させた。[19]勤労教育研究指定小学校を設けた理由は、

児童心身ノ発達ニ適応セル勤労作業ノ修練ニ努メ強固ナル意志ヲ錬成シ勤労愛好ノ精神ヲ作興シ、協同相互、奉公奉仕ノ精神ヲ涵養シ創造発見ノ能力ヲ啓培スルト共ニ開拓精神ノ昂揚ニ努メ、以テ道民トシテ堅実有為ナル実践ノ人タル基礎ヲ陶冶シ、兼テ労作ニヨリ得タル収益ハ主トシテ之ヲ学校給食ノ用ニ供シ栄養改善ノ一端ニ資セシメントスルニアリ、

と、その実施要綱に記されている。[20]「勤労作業ノ修練」によって「強固ナル意志ヲ錬成シ」「開拓精神ノ昂揚ニ

努メ」るとあり、勤労作業を錬成とみなし「開拓精神ノ昂揚」に結びつけている。すなわち錬成によって形成される具体的な子ども像が、開拓精神に満ちた、勤労作業を実践する子どもであるとされたのである。そして、そのような作業によって得た収益を学校給食に用いるとしている。なぜ学校給食に供するのか、それは次の沙《さ》流《る》郡門別村豊郷国民学校の実態をみることで理解することができる。

豊郷国民学校は、一九一二（明治四五）年まで単級の尋常小学校だったが、一九一三（大正二）年から二学級に、一九一九年からは三学級、一九二五年には四学級、翌年には高等科を設置し、一九四二年には五学級編制となった。児童数は一九三七年で一六七人、一九四一年で二三二人、一九四四年で二四二人となった。[21] 一九三八年に日高支庁は同校を勤労教育指定校に選定する。同校は指定校に選定される前年に、

> 教育環境ヲツクランモノト思慮熟考ノ結果、本校教育ノ重点ヲ勤労精神ニ置クコトヲ決定シ、此ノ精神錬成ノ為ニアラユル教授訓練養護ヲ一点ニ結果セシムル様方案ヲ樹立シ、従来ノ施設を変更スル事等ノ案デナシニ、之ヲ更ニ発展セシムルコトニシタリ、

との学校方針を決定していた。[22] 訓練内容は「団体的に」「水稲試験地ノ経営」「産業気象観測所経営」「花園」「農園」「牧草地等ノ一般施設」「果樹園経営」を掲げている。勤労教育指定校になったため、そのための補助金を得て「動物ヲ入ル、コトニ依リ各施設ヲヨリ有意的ニナサンガ為、牛舎ヲ建築シ乳牛ノ飼育ヲ」行った。[23] 門別村の主産業は農業であったが、道内最初に民間で馬産を行い、馬、牛の牧畜業が盛んな地でもあった。牛舎建築費として一、二〇〇円が町村から小学校に「無償払下ゲニ」なり、「町村ト部落有志ノ寄附金」も得て乳牛を購入した。乳牛を飼養する目的は、

1 北方農業ノ独自性ヨリ考慮シ
2 児童中ニ結核性疾患ニ依ル虚弱児多キタメ之ガ栄養補給ニヨリ救済センガ為メ[24]
3 農村小学校ノ施設経営ヲシテ有機的ニセンガ為
4 職員、児童ヲシテ筋肉労働、即汗スル処ニヨリ錬成ヲナサンガ為メ

とある。[25]さらにこれまでの「児童勤労費ニヨリ」「牡牛一頭ヲ購入シ肉牛トシテ飼育シ国策ニ応ジ」たとしている。一〇月から「児童ニ牛乳ヲ飲用セシメタリ、其ノ喜ビ一方ナラズ」と沿革誌には記されていた。[26]搾乳した牛乳を販売したり飼養した牛を売却したりして「児童勤労費」も得ながら、さらに羊、兎を飼育した。一九四一年には、「飼料ノ自給自足化及ビ職員勤労等ニヨリ殆ド自給自足ノ基礎」を確立するに至ったという。[27]

一九三一年以後の大凶作の状況は前章でも記したが、一九三五年以後には冷害による凶作が続き、子どもたちの栄養不良を招いて欠食児童が増加していた。道庁は、一九三二年に給食が必要な児童のために食費を交付することを決めたが十分ではなく、その後に続く凶作が追い打ちをかけた。[28]道庁が企図した「勤労教育研究指定校」は、一九三八年に展開されるが、当時の「集団的勤労作業運動」を背景に、勤労作業をとおした錬成もすすめる一方で、子どもたちの栄養不良の状況を克服する方法も念頭におきながら実施されたと思われる。少なくとも、栄養不良の子どもたちを前にした教員は、そのような状況を克服することが課題だったと思われるのである。「勤労教育」を前提にしつつも、各学校で「自給自足」での食料確保に努めなければならないほど、子どもたちは深刻な状況にあったのだろう。学校給食は、一九四〇年に道費と市町村費から支出して小学校に義務づけられるが（北海道庁訓令第四三号「学校給食奨励規程」）、当時の食糧事情やとくに散居（疎居）型の農業地域の構造から調理を行う施設の設置や運搬が困難なため、給食が実施できたのはおもに都市部の限定された学

校だった。学校給食を実施することはできないが、道庁が各地に勤労教育指定校を設けたことによって「勤労教育」を前提にしつつ、それを子どもたちの栄養補給に結びつけた農業地域の学校が多々あったのである。子どもたちの栄養不良という問題を、全国的教育方針の下で地域の学校がそれを活用し、解決しようとしていたと思われる。

同じ門別村にあった富川国民学校は、創立が一八七三年であり、村内ではもっとも古くからあった学校だった。一九三六年の段階で学級数が八、児童数は三七七人だった。同校附属の川西分教場は、尋常科のみで三学級、児童数は一六一人だった。[29] 分教場は一九三八年に閉校となり、翌年、本校の学級数は一三学級となり、児童数は五六六人となった。川西分教場に通っていた子どもたち全員が本校に通うことになったことがわかる。[30]

富川国民学校は、一九四五年七月一八日から「学徒隊小隊学習」を実施する。学区が広域のため空襲下における子どもたちの通学に憂慮し、小隊すなわち地域ごとに「神社・寺院・集会所などを仮設教場とし、いわゆる寺子屋式教育を実施した」[31]と記録されている。分教場を廃止したが再びその地区で、さらに別の地区でも学習できる体制を復活させたことになる。「小隊」では、「高学年児童によって朝会」が行われ、教師は本校で朝の職員会議を行った後に各「小隊」の教場に赴く。したがって各教場では複式の、あるいは単級での授業が行われていたことが想像される。そして教員は、子どもたちが下校した後に本校に戻り職員会議で報告し合ったという。[32]

道内の小学校は「国民学校令」の施行によって、特別尋常小学校も国民学校になり特別教授場は国民学校の分教場になるか、本校に統廃合された。「国民学校令」「国民学校令施行規則」にしたがった学校教育を実施するとなれば財政上、統廃合を選択した地域も多々あったであろう。一九四五年七月の「戦時教育令に基く国民学校に関する件」により、激化する空襲下においては学校で実施していた授業を、使用されていなかった「分教所」や神社、寺院、公会堂、個人宅などでも実施できることになった。『北海道新聞』はその通知を「『寺小屋』でもよい」という見出しで報道した。[33] 空襲が激化する事態にいたっては、統廃合によって遠距離通学となった状況が非常事態に対応できないと認識され、以前の分教場や特別教授場が設置されていた場所などで授業を実施したほうが安全であると認識されたことになる。とくに北海道の農業地の地域構造を考慮すれば、遠距離通学の子どもたちの安全を確保するためには、かつての特別教授場が存在した場所で、そこで実施された〝簡易〟な教育方法で、子どもたちの教育が再び行われることになったのである。

一九四五年七月、伊達町の本町市街地に「数機」による機銃掃射があった。[34] そのため、本校と寺、駅前の倉庫などに子どもたちを分散させた「分散授業」が実施されている。[35] また石狩支庁管内では、国民学校を「分教場単位に編成替へ」した「教育の疎開」を同年八月一五日から実施する予定であることが、『北海道新聞』で報道されている。実現には至らなかったが、「一年から六年までが単級複式の形態をとつて」上級生が下級生を指導する授業が予定されていた。[36] 子どもの遠距離通学が克服されないまま「名実共に国民学校たらしむる」ために執られた措置は、戦時下の非常事態に対応できず、〝簡易〟な設備の下で、〝簡易〟な内容の教育が再び実施されることになったのである。

第4節 石炭鉱業地域における教育の実態

1 炭山・鉱山地域の錬成

北海道の鉱産額の中でもっとも大きな比重を占めた石炭生産は、軍需拡充とともに増産政策がすすめられ、一九四四（昭和一九）年段階で全国の約二九・二パーセントを占めた。[37] 炭山の労働者数は一九三一年で約二〇、〇〇〇人、一九三七年で約三〇、〇〇〇人、一九四〇年で約五七、〇〇〇人、一九四二年で約八三、〇〇〇人、一九四四年で約九〇、〇〇〇人と増加していった。[38] 労働者の急激な増加は、子どもの増加、学校数および学級数の増加につながっていく。三井鉱山株式会社と三菱石炭鉱業株式会社は一九二八年以後、空知郡美唄町の石炭鉱業に参入する。以後、同町の人口は急激に増加した。人口は一九三一年で三二、四九八人、一九三七年には三九、七〇六人に、一九四一年には五七、一九〇人になった。[39] 三井美唄鉱業所の操業に伴い、一九三〇年に公立の三井美唄小学校が創立されている。一九三六年には高等科が設置された。一九三一年の段階では児童数二四二人、学級数四であったが、一九三八年には児童数一、一六四人、学級数一五、一九四五年には児童数二、一五四人、学級数二〇となった。[40] 沼東《しょうとう》尋常高等小学校の旭台分教場は、三菱美唄炭鉱の操業とともに児童数が増加し、一九三七年には尋常小学校として独立する。[41] また、三菱系列の日東美唄炭鉱株式会社が一九三七年に操業し、それに伴って二年後には日東美唄尋常小学校が創設された。[42] 各財閥企業は、学校設立や増設に資金を提供することによって、坑夫の定着や増員を確保しようとした。

三井鉱山株式会社は、一九一五（大正四）年に空知郡上砂川町の石炭採掘に着手する。運炭専用鉄道を開通させ、周辺炭鉱を買収し、新たな鉱区を発掘しながらその規模を拡大していった[43]。上砂川尋常小学校は一九一八年の段階で四学級の複式学級だったが、翌年には六学級の各学年単級になり、一九二〇年には高等科を設置した。一九二四年には二一学級、一九三七年には三二学級、一九四三年には四七学級となった[44]。一九三一年には「教育ニ関スル勅語ノ趣旨ヲ奉体シ」、教材の研究、独自の方法、創意ある活動の研究が教員に「和衷協力ヲ」もって求められた。一九三八年には「日本精神の発揚」「皇室中心主義」が掲げられ、小学校教育者としての自覚が求められている。一九四二年には「皇国ノ無窮ノ発展ニ献身的ニ努力スル」「皇国民ノ基礎的錬成ニ期ス」ことになり、「時局教育ノ徹底ニ期スルト共ニ教材ノ生活化郷土化ニ努メ具体的実際的ナサシム」ことが方針として掲げられた[45]。

同校の「教材ノ生活化郷土化」とは、生活すなわち生業としての地域産業と教科を結びつけることであり、教材を炭鉱地での作業に結びつけることを意味していた。家族は炭鉱関係の仕事に就いており、生活そのものが炭鉱にかかわっていた。そして「炭山の学校」の「卒業生は山に直結」するとし、卒業後は坑夫になるか鉱山会社に勤める（開拓事業を引き継ぐ）という考えから、「現場見学」や炭鉱に関わる作業がカリキュラムに導入された[46]。学校から離れた農村へ赴いて奉仕作業も行ってはいたが、坑夫への激励や慰問とともに炭鉱に関する作業がカリキュラムに取り入れられたところが、北海道炭鉱地域の戦時下教育の特徴であろう。日中戦争後、出炭量の増加が強要され、「我等戦いの中にあり」「炭山は戦線に通ず」といったスローガンのもとで出炭増進に拍車がかけられ、坑夫は「鉱兵」と呼ばれるようになった[47]。一九四二年に「石炭確保挺身隊」（後に勤労報国隊となる）が組織され、北海道内外から人びとが炭鉱地に移動、移住した。それら移住民を歓迎するために、国民学校の子どもたちが集められ、隊員の手荷物を「夏はリヤカー、冬はそりなど」で運んだ。また「坑口慰問」に訪れ、作文を読んだ。慰問文は、おもに戦地の兵士へ送る作文として学校で指導されたが、炭鉱地域の子どもたちは戦地の兵士とともに「鉱兵」にも慰問文を書き、坑口でそれを読み激励した。また「坑口慰問」には、高等科女子生徒が頻繁に引率され、坑夫の入坑時に「歌を合唱したり、お茶の接待を」したりしたという。[48] 一九四四年からは、高等科の子どもたちが炭鉱会社内の選炭や貨車への石炭積み作業などに動員されている。[49]

北海道の炭鉱地は戦時における動力エネルギー源の供給地として三井、三菱、住友などの財閥が石炭採掘に乗り込み、それとともに坑夫が集まり子どもたちが増加した。財閥からの寄付金や人口増加により、学校は施設設備など、条件の整った国民学校となっていった。しかし、教育条件が整えられていたとしても、炭鉱地においては爆発事故が頻繁に発生しており、その度に子どもたちの父親や兄、親戚の者が亡くなっていたことに留意しておくべきであろう。炭鉱地域で学校と炭山が直結するような関係が作られ、炭鉱事業に関連した作業や慰問活動が子どもたちに強いられた。炭鉱地では炭鉱に関連する作業によって「強固ナル意志ヲ錬成シ」「開拓精神ノ昂揚ニ努メ」、将来、石炭鉱業という開拓作業を引き継ぐ教育が行われていた。

2 朝鮮人労働者の子どもたちの教育

日中戦争開始直前に、政府は石炭鉱業連合会に一九四一年までの増産計画について諮問している。連合会は、約二、〇〇〇万トンの採掘を見込んでおり、その三分の一を現存坑内の拡充によって実現し、三分の二を新坑の開発に求めると答えた。現存の坑内に求められた採掘拡充率は九州と北海道でほぼ同じであるが、新坑開発への期待の度合いは九州が三・八倍、北海道が七・二倍であり、北海道に大きな期待が寄せられていた。[50] 政府は日本の労働力の不足を見込み、一九三九年に朝鮮人労働力の導入を企図した。一九四〇年には日本全体で九

七、三〇〇人、そのうち北海道に一八、五四六人、一九四一年には一〇〇、〇〇〇人、そのうち一五、九〇〇人の朝鮮人労働者が北海道に動員され、その後も、動員計画はすすめられていった。おもに石炭山、金属山、土木建築業にその労働力が投入された。[51]

労働者を定着させ、契約期間を延長するための手段として、朝鮮人労働者の「家族の呼びよせ」が実施された。北海道は、労働者の呼びよせ家族の比重が高かったことが、『北海道と朝鮮人労働者』に記されている。[52]かつて、北海道庁設置後の開拓事業実施当初、道庁は人びとの移住を推進する際に家族とともに移住することを奨励した。それは、子どもや家族とともに移住したほうが移住民は家族のために忍耐強く作業を行い、定着すると考えられたからである。朝鮮人労働者の家族を呼びよせる施策は、それと重なる。朝鮮人労働者が呼びよせた家族の中には子どももいる。子どもたちのなかには、地元の学校に通った者もいた。朝鮮人労働者の子どもたちがどのような環境にあったのか、とくに地元の学校に通った子どもたちの実態について具体的に明らかにした研究はない。ここでは、地元の学校に通った朝鮮人労働者の子どもたちの実情について、不十分ではあるが残された断片的な資料から探ってみたい。

札幌郡手稲村に設立されていた星置《ほしおき》国民学校は、三菱石炭鉱業株式会社が手稲鉱山の開発に着手したことにより、創設当初の特別教授場が「児童ヲ収容スルニ困難ナル状態」になったため、「村理事者手稲鉱山関係者ト相謀リ」一九三七年に尋常小学校となり、[53]二年後には高等科が設置されるという経緯をもつ。「本校通学児童ノ区域ハ三菱石炭鉱業株式会社手稲鉱山ノ区域ヲモッテ」定めるとあるため、同校はほぼ鉱山関係者の子どもたちのみが通った小学校だったと思われる。学級数は設立時に六学級、一九四〇年に一四学級、一九四五年には二二学級に増加している。同校の「学校沿革誌」には、一九四〇年九月一日に「朝鮮人子弟入学尋一、二、三、三十三名」と記録されている。[54]朝鮮人の子どもたちを一から三学年の各学級に配置したのか、それとも朝鮮人の子どもたちだけの学級を編制したのかは明記されていない。その後も朝鮮人の子どもたちが入学したと思われるが、「学校沿革誌」には記述されていない。一九四五年の一二月に、「朝鮮人帰国ニヨリ」児童数が減ったため学級数を一九にした、と「学校沿革誌」に記述されていた。

一九三五年、空知郡三笠町に三笠山中央尋常高等小学校が設立された。北海道炭礦鉄道会社と住友金属鉱山株式会社が手がける三つの炭鉱地に、学齢児童が増加したため設立された。設立当初は二九学級だったが、一九四一年には五五学級、一九四四年には五八学級になった。[55] 一九四〇年、同校の学区内にある新幌内炭鉱地では朝鮮人労働者を家族とともに三〇余戸移住させた。そして一九四四年までに三〇〇戸に近い朝鮮人の家族が移住している。[56] 学校に入学した朝鮮人の子どもたちが何人いたのか、具体的な数値は確認できない。しかし「ことばの問題」が大きく、一九四一年に一、二学年複式の「朝鮮人子弟五四名に特設学級」が設置されている。[57]「協和学級」という名称のこの学級は、新幌内にあった分教場に設置され、子どもたちは三学年から一般学級に編入したとある。二年間かけて日本語教育を行い（**第8章扉写真参照**）、その際、もちろん皇民化教育も行ったと思われ、その後、三年目からは日本人の子どもたちの学級に編入させている。「協和学級」は一九四五年一〇月に閉鎖された。[58]

虻田郡倶知安町にも鉱山があり、その脇方《わきかた》村にあった脇方小学校の『開校五十年記念誌』には、「朝鮮人労務者も多くその子供達が三十七、八名も在学し」た、という記述がある。[59] 同校での朝鮮人労働者の子どもたちの教育内容も、日本語教育および皇民化教育に重点がおかれていたと推察される。三笠町ではないが釧路地方の協和会標茶分会では、朝鮮人と日本人との融和を図るため、

1、朝鮮風俗を廃し全部内地風俗とすること

2、従来移住半島民が等閑に付した子弟教育を奨励、日本歴史、言語その他に就て教育をなし内地と同じく子弟を指導する

という事項を決議している。[60] 決議項目として子どもの教育が掲げられていることが注目される。両者の融和を図るというよりも言語、歴史そして慣習についても日本人に同化する教育が実施されていたことがうかがえよう。

炭鉱地における朝鮮人労働者がおかれた環境は過酷であり、戦争の拡大とともに増産が強要され、炭山では保安が無視されるようになっていった。そのため爆発事故が繰り返されている。[61] 日本人の子どもたちの親や兄、親戚もその犠牲になったが、多くの朝鮮人労働者も犠牲になっており、親や兄らを亡くした朝鮮人の子どもたちが多くいたことにも留意しておかなければならない。

小括

一九四一（昭和一六）年の「国民学校令」は、北海道の「市制町村制ヲ施行セサル地方ノ小学教育規程」を適用した教育をやめ、府県と〝同一〟の国民学校という名称を学校名に被し、府県と〝同一〟の教育を実施する画期をもたらした。しかし特別教授場や特別尋常小学校が国民学校という名称になったとしても、学校の教育内容や、施設設備を同一にすることができる環境にあったのではなく、それらは〝簡易〟なまま国民学校の分教場となったり、新たな教育法令や規則に準ずるため統廃合がすすめられたりした。

道庁や師範学校は、単級学校を「皇国民育成の場としての妙所を発揮」できる場として位置づけた。「国民学校令」が目的とした錬成は、勤労作業すなわち開拓作業を行なうことで実施された。しかし地域経済や地理的条件が学校の設備や教育内容に直接反映する単級学校には、道庁や師範学校が〝理想〟とする教育や学校経営を実現できる学校と、〝理想〟からは乖離した学校とがあった。

一九三八年に北海道庁は各支庁管轄内に勤労教育研究指定小学校を設定した。開拓作業を錬成とみなし、その成果として開拓精神に満ちた作業を行う子ども像が目指された。しかし、農業地においては凶作が続き、欠食児童が続出し、そのため勤労作業の成果は、子どもたちの栄養補給につなげられていたのである。また特別教授場を統廃合した地域のなかには遠距離通学のため、空襲下の子どもの通学を憂慮して、地域ごとに以前に使用した分教場や神社、寺や集会所を教場とする、かつての特別教授場のような教育体制に回帰した地域もあった。遠距離通学の問題が解決されないまま実施された統廃合は戦時下において、子どもたちに危険を伴う通学環境をもたらしたのである。

ところで戦時体制下においては、これまで注目されてこなかった単級学校や複式学級の教授方法や学校経営に対する「研究」「支援」といった教育行政の取り組みがすすめられた。開拓政策と教育普及との〝乖離・相克〟として発現していた特別教授場や単級学校の教育課題は、戦後における北海道の「へき地校」「小規模校」を対象にした教育研究につなげられていったのである。

軍需拡充による石炭増産政策によって、道内石炭鉱業地の小学校数、学級数は激増した。石炭鉱業に参入する大企業からの教育投資で、同地の学校の施設設備は充実していく。しかし勤労作業による錬成は、ここでも同様に具体化され、石炭鉱業に関わる作業をとおして錬成が行われ、「坑口慰問」や「選炭作業」といった活動に子どもたちは動員された。そして軍需拡充政策のもとで多くの朝鮮人労働者が動員された北海道においては、「家族の呼び寄せ」によって道内に移住した朝鮮人労働者の子どもたちがいた。子どもたちは地元の学校に通い、とくに日本の言語、歴史そして習慣を教え込まれる教育を受けることになった。戦争の拡大とともに炭山では保安が無視されるようになり、爆発事故が繰り返され、日本人の子どもや朝鮮人労働者の子どもたちの親や兄、親戚がその犠牲になった。朝鮮人労働者の子どもたちの実態については、どれくらいの人数の子どもたちが地元の学校に就学したのか、また就学後にどのような教育を受けたのか、いまだほとんど明らかにされていない。今後の課題として継続し検討していく必要がある。

◉註

1 『北海道教育史』地方編二、北海道教育委員会、一九五七年、六八七頁。
2 『北海道教育』第二七三号、北海道教育会、一九四一年、四一頁。
3 『北海道教育史』全道編三、北海道教育委員会、一九六三年、四四一頁。。
4 『本道に於ける国民学校経営の研究』北海道庁・北海道国民学校四師範共同研究会、一九四二年。
5 前掲『北海道教育史』全道編三、四一六～四一九頁。
6 中戸川勇『単級複式国民学校経営の基調』函館師範学校附属亀田国民学校単級複式教育研究部、一九四二年。
7 同前、二頁。
8 同前、三頁。
9 同前、五～七頁。
10 同前、一〇・一一頁。
11 同前。
12 同前、九頁。
13 『北海道教育』第二三一号、北海道教育会、一九三六年、七三～八〇頁。
14 『洞爺村史』洞爺村、一九七六年、三七八頁。

15 同前、三七九頁。
16 前掲『北海道教育』第二三一号。
17 同前。
18 『北海道教育』第二四八号、北海道教育会、一九三九年、六一〜六六頁。
19 前掲『北海道教育史』全道編三、一六〇頁。
20 『北海道教育』二四〇号、北海道教育会、一九三八年、六頁。
21 「学校沿革誌」豊郷小学校（日高町立門別小学校所蔵）。
22 同前。
23 同前。
24 一九三九年における一万人あたりの結核死亡率の全国平均は二一・六パーセントだったが、北海道の平均は二八・二パーセントで、地域によっては三五パーセント以上のところもあった（『北海道教育史』全道編一、北海道教育委員会、一九六一年、五九七頁）。豊郷尋常高等小学校のどれぐらいの子どもたちが結核性疾患だったのかはわからないが、資料から道内でも多い地域だったと推測される。
25 前掲「学校沿革誌」。
26 同前。
27 同前。
28 『北海道教育史』全道編一、北海道教育委員会、一九六一年、三六七頁。
29 『新門別町史』中巻、門別町、一九九五年、三五三頁。
30 『門別町史』門別町役場、一九六一年、三二八頁。
31 前掲『北海道教育史』全道編三、一七四頁。
32 同前。
33 『北海道新聞』一九四五年七月一四日。
34 『創立百十周年記念誌』伊達市立伊達小学校、一九八二年、三九頁。

35 「沿革誌」有珠郡伊達尋常高等小学校（伊達市立伊達小学校所蔵）。
36 『北海道新聞』一九四五年八月一三日。
37 『新北海道史』第五巻通説四、北海道、一、〇四四～一、〇四八頁。
38 同前。
39 『美唄市百年史』通史編、美唄市長、一九九一年、八五一頁。
40 同前、八五一・八五二頁。
41 同前、八五二頁。
42 同前。
43 「沿革誌（第一）」上砂川尋常高等小学校（上砂川町立中央小学校所蔵）。
44 同前。
45 同前。
46 前掲『北海道教育史』地方編二、六八九頁。炭山の「現場見学をカリキュラムに織りこ」んでいたのは、上砂川尋常小学校だけでなく、空知郡内の炭山地にあるほとんどの学校がそうであったという。
47 前掲『美唄市百年史』、七六七頁。
48 前掲『新北海道史』第五巻通説四（一、四四〇頁）および『上砂川町史』（上砂川町長、一九五九年、三一六頁）。
49 同前『上砂川町史』、三一五頁。
50 『夕張市史』下巻、夕張市役所、一九八一年、一〇三・一〇四頁。
51 同前。
52 朝鮮人強制連行実態調査報告書編集委員会・札幌学院大学北海道委託調査報告書編集室『北海道と朝鮮人労働者――朝鮮人強制連行実態調査報告書』札幌学院大学生活協同組合、一九九九年、一八二・一八三頁。
53 「学校沿革誌（一）」星置小学校（札幌市立手稲西小学校所蔵）。
54 同前。
55 『三笠教育史』上巻、三笠市教育委員会、一九八四年、二一五～二二一頁。

56 同前、二七〇頁。
57 同前。
58 同前。
59 前掲『北海道と朝鮮人労働者――朝鮮人強制連行実態調査報告書』、三一三頁。
60 『北海タイムス』一九四〇年四月九日。
61 前掲『美唄市百年史』、七六七頁。

第9章

引揚者と学校（1）
——都市部の引揚児童に着目して

「児童館になる予定の前引揚者寮、函館港寮」（1962年）
函館中央図書館所蔵

はじめに

本章は、戦後の北海道における移住民と学校との関わりを引揚者に着目し、都市部に見られた引揚者[1]および引揚者の児童[2]（引揚児童と記述する）の生活と学校教育の実態をとおして明らかにすることを課題としている。総理府の調査によると、一九五〇（昭和二五）年までの期間に引揚者がもっとも多く移住したのは北海道であり、福岡県がこれに次ぎ、広島県、山口県、そして東京都、大阪府、兵庫県と続いた[3]。同年、北海道に移住した引揚者数は約四七・二万人に達し、当時の道内人口の約一一パーセントを占めた[4]。北海道に移住した引揚者の約九〇パーセントは樺太[5]からの引揚者であり、その三分の一が子どもだったとされている[6]。北海道の引揚者は、都市部や既存の地域社会に移住したり（道外に引揚た人びとの多くがこのような形態だった）、開拓地として提供された未開墾の地に移住したりした。戦後の北海道においては、各地の社会形成に引揚者が深く関わっていたのである。本章では、まず都市部に移住した引揚者と引揚児童を分析対象とする。引揚者は、〝外地〟で有していた資産のほとんどを引揚時に喪失し、移住先の北海道で新たに生活基盤を再建しなければならなかった。厳しい生活条件のもとで、移住先の都市部においても、住宅と食糧不足というきわめて重大な問題があった。それは引揚児童の教育実態にも深刻な影響をおよぼしていた。日本政府は一九四五年九月に〝外地〟からの引揚に関する命令を連合国軍総司令部から受け、民間人の引揚と軍人の復員に関する具体的な検討を始める[7]。厚生省によれば戦後、引揚船寄港地に帰国した軍人・軍属および民間人は約六三〇万人だったという[8]。

敗戦から一九五五年頃までを対象にした教育史研究においては、学校建設を含めた、いわゆる戦後教育の立ち上がりの時期を対象にした研究は多い。しかし引揚者と学校との問題を具体的に取りあげたものは、筆者の知る限りほとんどない。『新北海道史』や『北海道教育史』の戦後編には、「全国の引揚げ者との関係からみると、北海道はその七・五パーセントに相当する引揚げ者を収容している」と、北海道が多くの引揚者を受け入れたことが記述されている。しかし地域に即して、その実態から引揚者と教育の関係について言及されてはいない。[9] 歴史学や社会学、文化人類学分野においては、引揚の制度、政策、〝外地〟の状況、引揚に関する国際的動向や引揚体験の記録の整理、援護の状況、引揚者に対する補償問題などの研究が蓄積されている。しかし、それらの分野においても引揚者の引揚後の暮らしや生活状況に即して、学校や教育がどのように引揚者の再建に関わったのかを追究した研究がないのが現状である。[10] ただし、個別の歴史研究には北海道を対象として、道内の静内町に引揚者が設置した学校に触れたものがある。[11] しかしながら、それらの研究には、引揚者の生活にとっての学校の役割や意義について、地域社会の実態との関わりから論究したものは見られない。

敗戦後の教育実態として、道外における破壊された校舎の再建や新生中学校教育の開始に伴う校舎、教室を確保するための労苦については明らかにされているが、財産や生活の場そのものを失った引揚者の引揚後の教育に関わる問題が注目されることはなかった。引揚者の多くが既存の地域社会に参入し生きる場を築いてきたこともあり、その他の人びとと区別されることなく、戦後の〝一般〟の教育問題の中に包括され、見えにくい状況にあったといえる。引揚児童についても同様であり、その他の子どもたちの中に抱合され〝見えない〟存在になってしまっている。たとえば、当時の統計上でもその他の子どもたちと区別されない場合がほとんどであり、報告書の類でも、そして後年の研究者においても、引揚児童の生活実態や〝内地〟にいた子どもたちとは異なる教育問題の内実や課題が、戦後の〝一般〟の教育問題の中に解消されて見えにくい状況におかれてきたといえる。

本章では、道内で引揚者（軍人を除いた）がもっとも多く移住した札幌市、次に多かった函館市（なお、ここでいう札幌市には当時の豊平町、函館市には亀田村など、札幌市や函館市に隣接し実質的に一つの都市圏を形成していた町村を含んでいる。これらの町村は後年の合併によりそれぞれの市域となった）を中心に、適宜他の都市部の事例も参照しながら、引揚者および引揚児童と学校との関わりを明らかにしてみたい。

第1節 日本政府および北海道庁の対応

1 政府の対応

まず、引揚者、引揚児童がおかれた状況について、日本政府の対応と合わせて概観しておきたい。引揚という事態そのものが、民間人にとっては過酷なものであり、その過程で多くの死者が出たことをあらためて確認しておきたい。たとえば、満洲国からの引揚者は逃避途中に各地で数カ月間とめおかれ、引揚船を待つ地でも一年以上とめおかれており、多くの人びとが亡くなっている。[12] 樺太で戦争が終わるのは八月二二日だったが、ソ連軍は二三日に宗谷海峡を封鎖した。樺太からの民間人の公式な引揚は、一九四六（昭和二一）年の米ソ協定締結後の一二月から始まった。それまで引揚船の出航地に辿り着いても、もとの居住地に返された人びとが多く、「公式引揚」が開始されるまでの間に、漁船や自ら調達した帆船によって自力で〝内地〟に向かった人びともいた。[13] 無事に辿り着くことができた人もいたが、途中でソ連軍に攻撃されて亡くなった人びとも多くいた。

引揚者が引揚前の居住地に多くの財産をおいたまま逃げなければならなかったこと、引揚船に辿り着く道程で身につけていた財産を略奪されたりしたことは回顧録などで知ることができる。[14]「公式引揚」の乗船段階で、「手荷物は一人一ヶと制限された」との回想や、「引揚時の荷物は一人六キロ」といわれたが、「あまりの労苦に命が大事と皆」途中で捨てた、と回想する人もいる。[15] 引揚援護庁は、「引揚の同胞は、祖父母の時代から海外にあったものも、戦時渡航したものも、大実業家も一市民も、わずか一千円あるいはそれ以下の持帰り金と少ない携行品だけを全財産として」「全く文字通りはだか一貫の有様で」〝内地〟の新しい生活を始めたと、当時の引揚者の過酷な状況を説明している。[16] かりに幾らかの金銭を〝内地〟に持ち帰ることができたとしても、すぐに「インフレで底をついて」[17] しまう状況だった。引揚者には国から応急援護金が支給されたが、それは一世帯あたり五〇〇円(一九四八年一〇月からは一人一、〇〇〇円)[18] 程度のもので、国による「此等の処置は急騰諸物価に追随するためには殆ど無力に等し」[19] かった。一九五一年のサンフランシスコ平和条約は、〝外地〟にいた日本人がそこにおいてきた資産の請求権を放棄する内容であったため、[20] 引揚者の経済状況はさらに窮地に追い込まれた。

日本政府は敗戦直後、海外に在住している日本人に対しては、「事情の許すかぎり、多数のもの」をそこに残留させる方針をとった。[21] 既述のように、自力で帰国した人びとが多数いたのは、そのような背景もあったと思われる。その後「公式引揚」が開始されるが、当初の方針もあり国内では引揚者を受け入れる態勢が十分に整えられてはいなかった。どれだけの引揚者が〝外地〟にいて、どのような状況にあるのか、日本政府が把握しきれていないなかで引揚が実施されたため、引揚者の帰国によって生じる状況を行政側が後追いし、弥縫的に対策を講じるような実情にあったのである。

引揚に関する日本政府の対応を国会の議論をとおしてみてみたい。「衆議院海外同胞引揚及び遺家族援護に関する調査特別委員会」の会議録をみると、会議の大半が海外に在住する日本人がどこにどれだけいるのか、それらの日本人をどのようにして引揚させるかという議論で占められていることがわかる。「引揚るだけでなく、引揚てから」の点に視点が向けられたのは、第六回の委員会会議からである。[22] 第八回国会（一九五〇年）衆議院の同委員会で引揚援護庁援護局長だった田辺繁雄は、「引揚者問題で一番重大な問題は」引揚後の「住宅問題である」と述べている。さらに引揚者には、頼れる親戚・縁者がいない人びとが多く、そのような「無縁故者」が多く移住した北海道では、既存の兵舎や工場の寄宿舎、邸宅を引揚者の住居に提供することによって、ようやく凌いでいる状況にあると報告している。ただし田辺は、引揚者の住宅建築などの援護に関わる必要な経費は国庫負担であり、北海道には資金面で「相当のウエイトを置いて援助している」と述べていた[23]（北海道の引揚者の住環境については後述する）。このような政府の方針のもとで、同年頃から「引揚者定着援護実態調査」を行うための委員が現地視察に派遣され、引揚者の実情が同委員会で報告されるようになる。北海道を調査した委員によって、引揚者が劣悪の環境のなかでの暮らしを余儀なくされている状態であることが、国会でも報告された。[24] しかし、そのような現地調査が行われたのは一九五〇年のことであり、敗戦からすでに五年が経っていた。田辺は同委員会で、北海道には資金で「相当のウエイトを置いて援助している」と答弁していたが、北海道に最多数の引揚者が上陸したのは一九四八年であり、その後も引揚者の移住はあいついでいた。政府の対応そのものが明らかに遅かったといわざるを得ない。北海道で引揚者のおかれた劣悪な環境に改善の兆しが見られるようになるのは、一九五二年以後だった。

委員会での議論は未帰還者の把握と引揚の手続や引揚船の確保、引揚後の住居問題、遺家族に対する補償金問題などに多くの時間が割かれており（割かざるを得なかったといえるかもしれない）、引揚後の児童の教育に目を向ける意見、余裕はほとんどなかった。筆者が確認し得たのは、第一〇回国会（一九五四年）衆議院の同委員会において、委員の堤ツルヨ（日本社会党）が子どもの教育環境の問題について指摘し、さらに日本語が理解できない子どもの問題を取り上げたことぐらいである。[25]その後、同委員会において、堤は子どもの教育問題について発言しているが、援護局側は文部省と相談するという答弁にとどまり、それ以上、委員会では追究されていない。

2　道庁の対応

では、北海道庁は引揚者に対してどのように対応したのだろうか。北海道会・道議会の議事録でみてみたい。たとえば一九四七年の道議会では、引揚者の住宅問題が緊急を要する問題であるとして取り上げられている。とくに都市部に移住した引揚者の住居が現状では「完全に収容能力を失って」いるとして、その対策を求めた議員に対し、当時の北海道知事であった田中敏文は、一般の住宅を開放してもらい、「仕切りをつけるとか、或は玄関を脇へ付けるとか、或は流し場を付けるとか」「成るべく小量な資材で以て」「生み出すと云ふ方法を特に考へて居る」と答えるのみだった。[26]実際、すでに引揚者が住んでいる寮は、旧兵舎や牛舎を使用したもので窮屈で不便であると指摘されており、施設内や近隣には浴場や医療施設がなく、伝染病の発生が懸念されていた。[27]また、引揚者の就業についても喫緊の問題として取り上げられていた。[28]田中は、住宅問題については今回の予算要求にとどまらず「逐次時期をみて、追加その他」を政府に陳情すると答弁した。[29]就業問題については、「各支庁における引揚者生業相談所の強化をはか」るために経費を計上したと述べている。[30]

一九五三年の『北海道社会福祉要覧』には、北海道の引揚住宅の建設は一九四八年度から始められ、一九五二年度までの「総補助額は五億五千五百八万二千円に達し」た、としつつも、「しかし、かかる対策も決して十分でなく、いまだ住宅を得られない者、与えられた住宅の粗悪なため生活の本拠として到底たえられぬとする者は相当数に上っている」と記されている。[31] また、一九五〇年に移住した引揚者の就業状況については、就業対象者二、一一四人中、就職者六三八人、未就職者一、四七六人と記されている。[32] 引揚者の就業が困難だった要因には、インフレによって失業者が増加したことにあるが、それだけでなく引揚者はいわゆる「赤化」傾向があるとの見方が就職に影響をおよぼし「復職を拒否」されたり、求人に応じてきた者が雇用されなかった場合があったという。[33] 引揚者の基底となるべき住居や就労に対する援護について道は財政的に対応できず、国への陳情を繰り返すものの、その対応が遅く、補助金額も十分ではなく、引揚者の実態を道も後追いしながら、しかしおよそ対応し得たとはいえない状況があらためて見てとれる。多くの引揚者は、自らの住まいや生業を自力で得ていかなければならなかったのである。

第2節 引揚児童の生活環境

1 住環境

函館市は北海道の「公式引揚」船の入港地であり、[34] 一九四九(昭和二四)年までに同地に入港した「公式引揚」者三一一、八七七人の約三五パーセントが「無縁故者」だった。[35] それらの多くが同市にそのまま定住することを希望した。『市勢要覧』によれば、一九五〇年段階で一一、〇〇七世帯四八、七九八人の引揚者が函館に居住していた。[36] それらの人びとに対して函館市が提供した寮の居住状況は**表16**のとおりで、一九五一年当時の居住

表16 函館市の引揚者寮の世帯数と人数

寮名	世帯数	人数
大黒	41	206
曙	19	89
汐見	55	261
西川	23	143
亀田	25	121
五稜郭	163	868
浅野	49	203
港	400	1,937

『市勢要覧 昭和二十六年版』から作成。

者は合計で四、〇〇〇人に満たない。年次の違いがあるとはいえ、引揚者寮に入居できた人びとさえ限定的だったことがわかる。各寮[37]の建物は、いずれも旧兵舎や会社倉庫を利用したものだった。

一九四七年六月四日付けの『函館新聞』は大黒寮について「四十世帯、百八十九名、こゝでも衣食住とも困窮している」と報じている[38]。同紙によると、汐見寮は「五十三世帯二百三十二名、天井張がないので各家庭共苦痛を感じ夏季の蠅、蚊の出る頃を今から悩んでいるが殆どが就職しているのが強み」であるとし、西川寮では「二十四世帯百十名四月から収容したが施設が間に合わせ式のものが多いが、何事も自力で解決しようとの空気が強く、不自由ながらも住宅を与えられたことに満足し、各家庭は希望に満ちて生活している」と報じた。翌年の一二月二二日付けでは、港寮について「一村落を形成する程の」港寮は「六畳間に九人家族が起居しているところさえある」と記している[39]。「住宅を与えられた」ことや「就職」できていることを「強み」や「希望」とする意識も見られる一方で、「こゝでも」の語に象徴されるように、衣食住の「困窮」や「間に合わせ」の施設である問題が繰り返し指摘されている。このような住環境の問題は、疾病に直結した。当事者の回顧談には、「函館寮からは我が子ばかりでなく、同じ年頃の幼児が次々と」結核で「毎日の様に亡くなった」という回想もあり[40]、「各室は殆ど板敷きばかりで、当分の間は藁の配給の見込み」がなく、「七名の発疹チフス患者が発生」した寮もあったとの記録もある[41]。

札幌市とその近郊ではどうだったのだろうか。一九五〇年段階で、札幌市には約三四、〇〇〇人の引揚者がいた[42]。札幌市は一九四六年に丘珠《おかだま》、月寒《つきさむ》にあった軍の兵舎を転用して引揚者用の寮とし、円山《まるやま》更生市場や駅前などに施設を設けた。翌年には月寒の旧北部軍司令部、旧歩兵第二五連隊兵舎などを寮に転用している。[43]月寒の兵舎には三、〇〇〇から四、〇〇〇人が集住した。しかしトイレ、流しなどが共同で、建物そのものが古かったこともあり、衛生条件が劣悪だったことが指摘されている。[44]一九四八年から一九五〇年にかけて北二四条から北二五条にわたって新たな引揚者住宅が建てられ、月寒以外の施設に居住していた人びとが、こちらの住宅に移り住むようになった。[45]しかし、北二四条の住宅も応急的なもので、隣世帯とベニヤ板一枚で仕切っただけの部屋もあった。[46]当時、札幌市長だった高田富与は、一九四七年の市議会で引揚者の住宅対策について問われた際に、「この問題は札幌市の力のみで解決し得る問題ではないが」専門委員会を設置し検討したいと述べている。[47]また一九四八年の予算編成方針の説明にあたり、

（略）本市今後の行政は市民生活の安定、産業の振興、警察及消防施設の充実、教育、土木、交通、保健衛生その他各般の都市施設の拡充等、急速に実施しなければならない事案が山積しているといわざるを得ないのであります。しかしながらこれ等幾多の施設を実現致しまする為には、巨額の資金と資材を要するのでありまして、現在の地方財政制度の下におきまして到底その需要に応じ得ないばかりでなく、資材の面におきましても又、至難であります。[48]

と述べ、「今後の行政」全般に関する説明ではあるが、「現在の地方財政制度」や「資材」の点で「到底その需要に応じ得ない」課題が多々あると述べた。札幌市議会事務局は、一九四五年前後の市政を回顧し次のように総括した。

戦後社会における物資の不足はひとり本市に限らず全国共通の問題であったが、相次ぐ人口の流入はこの状況に一層の拍車をかけたのである。また地方自治が誕生して間もなく、その存立基盤が未だ確立されていない中にあって、諸制度の急激な変革は自治体にとって大きな打撃であった。[49]

「相次ぐ人口の流入」、その多くは〝外地〟からの引揚者の移動、移住であった。道や市（一九二二年に市制施行）の財政では引揚者の「援護」はきわめて困難であり、財政的裏付けは政府に頼るしかなかったが、政府の準備状況そのものが不十分だったため、その結果、引揚者と引揚者が移住する市町村には〝自己負担〟が強いられることになった。引揚者の住宅問題が解決をみるようになるのは一九五二年以後とされており、その間、引揚者は自力で困難な状況に立ち向かわなければならなかった。

2 引揚児童の労働と授業の長期欠席

一九四七年五月二八日付けの『函館新聞』は、当時の引揚者の就職率が約二割に過ぎないとし、とくに「無縁故者」について「大半が闇商人その他の不定職業で生活している」と報じた。[50]引揚者自身の回想録にも、「引揚者収容施設に、着のみで生活し、ヤミ米の買出し、かつぎ屋」の生活は「生きるための精一杯の努力だった」とある。[51]政府は「更生資金」として、就業などの資金融資を実施していたが、融資枠は年々狭められ、一九四九年五月には新規受け付けが停止されている。[52]当時の『函館新聞』は、「全体の四割が成功」との見出しのもと、[53]一九五一年の段階で函館市に住む引揚者の四割が食料品店その他の店を構えるようになり、自宅を持つようになったと報じている。しかし、逆に六割もの引揚者がそうではなく、依然として厳しい生活環境におかれていたであろうことに留意しなければならない。

表17　引揚児童の生活状況

学校種		小学校
児童総数		10,667人
引揚児童数		2,745人
引揚児童数の比率		26%
引揚児童の家庭状況	よい	18%
	普通	31%
	よくない	51%

『教育概要1951年版』から作成。

このような状況は、函館市や札幌市に限らない。たとえば一九五一年度の『教育概要』には、千島からの引揚者が多い根室市における引揚児童の小学校就学者数と生活状況が表17のように記されている。「家庭状況」の「よい」「普通」「よくない」の基準が記されていないため、どの程度の状況をいうのか明確ではないが、「着の身着のまま引揚てきた」人びとがほとんどで、移住から「五、六年は経過して居るが経済状態は中以下」にあると追記されていた。[54] 戦後直後は家計を支えるための児童労働が全国的に社会的な問題になっており、北海道でもそうした事例が多くみられた。一九五四年の『北海道新聞』には、「釧根地方の水産業の大半を占めるコンブ採りをめぐり、例年学童の参加が問題となっている」とあり、[55] 同年、函館市についても「スズランを街角で売って深夜の終電車で帰る湯川方面の児童たち」が二〇名ほどいるとの報道もある。[56] 函館ではイカ釣り漁船に乗る子どもやスルメ作りに携わる子どもがいたが、子守がもっとも多く、農業の手伝いもあった。[57]

生活の厳しさゆえに労働に従事しなければならなかった引揚児童のなかには、そのため授業を欠席する児童も多かった。たとえば、引揚児童の生活実態として「食糧難と生活苦が続」き、妹は「新制中学校にさえ行かされず働かされていた」「妹達も学校に行かず、他の家に子守にやられた」といった家庭の状況が記されているのは、その一例である。[58] また次のような理由で授業を欠席する引揚児童もいた。

市内中島町に落付いた樺太引きあげ者十三世帯のうち国民学校に入学するものは十八名、（略）七名もまだ学校にかよっていない（略）。終戦後、満足な授業をしなかった学童は、自分と内地の子供を比較して劣っていると考えてか登校をいやがっている様子に見え、教科書などは何もなくようやく紙、鉛筆位を鞄にいれて持ってきた程度で勉強の機会もないようだ、又市からの援助も連絡もなく、父兄の中にはもう一年同学年をやらせようと考えて四月の新学期を待っているものもある。[59]

引揚者の多くは敗戦後、〝内地〟に移住できるようになるまでの間、現地に一年から三年とめおかれた。このような経験を強いられた引揚児童たちは、その間、学校教育を受けていないか、受けていたとしてもきわめて不十分な内容にとどまった。そのため移住後に自身の年齢に相当する学年に転入しても、授業内容を理解することが困難だった子どもが多かったと推察される。当事者の回顧談からも、学年を一年遅らせ転入したという子どもたちが多かった。[60]函館市の長期欠席児童の欠席理由として、「貧困」「病気」「学校が遠い」以外に「勉強ぎらい」があげられている。軽々な即断は慎むべきではあるが、「勉強ぎらい」のなかには授業の理解が困難であるなどの理由で強い疎外感を持った子どもたちが多く含まれていたのではないか。引揚児童の場合、学校に入るまでの事情をふまえた何らかの配慮や措置がなければ、疎外感を抱かせることになったのではないだろうか。一九五一年発行の『北海道教育概要』には、積丹半島で比較的大きな市街地を形成していた行政村神《かも》恵内《えない》村に移住した引揚児童について、

樺太で抑留生活を送って、三ヶ年の空白を作った子供たちには、自ずと学力において大きな開きを来している。二人の教師は夜十一時頃迄、青年層をも含めて、五部六部にわたる授業を行い、何とかこの学力差を取り除こうと献身の努力を払っているのである。

と報告されている。[61] 引揚児童たちに「自ずと」もたらされた学力の「開き」、それに対する配慮がなされたとすれば、この神恵内村の事例のように、もっぱら教師の「献身」に依拠したものだったといえる。札幌や函館のような都市部に生じていた学力の問題は、引揚児童が移住したその他の地域でも生じていたことがわかる。

第3節 学校の設立

政府は一九四五（昭和二〇）年一二月に、「引揚邦人子弟ニ対シテハ」「寔ニ同情スベキモノ有之ニ付」「各学校ニ於テハ能フ限リ理解アル処置ニ出ヅル様格段」の配慮を心がけるよう指示し、既設の国民学校に対して「時期、定員ニ拘ラズ積極的ニ受入ル」（発学第五〇号）よう求めた。[62] 年々、〝外地〟からの引揚が行われ、それにより就学児童数が急激に増加し、引揚者寮が設置された近隣の小学校の教室は「すし詰め」状態になった。たとえば札幌の月寒小学校（当時は豊平町）の「沿革史」には、

二一年の六五八名の児童数が二二年には、一二四八名とほぼ二倍近い増加を示している。教室はおいそれと建てられるものではなく、どの学級も文字通りすし詰めで、机やいすも不足。仕方なく生徒は床に座って長いばん板の様なもので勉強させたりした。また二部授業も行われた。

という記述がある。[63] 当時の新聞も「戦後の死亡減少や復興、引揚げの影響で急激に入学児童が増え始め」[64] 二部

教授は避けられない、と報じていた。いわゆる戦後の「ベビーブーム」とも相まって、教員も不足し、教室の増築や新たな学校設立が財政難で追いつかず、北海道では二部教授を実施する学校が続出した。このような状況のなかで、「とかく引揚者が悪者にされがち」「あの当時は何かと引揚者と白い目で見られた悲しい時もありました」と回想する引揚者が少なくないことに留意したい。[65] こうした回想によれば、最初は「引き揚げ者だからな」、という「同情」の対象だったが、「そのうち」「引き揚げ者のくせに」、と言われるようになったという。[66] 札幌市議会事務局は、一九四五年前後の状況について、戦後の物資不足に加えてあいつぐ人口の流入が物資不足にいっそうの拍車をかけた、と記していたが、行政自らが引揚者の「流入」が「拍車をかけた」と述べてしまっているところにも、引揚者に対する地域の白眼視の根深さがうかがえる。地域の財政が逼迫するなかで人びとの生活に対する不満のはけ口が引揚者に向けられ、二部教授などの学校の教育環境に対する不満が蔑視となって引揚児童に向けられたであろうことを銘記しておきたい。

札幌市の北二四条附近には、引揚者の住宅が建設され多くの人びとが移住した。この地域の引揚児童は当初、北一九条にあった幌北小学校へ入学、転入した。当時の状況については、

昭和二十五年ごろから、この附近に住む人がふえるにつれて幌北小学校に通う子どもたちも増えて、昭和二十九年には二千八百人にもなりました。その頃では札幌一児童数の多い学校になり、教室が不足し、玄関まで教室にして勉強しなければなりませんでした。

と学校記念誌に記されている。[67] 一九五〇年四月一四日の同校「日誌」には、「引揚者児童の収容状況により、道議会から国費支出を要求したい」とあり、「資料」として「引揚者児童」数を報告したと記されている。[68] こ

のとき、すでに同校の教育条件の改善を求める動きがあったことがうかがえる。一九五二年段階の同校は、各学年七学級、一クラス六〇人前後だったが、翌一九五三年には一学年が一〇クラスと急増し、教室不足のため二部教授を始めている。五クラスを午前の部として午前八時から一二時まで(翌年からは八時三〇分から一二時三〇分まで)、残り五クラスを午後の部として一二時一〇分から一六時一〇分まで(翌年からは一三時から一七時まで)とした。[69] このような事態のなか、一九五二年には同校の「父母と先生の会」が中心になって、小学校新設運動を開始し署名活動を行い、「請願書」「陳情書」を道に提出して、同年一二月に教育委員会で採択されている。[70]「父母と先生の会」はPTAの前身であるが、会の具体的なメンバーについては確認できないため、同会における引揚者の立場はわからない。引揚者の多くは生活そのものが不安定で転居する者も多かったことから、同会の役員の多くを引揚者が占めていたとは考えにくい。しかし、この運動からうかがえることは、引揚者以外の児童やその保護者にとっても児童数の急増がもたらす教育条件の問題は重大であり、立場や認識の違いがあったとはいえ教育環境の改善、そのための小学校増設という意見は保護者と教員の間で一致していたといえよう。

一九五四年一〇月、北二四条に札幌市立白楊小学校が設立され、一学年から五学年の六八七名の児童が幌北小学校から転入し開校した。しかし急遽設立された白楊小学校には当初体育館がなく、翌年の入学式は各教室で行われ、教室も不足していたので職員室も教室として使用している。校舎の周辺は整地されていなかったため、保護者が労力を提供して整地したという。[71] 白楊小学校の「沿革史」には、部分的ではあるが学年ごとに児童の転入転出状況が記録されている。**表18**は、それをもとに一九五五年度の状況を学年別に記したものである。一年間で三〇〇名を超える多くの転入者があり、また転出者も八〇名にのぼり、引揚者らの移動が頻繁に行われていたことがわかる。[72] 転出者の多くは、転校した後も次の定住地を求めて短期間で転住し、数カ月でまた転校

表18　白楊小学校における各月の児童転入転出者数（1955年度）

	1学年		2学年		3学年		4学年		5学年		6学年		計	
4月1日	201＋(30)		173＋(27)		160＋(19)		122＋(14)		140＋(16)		135		931＋(106)	
4月	入3	出1	入8	出2	入14	出1	入8	出1	入8	出2	入7	出3	入48	出10
5月	1	0	1	3	1	0	3	1	3	1	0	1	9	6
6月	5	0	3	0	2	0	4	0	1	0	1	0	16	0
7月	3	0	5	1	2	0	2	1	4	0	4	0	20	2
8月	7	4	3	7	12	5	4	2	4	5	3	5	33	28
9月	4	0	5	2	20	2	17	0	20	0	1	0	67	4
10月	6	1	3	2	4	1	1	0	5	0	3	0	22	4
11月	6	1	10	1	9	1	6	1	5	0	6	0	42	4
12月	3	0	3	1	1	0	1	0	1	0	0	1	9	2
1月	6	4	6	2	4	5	5	2	4	4	0	2	25	19
2月	3	2	1	1	3	2	1	1	0	3	1	0	9	9
3月	3	0	1	1	1	0	0	1	1	0	0	0	6	2
計	50	13	49	23	73	17	52	10	56	15	26	12	306	90

4月1日の人数は、学年始まり当初の人数であり、（　）の数字は、9月の工事完了に伴って幌北小学校から転入した児童数である。
「沿革史」（札幌市立白楊小学校）から作成。

した子どももいたと思われる。一つの地域にとどまって学校に通うことができた引揚児童もいたが、それがかなわなかった児童もいたのである。

　函館市において多くの引揚者が住んでいた港寮は、当初、亀田村の亀田小学校区であったため子どもたちは同小学校に通学していた。しかし、亀田小学校の位置は「殊に低学年児童の通学には距離上、幾多の支障」があった。そのため隣の学区にあたる函館市立万年橋小学校の教員が、一九四六年一二月に港寮内に一学年四四名、二学年四五名を対象にした二学級の分校を設置した。[73]その後「寮民の要請」もあり、亀田村長および亀田小中学校長らによって亀田小学校港分校が設立された。[74]設立にあたっては、「村財源より推して新校舎の設立は不可能」で「旧網工場を買収し、改造工事費を村財源として仰」ぎ、さらに港分校設立後援会を設置し、関係者と村民の協力により不足額を補って分校が設立できたとある。[75] 亀田、万年橋二校の分校をそれぞれ設置することによって、港寮周辺地域の子どもたちの就学が可能になったのである。そして一九四九年に至って、港地域の子どもたちを対象にした港小学校が設立された。しかし開校時、いまだ教室が足りなく設備も不十分だったため工事は継続し、工事がすべて終了して分校が解消されたのは一九五一年のことだった。[76]

一九五八年二月のある日、函館市の港寮に入寮した子ども九人とその保護者が港小学校を訪れた。この九名の児童に日本語の指導を依頼するためである。敗戦から一九五八年の引揚に至るまで樺太にとめおかれていた九人の子どもたちは、その間、樺太の「朝鮮人学校で朝鮮語、ソ連学校でロシア語をならっていた」ため日本語が十分に理解できなかったからである。[77]「港小学校沿革史」によれば、同校は保護者の要望に応じて独自に学校内で「特別教育」を一年半ほど実施した。行政からの支援があったのではなく、同小学校で担当教員を決め、ひらがな、漢字、日常生活で使用する言葉を指導したという。[78] このような子どもの存在については、国会でも議員の堤ツルヨが言及しており、引揚児童に関わる課題の一つであった。港小学校の事例は、そのような子どもたちが「援護」を受けることができたかどうかは、保護者と児童たちが自ら要望し、それを受けた学校や教師の「理解」と「判断」や「熱意」に依拠していたことを示している。

小括

戦後、北海道は多くの引揚者、引揚児童の移動、移住先となった。都市部に移住した引揚者や引揚児童たちは、厳しい生活環境と蔑視のなかにおかれていた。子どもたちも労働を余儀なくされ、子守や地場産業に従事し、学校に通えず教育を受けられなかったり、長期欠席をせざるを得なかったりした。引揚船に乗船できず〝外地〟に何年もとめおかれた子どももおり、〝内地〟の児童との学力の「開き」が生じ、学校への就学を拒む児童や、年齢相当の学年より一学年下げた学年に転入した児童もいた。また〝外地〟に何年もとめおかれた子どものなかには、日本語が理解できない者もおり、引揚が子どもの教育条件や学力に与えた影響は大きかった。

しかしそのような生活状況のなかにあっても、教員やすでに在住していた保護者や地域の人びとが子どもたちの教育環境改善という共通の課題解決に向けた協同性が発揮されたことにより、分校や学校の設立が可能になった例もあった。また、子どもが日本語を理解していないという問題の解決を学校教育に求め、それが解決に至った人びともいた。そのような教育の〝実現〟は、国や行政側が準備して可能になったのではなく、引揚者自らの力や、それに応えようとした教師や地域の人びとの「判断」「熱意」に支えられて可能になったといえる。

◉註

1 「引揚げ」「引き揚げ」とさまざまな表記があるが、本書では「引揚」と記述する。

2 「引揚児童」という語は、当時の行政や新聞などで使用されていた。この語が使われる際には、しばしば引揚者に対する蔑視が込められていることもあった。本書ではそのような語であることを重く受けとめつつ、そうした状況を伝える責務を自覚し、当時の状況を物語る意味で、この語を用いる。

3 総理府統計局『昭和二十五年国勢調査報告(八)』日本統計協会、一九五五年、一三八頁。

4 氏家民雄『一九五一年版 北海道年鑑』北海道新聞社、一九五〇年、一二四・五八八頁。

5 樺太やいわゆる北方四島および満洲国などの旧植民地については、本来ならば地名を「 」で括るべきところ、煩雑さを避けるため本書では「 」を付けずに表記する。なお、満洲国の表記には「洲」を用いる。

6 函館引揚援護局局史係『函館引揚援護局史』函館引揚援護局、一九五〇年、三八六頁。
7 同前、一頁。
8 厚生省社会・援護局援護五〇年史編集委員会『援護五〇年史』ぎょうせい、一九九七年、七三〇頁。
9 『新北海道史』第六巻通説五（北海道、一九八二年、四四～四七頁）および『北海道教育史』戦後編一（北海道教育委員会、一九八六年、九・一〇頁）。
10 戦後の引揚者の状況については島村恭則編の『引揚者の戦後』（新曜社、二〇一三年）がある。ここでは、引揚後、引揚者が形成した食文化を中心とする社会空間が記述されている。北方四島からの引揚者が北海道へ神社の引揚を行った論文も掲載されているが、北海道に移住した引揚者の生活再建に学校や教育の関わりについて記述した研究は掲載されていない。『日本帝国崩壊期「引揚げ」の比較研究』（日本経済評論社、二〇一六年）には、木村健二の「日本人の引揚げに関する近年の研究動向」が掲載されている。そこには、引揚に関する府県レベルの資料も記載されており、引揚をめぐる国際的動向、引揚のプロセス、引揚後の援護団体の組織化、補償問題やその運動などに関する先行研究が詳細に記述され整理されている。しかし、引揚者にとって教育や学校がいかに関わったのかを検討した研究は記されていなかった。
11 たとえば、湯山英子「八紘開拓団の戦後における生活の再構築――北海道静内町高見地区を事例に」（『日中戦争下の中国東北農民と日本人「開拓団」との関係史、および残留帰国者の研究』科研費研究報告書、二〇一三年）がある。
12 『満州弥栄村引揚者が語り継ぐ労苦体験』弥栄会、一九九九年。
13 同前。
14 たとえば、吉田幸子『聞き書き 望郷樺太――戦禍と引き揚げの記憶』（二〇〇九年）、前掲『満州弥栄村引揚者が語り継ぐ労苦体験』（一四二頁）や引揚者団体北海道連合会『敗戦、引揚の労苦』（一九九一年）などがある。
15 吉田前掲書、四〇頁。
16 引揚援護庁長官官房総務課記録係『引揚援護の記録』引揚援護庁、一九五〇年、八五頁。
17 引揚者団体北海道連合会前掲書、八九頁。
18 引揚援護庁長官官房総務課記録係前掲書、八九頁。

19　函館引揚援護局局史係前掲書、一七九・一八〇頁。
20　サンフランシスコ平和条約第十四条および十九条。引揚者の〝外地〟における資産補償をめぐっては、引揚者による陳情、要求運動により一九五七年に「引揚者給付金等支給法」が成立し、一九六七年の「引揚者特別交付金支給法」をもって、一応の解決をみたとされている。
21　引揚援護庁長官官房総務課記録係前掲書、一頁。
22　「第六回国会　衆議院海外同胞引揚に関する特別委員会議録第三号」『衆議院海外同胞引揚及び遺家族援護に関する調査特別委員会議録』一九四九年、三頁（北海道庁議会図書室所蔵。以降、同委員会会議録は同図書室での閲覧による）。
23　「第八回国会　衆議院海外同胞引揚に関する特別委員会議録第三号」『衆議院海外同胞引揚及び遺家族援護に関する調査特別委員会議録』一九五〇年、三頁。
24　「第十九回国会　衆議院海外同胞引揚に関する特別委員会議録第十三号」『衆議院海外同胞引揚及び遺家族援護に関する調査特別委員会議録』一九五四年、一頁。
25　「第十回国会　衆議院海外同胞引揚に関する特別委員会議録第四号」『衆議院海外同胞引揚及び遺家族援護に関する調査特別委員会議録』一九五四年、六頁。
26　『昭和二十二年第二回定例北海道議会議事速記録』北海道、一九四七年、七八〜八二頁（北海道立図書館所蔵）。
27　同前、二四六〜二四九頁。
28　同前、一六頁。
29　同前、三四頁。
30　同前、一六頁。
31　『昭和二十八年度版北海道社会福祉要覧』北海道社会福祉協議会、一九五四年、一九八・一九九頁（北海道立図書館所蔵）。
32　『昭和二十五年第一回定例北海道議会議事速記録』（上）、北海道、一九五〇年、五二頁。
33　『昭和二十四年第一回定例北海道議会議事速記録』（上）、北海道、一九四九年、九七・九八頁。シベリアからの引揚者に「赤化工作の跡」がうかがわれるとされ、引揚者の就職事情に影響をおよぼしていた（『函館市史』通史編第四巻、函館市、二〇〇二年、二二三頁）。

34　一九四五年一一月、政府は浦賀、舞鶴などの引揚船の入港地に地方引揚援護局を設置した。地方引揚援護局がおかれたそれらの地が「公式引揚」船の入港地であり、函館も指定され、引揚援護局が設置された。函館には、一九四六年一二月の第一次引揚から四九年七月の第五次引揚までの間に二一八隻の「公式引揚」船が入港している。
35　函館引揚援護局局史係前掲書、一五三〜一六六頁。
36　函館市役所総務部『市勢要覧　昭和二十六年度版』函館市役所、一九五一年、九頁。
37　大黒寮の所在地は、当時の函館市大黒七八、曙寮は曙町一〇、汐見寮は汐見町番外地、西川寮は西川町三、亀田寮は亀田町二〇三、五稜郭寮は五稜郭町二三及び二五、浅野寮は港町三、港寮は港二四八、二五〇、二六八、二七二、二九八だった（『市勢要覧　一九五五』函館市、一九五五年、六〇頁）。
38　『函館新聞』一九四七年六月四日。
39　『函館新聞』一九四八年一二月二二日。
40　引揚者団体北海道連合会前掲書、一六六頁。
41　同前。
42　木村由美「樺太からの引揚者と「月寒」「北二四条」の住宅街形成」『公文書館だより』第三号、札幌市公文書館、二〇一五年。
43　『第七期　札幌市議会小史』札幌市議会、一九七四年、二二五頁。
44　木村前掲論文。月寒寮は、月寒四、五、八区にあった（『豊平町史』札幌市長原田輿作、一九六七年、一六一頁）。
45　『白楊のあゆみ』札幌市立白楊小学校開校三十周年記念事業協賛会、一九八四年、三五頁。引揚者住宅は、北二四条西四丁目から六丁目にわたって設置された（引揚者住宅はさらに北二五条西二丁目から四丁目にわたっても設置されている）。
46　同前。
47　前掲『第七期　札幌市議会小史』三二頁。
48　同前、四七頁。
49　同前、六頁。

50　『函館新聞』一九四七年五月二八日。
51　引揚者団体北海道連合会前掲書、一九六頁。
52　『函館市史』通史編第四巻、函館市、二〇〇二年、二二二頁。
53　『函館新聞』一九五一年九月二日。
54　『北海道教育概要　一九五一年版』北海道教育委員会調査課、一九五一年、三〇〜三一頁。
55　『北海道新聞』一九五四年九月一日。
56　『北海道新聞』一九五四年五月二五日。
57　『長期欠席児童生徒調査報告』函館市教育委員会学校教育課調査係、一九五三年。
58　引揚者団体北海道連合会前掲書、一九七・二三〇頁。
59　『函館新聞』一九四七年一月二〇日。
60　吉田前掲書、四〇頁。
61　前掲『北海道教育概要　一九五一年版』、二五・二六頁。
62　「外国及外地引揚邦人子弟ノ転校ニ関スル件」発学第五〇号（『近代日本教育制度史料』第二六巻、講談社、一九五八年、一九二頁所収）。
63　『星霜百年　札幌市立月寒小学校開校一〇〇周年記念誌』札幌市立月寒小学校開校百周年記念事業協賛会、一九八二年、二八頁。
64　『北海道新聞』一九五三年一月二八日。
65　引揚者団体北海道連合会前掲書、一九四頁、二三〇頁。
66　吉田前掲書、九四頁。
67　前掲『白楊のあゆみ』、三六頁。
68　「昭和廿五年度　日誌」幌北小学校（札幌市立幌北小学校所蔵）。
69　「学級編制」一九五三年（札幌市立幌北小学校所蔵）。
70　「記録」幌北小学校父母と先生の会（札幌市立幌北小学校所蔵）。

71 前掲『白楊のあゆみ』四〇・四一頁。
72 「沿革史」札幌市立白楊小学校（札幌市立白楊小学校所蔵）。
73 「学校沿革史」函館市立万年橋小学校（函館市立万年橋小学校所蔵）。
74 「港小学校沿革史」函館市立港小学校（函館市立港小学校所蔵）。
75 同前。
76 同前。
77 『函館新聞』一九五八年二月二三日。
78 前掲「港小学校沿革史」。戦後、〝外地〟から引揚た教員は、教員不足だったこともあり、希望すればそのまま〝内地〟の教員になった。そのため、旧植民地の言語を理解することができる教員が港小学校にいたと推察される。

第10章

引揚者と学校（2）
——農業および漁業地域における学校設置と地域形成

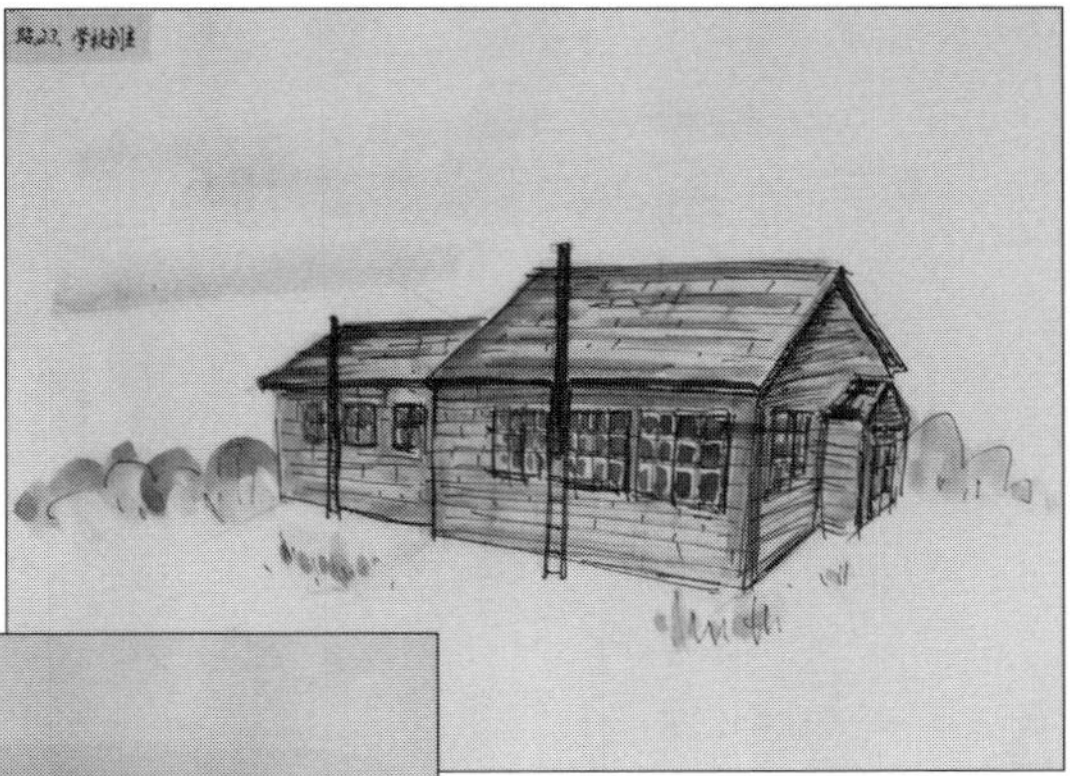

「山臼分校から山臼小学校へ」
（1946～49年頃のようす）
枝幸町立山臼小学校所蔵

はじめに

本章は、戦後の北海道における移住民と学校との関わりを、農業および漁業地域に見られた引揚者による学校設置の過程に着目し、その実態をとおして明らかにすることを課題としている。第9章で述べたように、全国でもっとも多くの引揚者が移住した北海道では、都市部に生活の場を求めた引揚者もいたが、未開墾地に独力で新たな地域社会を築いた引揚者も多かった。本章が対象にするのは農業地や漁業地に地域社会を形成し、学校を設置した引揚者である。〝外地〟で有していた資産のほとんどを喪失した引揚者にとって、厳しい生活条件のもとで子どもを就学させること、そのために学校を自ら設置しなければならなかった過程は、戦後、北海道に移動、移住した人びとが新たな生きる場を築く過程でもあり、地域社会を形成していく過程そのものだった。

日本政府は一九四五（昭和二〇）年九月に民間人の引揚に関する具体的な検討を始めるが、この年は大凶作でもあったため、食糧危機と失業問題への早急な対応に迫られていた。同年一一月、「緊急開拓実施要綱」が閣議決定され、五年間で道内七〇万町歩、道外八五万町歩の開墾が予定された（全国の開墾地の約半分近くを北海道が担うことになったところに、「緊急開拓」に占める北海道の位置の大きさがうかがえる）。その「要綱」の冒頭には、「終戦後の食糧事情及復員に伴う新農村建設の要請に即応し、大規模なる開墾、干拓及土地改良事業を実施し、以て食糧の自給化を図ると共に離職せる工員、軍人其の他の者の帰農を促進せんとす」とある。[1] 引揚者や復員軍人らを「緊急開拓」事業に従事させ、国内の食糧問題と引揚者の失業問題の両方に対応しようとしたのである。また、いわゆるマッカーサー・ラインの設定による大幅な漁場縮小に対処するため、北海道は新たな漁場の開拓、「魚田開発」を奨励した。この時期の北海道は引揚者を受け入れるとともに、食糧の増産そして新たな資源の開発が期待されたのである。

本章で分析対象とする地域は引揚者の生活実態に即して明らかにするに相応しい、樺太からの引揚者が集団移住し、学校を設置した北海道枝幸町山臼地域、国後からの引揚者が学校を設置した奥尻町湯浜神威脇地域、そして満洲国からの引揚者が設置した標茶町上多和地域である。

第1節　引揚者の職業状況と教育規程

「公式引揚」船の寄港地に道内の函館が指定されたことは第9章で記述した。同地には、函館引揚援護局が設置された。函館には、一九四六（昭和二一）年一二月の第一次引揚から一九四七年七月の第五次引揚までの間に二一八隻の「公式引揚」船が入港した。[2] 函館援護局は引揚者を、縁故を頼りに道外へ移住する者、道内に移住する者、そして「無縁故者」の三種に分けた。「無縁故者」は職業と行先が決まるまで函館援護寮で生活した。[3] ただし、縁故を頼って道外に移住した人びとも、そこに「いつまでも厄介に」なることに心苦さを感じ、その後、北海道に移住した人びとも多かった。[4] 樺太、国後、および満洲国からの引揚者の多くが、気候条件が引揚以前の居住地に似ている北海道への移住を希望したという。[5] 樺太からの引揚者は樺太への帰還が許された際に、すぐに戻れるように地理的に近い北海道への移住を望んだといわれている。

北海道に移住した引揚者の就業状況を**表19**に示した。「その他」を除けば、農業に就いた人びとがもっとも

表19　引揚者道内就職状況（1950年2月末日現在）

	就業者数	未就業者希望人数
農業	23,661	1,517
水産業	10,995	556
鉱業	16,779	638
工業	10,148	812
商業	12,844	1,394
林業	4,457	355
交通業	6,283	521
公務自由業	13,587	1,419
その他	35,695	2,770
計	134,449	9,982

「外地引揚者状況調」『引揚関係綴』1から作成。

多く、鉱業、公務自由業、商業、水産業と続いている。[6]しかし政府の引揚者に対する方針や準備などが遅れているなかで、北海道庁も移住地の測量や調査などを十分に行うことなく、農業地や漁業地を紹介したと思われる。農業地では一戸あたり一〇町前後の土地が貸与され、移住民の多くは散居（疎居）型を基本にした農村構造において、原野の樹木伐採作業から始めなければならなかった。漁業地はマッカーサー・ラインの設定により、新たな漁場の開拓、「魚田開発」が奨励されたが、港が整備されていたわけではなく、農業および漁業の両地域ともに引揚者自らが道路の敷設、井戸の掘鑿といった生活基盤作りやインフラ整備から取り組まなければならなかった。[7]

政府は戦災によって学校が破損し使用できない場合は、「軍施設等ヲ学校施設トシテ仮使用」することもできるとした。[8]新たに小学校を設置する場合は「学校教育法施行規則」（文部省令第一一号）により、「特別の事情のあるときは、分校を設ける」ことができた。学級は同じ学年の児童で編制することを原則としたが、「特別の場合においては」数学年の児童を一学級に編制することができ、全校児童を一学級に編制する小学校を単級学校とするとあらためて規定された。また「特別の事情あるときは」二部教授を実施することができた。小学校校舎の建築基準は一九四七年五月に告示されており、[9]一九四九年四月には新制中学校校舎とともに、新たに基準が定められた。[10]なお、新制中学校の設置については「独立校舎を持つことが望ましいが」、国民学校で高等科を併置していたところは高等科を中学校に代用する地域もあるため、「中学校を小学校と併置するのもやむを得ない場合がある」としている。しかし、「このような併置の場合であっても、中学校としての組織を持ち、専任校長及び教職員によつて運営されるのが原則である」とされた。[11] では実際、引揚者の人びとは、どのように学校を設置したのだろうか。

第2節 枝幸郡枝幸町山臼——樺太引揚者による学校設置

1 徳志別小学校山臼分校の設置

北海道北東部にある枝幸《えさし》村には、一九四五（昭和二〇）年から一九四九年までの間に約二三四戸の人びとが移住した。比較的、樺太に近い同村には、樺太からの「緊急疎開」先として自力で引揚てきた人びとが多く、[12] 一九四六年の米ソ協定締結後の「公式引揚」で引揚た人びとがそれに加わり、人口が戦前の約三倍に増加した（人口増加によって一九四七年に町制が施行され、枝幸村は枝幸町となった）。道外に一時的に引揚て、その後枝幸町に移住した引揚者の回想録によれば、「北海道の枝幸に行けば、トーキビもカボチャもたくさん穫れるし、魚も豊富だ。国では資金を貸してくれる」と宣伝され移住したという。[13] 資源の豊かさと行政の補助が（おそらくは過度に）強調された情報が流布していた状況は、戦前の北海道開拓において移住者を募った宣伝内容と酷似する。枝幸町風烈布《ふうれっぷ》地域では、一九四八年一一月に部落集会が開かれ、引揚者を受け入れることが話し合われている。風烈布小学校の「沿革史」には、樺太引揚者一一戸（七〇人）が「宿泊所なきため、当分の間、本校に滞在」したと記述されている。[14] 引揚者や引揚児童が移住当初、宿泊場所がないため家屋を自ら建てるまでは漁村であれば番屋、農村であれば厩舎などに共同宿泊していたことは道内各市町村誌に記述されているが、移住先に小学校があればそれも仮の宿泊場所として活用していたことが「沿革史」からわかる。[15]

枝幸町沿岸部の山臼には、一九四四年に樺太からの「緊急疎開」世帯六戸が、そして敗戦後に三八戸が移住し、その後次々と引揚者が移住した。[16] 物資が不足していたこともあり、引揚者は農地の開墾を鍬、鎌、鋸、斧などによる手作業で行わざるを得ず、漁業も小さな網で魚を捕る程度の自給自足生活から出発している。移住後一〇年間、冬は伐採や造林業の出稼ぎに行き、「明治時代に戻ったような錯覚すら覚えながら開拓」をすめたという。[17] 子どもたちは当初、同地から四〜七キロメートル以上離れた徳志別小学校まで通学しなければならなかった。「一番困ったのは子供たちの教育ですよ」[18] と引揚者は回顧している。当初、四〇戸程度だったこの地域が独立した学校を建てるのは容易ではない。開拓予算で徳志別小学校に一教室増築するので我慢してほしい、と枝幸町役場で言われたという。[19] 徳志別小学校までの通学路は十分に整備されていなかったので暴風雨の季節の通学が心配され、途中にある徳志別川は、秋には大漁の鮭が遡上するため熊が出没するという危険もあった。

一九四六年一〇月に山臼の初等科一年の女子が徳志別川の仮橋から転落死するという事故が起きた。[20] これを契機に山臼の人びとは学校設置運動、陳情を積極的に行った。人びとは集会場に集まって小学校設置について話し合い、自ら木材を集め建築作業も請け負い、校庭などの整備にも労力を提供して単級の分校を設置した。[21] でき上がった教室は床板がない土間で、机や椅子もなかったため「八寸位の板きれと、敷かも居の切りはしを足にして机」にしたという。[22] 設置された校舎は、政府の定めた建築基準を満たしてはいないが、寄付金や予算がないなかで人びとが労力を提供して設置した手作りの校舎だった。移住民は子どもたちを危険から守り安心できる教育環境のなかにおくことに合意し、協同で学校を設置したのである。

後年の回想によれば、こうして地域が一体となって強い意志を持つことができたのは、「樺太で何十年と努力して持った有形の財産は敗戦によって一瞬で失ってしまったが、教育という無形の財産は無くならないものだから子どもたちに与えたい」、という思いからだったと述べている。[23] 樺太で暮らしをたて、得た財産を一瞬にして失うという経験から、教育という子どものなかに培われる「無形」ではあるが失うことのない「財産」を与えたいという思いが人びとのなかにあった。そして子どもの将来を、その「無形」の「財産」である教育に託したと思われるのである。一九四八年九月、児童数五八人の徳志別小学校山臼分校の設置が認可された。[24]

2　山臼小学校と地域社会の形成

その後、山臼にさらに引揚者の移住が見込まれ、児童数が八〇人を超えることが予想された。人びとは協同して、自力でもう一教室増築することを決定した。一九四九年に増築し、一学年から三学年を一学級、四学年から六学年を一学級におく二学級編制とした[25]（**第10章扉絵参照**）。同年、山臼分校は独立して山臼小学校となった。独立認可書には、

就学児童数急激に増加し、又将来、緊急開拓者の入地者、未開発漁田開発者の入地等確定的計画もあるので、校舎増築、教員住宅の建築計画樹立と併行して学校の管理、教育の完璧を期さんとするものであります。[26]

と記されている。独立した小学校には専任教員をおくことになるが、新開の地であるため戦前同様に学校だけでなく、学校に隣接する教員住宅の建築も計画に入れる必要があった点が北海道の特徴である。教室の増築に必要な予算は、町や開拓補助費から賄われたのではなく、同地域に「魚田開発」をすすめるためについた予算から出費されていた。[27] 引揚者の移住が増え子どもたちの増加は予測し得たが、村が町にはなったものの、自治体の財力が追いつかず教育予算の確保が困難であり、生業のための資金を教室の増築や学校の経営費に充てたのである。

教員の確保も難しかったと回顧録にはある。山臼小学校に初代校長として赴任した篠崎繁雄は、獣医師の資格を持っていた。そのため、地域の牧畜業にも貢献している。[28] 校長宅（人びとが建てた住宅）に集まり、教育のみならず地域づくりについても議論し合ったと記されている。篠崎は、「地域の人がみんなで一緒に生きて行くんだという意気込みに、私等も一緒に生きて行くんだと」思った、と学校記念誌に当時の思いを残している。引揚者の移住が増加するにつれ、「あちこちからいわゆる荒くれ者が集まって来て」引揚者のなかには「本当に手に負えない」人もいたが、それが治まっていったのも篠崎の影響があったからだとも記述されていた。[29] 樺太から入地し、地域社会の秩序や安全も確立されていない状況からの出発だったから、人びとは学識ある教員にも地域形成に参加してもらうことを期待したことがわかる。教員もそれに応え、子どもの教育環境としての地域社会の形成をともに担った。山臼に赴任した他の教員も同様に、ともに地域づくりの要人となったと記述されている。そして、小学校の運動会を地域の祭の日に重ね、地域あげての運動会が実施された。[30] 地域社会そのものが確立されていない開拓地では、学校の行事が地域の行事となった。漁業を営む人びとが、そして散居（疎居）型の農村構造ゆえに普段の交流があまりない農業、牧畜業を営む人びとが、学校の行事をとおして交流し関係性を深め、地域づくりにかかわる意識を確認、共有していたと思われる。地域形成に必要な協同性を確認し、それを深める場として学校が位置づけられていたといえる。学校、教師の存在は新しい地域を形成するためには不可欠な存在だったのである。

山臼に単級の中学校が設置されたのは一九五〇年である。枝幸中学校山臼分校として開校し、三年後に独立して山臼中学校となった。[31] しかし独立した校舎を設置したのではなく、小学校内に付設された。同じ枝幸町東部沿岸部にあった他の中学校がそうであったように、小学校の教室を仕切って確保したと思われる。道内の農業、漁業地域では小学校の廊下や職員室をそのまま、あるいはそれを間仕切りし、中学校の教室に充てたところが多い。財政基盤が脆弱な新開の地域では、小学校を設置することが精一杯であり、同じ小学校に中学校用の教室を確保する以外に方法がなかったのである。中学校の校長や教員も、小学校の教員が兼ねた。当初、政府が原則とした「専任校長及び教職員によって運営される」中学校を設置するのは、引揚者にとっては至難のことだった。

第3節 奥尻町湯浜神威脇——国後島引揚者による学校設置

1 奥尻国民学校神威脇分教場の設置

一九四六（昭和二一）年八月、国後から集団で引揚た四五戸二八〇名が奥尻《おくしり》町湯浜神威脇《ゆのはまかむいわき》地域に移住した。[32]
引揚者らは国後から根室に一時的にとどまり、その後、移住先として奥尻島を紹介されたという。移動するに先立ち奥尻島を視察した者には、「サンマの手づかみ、ウニ、アワビが」豊富に捕れる「宝の島」に見えたという。国後から引揚て根室に至るまで「生死を共にした者同士、一緒に暮らしたい」ということになり、集団で奥尻島に移住することが決まった。[33] 神威脇は奥尻島の西海岸にあり、奥尻港から三二キロメートル、青苗から一六キロメートルのところに位置し、切り立った崖が海の近くに迫った場所だった。移住当初、港や道路は整備されておらず、海岸の波が引くのを待って先へすすむような場所だった。奥尻島の東側は、以前から住んでいる人びとの生活の場であり、波は穏やかで漁場に適していたが、西海岸は波が荒く漁場には適していなかったのである。移住当初、住居がないため人びとは廃屋を解体して木材を運んで仮小屋を作り、秋には一斉に役場のある奥尻地域に出稼ぎして漁業に従事した。一二月、出稼ぎから帰村した人びとを含めて、神威脇に奥尻国民学校神威脇分教場を設置することを決めた。[34] 翌年一月、廃材を船で瀬棚から運び、青年団とともに「部落中央海岸近くに二〇坪の仮校舎」を設置した。白樺の丸太柱に床がない土をならした土間で、机や椅子をそれぞれの家庭から持ち寄った。[35] 奥尻国民学校から教員が配置され、児童四九名の単級の奥尻国民学校神威脇分教場として開校した。四月には、小学校を卒業する子どもが入学する奥尻中学校の分教場を小学校に併置している。中学校を併置するこの分教場では、二名の教員が小学校一年生から中学校三年生までを担当した。[36] おそらく、当初、小学校と中学校の教室は分離されていなかったと思われる。一九四八年に移転改築し床のある校舎を設置して、小学校は奥尻町立神威脇小学校として独立した。

学校を設置したものの人びとの暮らしは苦しく、魚貝の収穫があったとしても道路が整備されていなかったため販売経路が確保できなかった。そのため春から夏にかけては東海岸で漁に従事し、秋から冬にかけては道外へ出稼ぎに行く人びともいた。引揚児童のなかには親とともに奥尻や青苗地域に移動し、その期間は当地の小学校に転校して、冬の漁閑期だけ神威脇の学校で学ぶ者もおり、当時、「学校の内容もわからないところ」

がいくつかあったと回想する人もいる。[37] そのような生活の厳しさから、一九五〇年には「病弱や生活苦と無医、無道路に力尽き」移住当初の約半数の人びとが同地域から離れていったという。[38] その後、「魚田開発が進められ、漁港工事が始まり」、青苗−神威脇道路工事の見通しが立ったことで再び移住民が増えた。[39] 道路開通を契機に、一九五七年から一九五九年にかけて小学校の児童数は六五名前後に増加している。[40] 小学校は、一九五七年に複式の三学級編制になった。ちなみに中学校の独立が認可されたのは、道路整備がすすめられた後の一九五五年だった。単級の中学校は、一九七二年に二学級編制になっている。[41]

2 神威脇小学校と地域

一九四九年に神威脇小学校に赴任した教員は、まず地域の各場所に案内され「全ての場所が学校と直結しているものと認識させられた」と述べている。学校は「地域の住民の心の寄りどころ」、地域の「センター的役割を果」たしていた、と学校記念誌に記述されている。[42] 赴任する教員に地域を知ってもらい、学校が「センター的役割」を担っていることを認識してもらおうとするのは、移住後に人びとが設置した唯一の公共施設が学校であり、地域を離れていく人びとがいるなかで、残る人びとにとっての「心の寄りどころ」が学校だったからだと思われる。そして山臼地域と同様に教員も地域社会の一員であり、ともに地域の存続に関わる存在であることを認識してもらうためであったと考える。同地域でも、地域の祭の翌日に運動会が実施されている。運動会を地域の祭日と連続させ、幼児から年配者、中学生はもちろんであるが高校生もそれに参加して、小学生とともに赤白黄組に分かれて実施されたという。神威脇の戦後開拓記念誌には「部落中が集まる日といえば運動会だった」と記述されている。[43]「子ども祭」という学校行事も、学校と地域が一体となって実施する行事だった。[44] 同地域だけでなく道内各地で作成された戦後の開拓記念誌には、地域の開拓の歴史を記述する際に学校の歴史をともに記しているものが少なくない。[45] 戦後開拓によって生活基盤を確立する過程においては、暮らしの再建と学校の設置維持は同じくらい重要なことであり、他地域や道外に出稼ぎにいく人びとがいるからこそ、同地の学校行事は、日々の疲れを癒やし、交流することが少ない人びとが集まる唯一の機会だったのだろう。ここでも学校は新たな地域社会を形成維持するために必要な人びととの協同性を確認し、深める場となっている。そのため学校は、「地域の住民の心の寄りどころ」となったのである。

神威脇小学校では独立した小学校ではあったが、施設設備は不十分なままだった。たとえば、一九五二年の「学事報告」によれば、校舎は「採光充分、湿度良好、非常時退避も容易」と記述されてはいるが、「中仕切り不完全の為、第一教室と第二教室の声の衝突が学習上、大きな障害となって」いると記されている。[46] 学校備え付けの教材教具の不足から、地域に寄付金を募ってはみたが、それでもなお不足していると記述されていた。また、教員は子どもたちの出席状況について、おとなたちの「いか場出稼」などにより「欠席及転校の期間長期にわたる」ため、「教育実施上の一つの悩み」になっているとも記している。[47] 既述のように、出稼ぎ期間が長く保護者とともに移動する子どももいたため、そのような子どもに「一貫した教育」の実施は難しい。また、「離島最辺地」という地理的環境は「児童生徒の見聞を極度に狭め」、戦後の「経験教育に徹するに道遠く、学習活動上、最も大きなマイナスで」あるとも記されていた。[48] 教員は戦後の新教育を実践する立場から、新しい教育内容や方法が十分に実践できない環境にあることに苦悶していた。[49]

第4節　標茶町上多和——満洲国引揚者による学校設置

1　標茶小学校弥栄分校の設置

一九四五（昭和二〇）年から一九五〇年までに北海道の東部、根釧台地の西側に位置する標茶町には約六〇〇戸の世帯が移住した。同町上多和《かみたわ》地域（通称、弥栄部落）は、満洲国東北部に武装移民として入殖した旧「弥栄村開拓団」の人びとが、引揚後に集団で移住した地である。その後、満洲国の他の「開拓団」の引揚者や満蒙開拓青少年義勇軍の訓練生だった青年たちも同地域に移住した。[50]上多和に移住した引揚者の人びとは当初、岩手、新潟、山形、長野の各県の郷里に身を寄せていたが、満洲国「弥栄開拓団」の指導者であった中村孝二郎が北海道移住を呼びかけ、それに応じて移住したのである。[51]一九四七年四月、同地に「先遣隊」として、岩手県出身者六戸、新潟県五戸、長野県の一戸が入地した。「先遣隊」は、分廐舎の飼料倉庫の一部を仮宿舎として寝起きし、土地を分画して区画ごとに共同仮小屋を建てた。しかし「先遣隊」のうち五戸は、土地が良好でないことや共同生活が続くなどの悪条件により同地からすぐに離れている。[52]同地域は地理的、気候的条件から、主畜農業を行う土地柄にあった。そのため十分な数の牛を購入するまでの間、「先遣隊」の人びとは牧草地を整えるための開墾作業を手作業で行いながら、伐採した木で製炭を試み現金収入を得ていた。[53]

「先遣隊」のなかには、四、五名の学齢期の子どもがいる者もいた。子どもが通う小学校は同地から一〇キロメートル以上離れた標茶の市街地にしかなかったため、市街地の管財事務所員の宿舎の一角を借りて子どもたちを合宿させ、母親たちが交替で世話をして標茶小学校に通わせた。[54]その後、他の人びとも同地に移住し五〇戸となり、中学生が三名、小学生が三四名と増加したため標茶小学校の分校を設置することが企図された。しかし、標茶町では上多和以外の地域にも引揚者の集団移住があったため、町は同地の分校設置を他の地域よりも後回しにする計画を立てていた。[55]しかしながら、役場で行われた戦後移住民の開拓に関する協議会において、標茶小学校校長の後押しもあり、弥栄分校の設置と教員一名の配置が決定したという。[56]おそらく、移住民の増加によって標茶小学校へ就学する子ども数の激増が予想されたため、分校を設置することで同校就学者数の軽減を図ろうとしたと思われる。一九四七年一二月、単級の標茶小学校弥栄分校が設置された。「屋根は笹葺き、机は床板を張っていない土間に桟を打ち粗削りの板を打ち付けた」[57]ものだった。翌年に標茶町に「開拓学校の補助金」が下りたため、一九四九年には木造平屋七五・三坪の床のある校舎が新築され、六月には移転し弥栄小学校として独立した。作家の平林たい子は、新築された弥栄小学校を来訪し、「日本一お粗末な学校」と評したという。[58]戦後開拓で農業や漁業に従事するため集団で移住した引揚者の人びとが、新たに設置した小学校の多くが単級のそのような、むしろもっと「お粗末な学校」から始めなければならなかったのである。

同年一一月に同校舎廊下の一部を仕切って標茶中学校弥栄分校を併設した。[59]中学校は一九五六年に農業の将来的見通しが立ったことを背景にして独立している。一九五八年には小学校が単級から二学級編制になっている。その後、小学校、中学校ともに教室を増築し、一九六二年に小学校は三学級編制に、中学校は翌年、二学級編制になった。[60]

2 弥栄小学校と地域

一九五〇年頃から道費や町費によって乳牛を貸し付ける制度が発足し、上多和地域の各戸に乳牛が導入されていくようになった。搾乳した牛乳を一二キロメートル先にある北海道バター株式会社（現雪印乳業）まで背負って運んでいたが、一九五二年には同地に牛乳処理場が設置され、地域で創設した組織で生産乳を処理できるようになった。[61] こうした産業の伸展を背景として、さらに移住民が増加し児童数および生徒数も増えたため、上多和地域は一九五〇年に教室の増築補助金とともに、弥栄小学校に井戸を設けるための補助金を道庁に申請した。[62]

地域の行事は「何事も学校中心の行事であり」「開校当初から学校部落合同運動会」が盛んに行われた。学校の「燃料を確保するためのマキ割り」や、遊具施設は「大木を切りたおして」地域の人びとが作った。[63] 住民の一人は、

弥栄地区を語る時に、学校の存在は見逃せません。日々開墾に汗していても、運動会、収穫祭、各種催事には地域の全員が集まり、開拓の苦労話、楽しい話等、地域の情報交換の場として大変大切な存在でした。

と述べている。[64] 同校の開校三〇年記念誌に人びとが寄せた文章には、小学校の「開校三十年は弥栄部落開拓の歴史と同一」[65]であるとの表現が散見され、長年にわたって人びとが学校の歴史と地域の歴史を一体のものとして捉えてきたことがわかる。この地域においても、学校の行事が地域の行事になっていた。そして酪農という生業を得て、散居（疎居）型の構造のなかでの生活が日常だったゆえに、人びとが集まり談話する機会がほとんどない同地域にとっても、学校や学校行事はお互いが交流し情報交換するところであり、日々の疲れを癒やし、励まし合う場となっていた。学校は移住民が集まり地域の協同性を確認し深める場でもあった。だから学校は、そうした人びとの生活にとって、「大変大切な存在」であり、同地でも「心の寄りどころ」になってい

たのであろう。

小括

戦後、北海道は〝外地〟にいた人びとの引揚地として、そして〝内地〟においては戦災によって生きる場を失った人びとの移住地として期待され、多くの人びとの移動、移住先となった。農業および漁業地に移住した引揚者は原野からの開墾、インフラ整備から出発し、資力のないなかで自ら労力を提供して、学校の校舎や教員住宅を設置した。財政的に困難な状況下で設置された学校は、床のない、机や椅子も手作りの単級学校から始まった。そして小学校の教室や廊下を仕切って中学校の教室も確保し、手作りの六・三制義務教育を子どもたちに準備した。

引揚者にとっては、まず生業を得て生活をたてることが必要だったが、そのような不十分な学校であっても学校を設置することは生活をたてることと同じくらい大切な、新たな地域社会を形成するために必要なことだった。学校で実施される行事、とりわけ子どもよりおとなの人数が多い運動会は地域の行事となり、学校は人びとの交流の場、「心の寄りどころ」となった。出稼ぎが多い地域の人びとが集まる場が運動会だったという漁業地や、日常的に人びととの交流がほとんどない散居（疎居）型の農業地においては、人びとが集まり情報交換をし、励まし合う場が運動会であり学校だったのである。学校は地域の協同性を確認し、深める場となっていた。そして新たな地域社会を形成する過程で、引揚者は学識ある教員に同じ地域の一員として、ともに社会形成に関わってもらうことを期待した。教員もそれに応え、人びととともに新たな地域の形成、存続に貢献したのである。

◉註

1　『新北海道史』第六巻通説五、北海道、一九九七年、二六〇頁。
2　函館引揚援護局史係『函館引揚援護局史』函館引揚援護局、一九五〇年、一五三〜一六四頁。
3　同前、一九一頁。
4　『満洲弥栄村引揚者が語り継ぐ労苦体験』弥栄会、一九九九年、一四二頁。
5　『函館市史』通史編第四巻、函館市、二〇〇二年、一五頁。
6　「外地引揚者状況調」(一九五〇年二月末日現在)『引揚関係綴』一(稚内市立図書館所蔵)。
7　たとえば『乙忠部小学校開校百周年記念誌　はばたけ二十一世紀夢をもって夢を追う』(乙忠部小学校開校百周年記念協賛会、二〇〇一年、九四頁)。戦後開拓は北海道外でも実施された。岡山県を分析対象とした大竹晴佳は、開墾は困難を極め「生活のためのインフラどころか居住施設もなかったために、最初の数年間は開墾を共同で行い、住まいも共同居住とする」必要があったと記述している(「戦後開拓集落における共同性の現状——岡山県A開拓地を事例として」『新見公立大学紀要』第三五巻、新見公立大学、二〇一四年、六七頁)。
8　「軍施設等仮使用ニ関スル件」発文四三号『近代日本教育制度史料』第二六巻、講談社、一九五八年、三六八頁。
9　「日本建築規格小学校建物(木造)」商工省、文部省告示第一号『近代日本教育制度史料』第二六巻、講談社、一九五八年、三七一頁。
10　「日本建築規格木造小学校建物(建築一三〇二)及び日本建築規格木造中学校建物建築一三〇三)」文部省、商工省告示第一号『近代日本教育制度史料』第二六巻、講談社、一九五八年、三八一頁。
11　「新学校制度実施準備に関する件」発学第六三号『近代日本教育制度史料』第二六巻、講談社、一九五八年、三九頁。
12　『枝幸町史』下巻、北海道枝幸郡枝幸町、一九七一年、六六〇頁。
13　同前、六五〇頁。
14　「沿革史」枝幸町立風烈布小学校(枝幸町立風烈布小学校所蔵)。

15 同前。
16 前掲『枝幸町史』下巻、六六〇頁。
17 前掲『乙忠部小学校開校百周年記念誌　はばたけ二十一世紀夢をもって夢を追う』、九四頁。
18 吉田幸子『聞き書き　望郷樺太――戦禍と引き揚げの記憶』二〇〇九年、四〇頁。
19 『山臼小学校開校三〇周年記念誌　栄光』山臼小学校三十周年記念協賛会、一九七八年、一八頁。
20 「沿革史」枝幸郡徳志別尋常小学校（オホーツクミュージアムえさし所蔵）。豪雨により徳志別橋が流失したため仮橋を架けたが、児童がそこから転落したと記述されている。
21 『開校五十周年記念誌　栄光』山臼小学校五十周年記念協賛会、一九九八年、一八〜二七頁。
22 前掲『山臼小学校開校三〇周年記念誌　栄光』、一九・二〇頁。
23 前掲『開校五十周年記念誌　栄光』、三八頁。
24 「学校及教育施設　設置　廃止」一九五二年（オホーツクミュージアムえさし所蔵）。
25 前掲『山臼小学校開校三〇周年記念誌　栄光』、一七〜二〇頁。
26 前掲「学校及教育施設　設置　廃止」。
27 前掲『山臼小学校開校三〇周年記念誌　栄光』、二〇頁。
28 前掲『開校五十周年記念誌　栄光』、三二〜四五頁。
29 同前。
30 引揚者が多く入地した枝幸町の東部沿岸部は、地域の祭りと運動会の日を重ねている地域が多い。たとえば、前掲『乙忠部小学校開校百周年記念誌　はばたけ二十一世紀夢をもって夢を追う』（九九頁）。
31 「沿革史」枝幸町立山臼小学校（枝幸町立山臼小学校所蔵）。
32 「沿革史」神威脇小学校（奥尻町役場教育委員会所蔵）。その後、樺太からの引揚者も加わっている。
33 熊木重昭『最へき地校の挑戦　神威脇物語　命輝く教育の力』発行年不詳、五・二一頁。
34 前掲「沿革史」神威脇小学校。
35 熊木重昭『神威脇小学校廃校誌　神威脇』神威脇小学校廃校事業協賛会、一九九六年、三七頁。

36 前掲「沿革史」神威脇小学校。

37 『閉校を偲ぶ記念誌』神威脇中学校、一九八〇年。

38 熊木前掲『神威脇小学校廃校誌　神威脇』、二一二頁。

39 同前。

40 前掲「沿革史」神威脇小学校。この道路が開通したことによって、逆に同地域を離れ、青苗や東部に移る人が増え、二〇〇海里問題（排他的経済水域）を契機に過疎化がすすんだ。一九九三年の北海道南西沖地震で校舎が損傷し復旧の目途がたたず、神威脇小学校は一九九五年に閉校した。

41 同前。

42 熊木前掲『神威脇小学校廃校誌　神威脇』、一四・三四頁。

43 同前、一六頁。

44 同前。

45 本章第4節で取り上げる上多和地域の『弥栄――五〇年の歩み』も開基・開校五〇周年記念誌として地域と学校の歩みを一緒に取り上げているが、たとえば浦河町の上杵臼地域の記念誌も『浦河町上杵臼開拓開校二〇周年記念誌　拓跡』（浦河町開拓開校二〇周年記念誌編纂委員会、一九七一年）を発行している。上杵臼地域は、多くの樺太からの引揚者と、満洲国からの引揚者、そして道内外の他地域からの移住民が一九五〇年に移住した地域である。

46 「昭和二十七年度学事報告」奥尻村立神威脇小学校、奥尻村立奥尻中学校神威脇分校（神威脇生活改善センター所蔵）。

47 「昭和二十六年度学事報告」奥尻村立神威脇小学校、奥尻村立奥尻中学校神威脇分校（神威脇生活改善センター所蔵）。

48 「昭和二十九年度学事報告」奥尻村立神威脇小学校、奥尻村立奥尻中学校神威脇分校（神威脇生活改善センター所蔵）。

49 前掲「昭和二十七年度学事報告」。

50 『弥栄――五〇年の歩み』開基・開校五〇周年記念誌、弥栄地域開基・開校五〇周年記念実行委員会編集部、一九九八年、二六頁。

51 『拓魂三十年』弥栄部落会、一九七七年、二五頁。中村孝二郎は、拓務省拓務技師として農業開拓の満洲国移住適地調査班の班長となり、満洲国弥栄村の地域形成を指導した（「中村孝二郎氏と弥栄開拓団　町史考資料」作成年不詳）（標茶町図書館所蔵）。
52 中沢万吉「離農した私の場合」作成年不詳（標茶町図書館所蔵）。
53 前掲『拓魂三十年』、二九頁。
54 菊地参次『私の思出の手記――引揚、入植、入植後の苦闘』作成年不詳（標茶町図書館所蔵）。
55 前掲『拓魂三十年』、六〇頁。
56 同前、一五二頁。
57 同前。
58 同前、一五三頁。
59 同前、一九三頁。
60 前掲『拓魂三十年』、一五三頁。
61 同前、五二頁。
62 同前、一九五頁。
63 同前、一四七頁。標茶町立弥栄小学校は、二〇〇七年三月をもって閉校した。
64 前掲『弥栄――五〇年の歩み』、二〇四頁。
65 前掲『拓魂三十年』、一四五頁。

結章

本書のまとめ

第1節 総括

本書で明らかにできたことを、改めてまとめると次のようになる。

第1章では、北海道庁設置直後の北海道で実施された教育政策の内容を、道内に発せられた教育規程を分析することをとおして検討した。この時期は松方財政によって困窮した人びとが増えたことを背景として、北海道への移住民が増加した時期であった。施行された教育規程は、そのような移住民の子どもたちを対象にしたものであり、北海道の教育は「殖民的」で〝簡易〟な教育であるべきだとされ、開拓作業を優先する教育が奨励された。尋常科第二学年以上および小学簡易科に「実業演習」科目が設けられ、子どもたちが開拓作業を引き継ぐことを想定した教育が重視されたのである。道内の約九六パーセントの公立小学校が小学簡易科に指定されたのは、開拓事業そのものを優先し、移住民の子どもの教育整備に投入する予算を極力節減するというこの時期の施策の表れであったといえる。府県では小学簡易科の授業料は原則、徴収されなかったが、北海道では、ほとんどの小学簡易科において授業料が徴収されたこともその表れであったといえよう。

しかし、開拓作業を優先した道庁の教育政策ではあったが、移住民にとって教育は小学簡易科であっても開拓作業の後回しにするべきものではなく、学校は新たな地域社会で生きていくためには必要不可欠な存在であり、地域社会の形成は学校があってこそ成し遂げられると考えられていた。小学簡易科であったとしても、それは重要な教育機関であると認識されていたのである。また開拓作業をすすめ移住した地域での生活をより確かなものにするためには、近代的知識や技術を得ることが必要であると認識され、小学簡易科にとどまらず、尋常科、高等科を設置することが必要であると考えられていた。開拓政策をすすめる側と移住民との間には、子どもたちの教育に対する考え方、意識の相違があったのである。

第2章では、第二次小学校令下において「市制町村制ヲ施行セサル地方ノ小学教育規程」を適用した北海道教育の実態を明らかにした。同規程を適用した北海道では、引き続き尋常小学校の教育規程に「実業」科目が設けられていた。道庁は第二次小学校令には記されていなかった、修業年限を二カ年ないし三カ年とする第二類の尋常小学校を設け、施設設備、修業年限、教育内容のいずれにおいても府県では類を見ない「低度」で〝簡易〟な小学校の設置を認可した。

開拓事業における北海道農業地の構造は府県とは異なり、ケプロンが先導した散居（疎居）型となった。この構造は、子どもたちに近隣住民との接触を疎くする生活と、危険や困難を伴う遠距離の通学空間をもたらすことになった。そのような通学空間によって子どもたちの学校への就学や出席が阻まれることになり、すなわち、開拓促進のための政策は北海道教育の普及と相克する実態を生じさせていたのである。

第3章では、道庁設置から一九二二（大正一一）年頃までの期間に、北海道への移住民数がもっとも多かった新潟県から移住した人びとによる地域社会の形成と小学校との関わりを分析した。北越戦争とその後の松方財政、そして人口増加による同県の農業地域の疲弊・窮状が北海道移住の背景にあった。北海道移住を指導した三島億二郎は、渡道後、寺の説教所を利用した「教育場」で子どもたちの教育を行うことを想定していた。しかし入地後、開墾作業に追われていたこともあってか、設置された「教育場」に子どもを就学させた移住民は少なかった。

その後、一八九三（明治二六）年に尋常小学校の設立が企図された。それを設置維持するために必要な教育費は移住民に課せられ大きな負担となったが、地域有力者の意に反して人びとは二階建ての校舎の建築を望んだ。制度に準じ、一定水準の条件を満たした理想とする学校の設立を、人びとは要望した。一八九六年に設立された尋常小学校には、多くの子どもたちが就学した。子どもたちの教育の場をまず確保し、そこから教育環境を整えていくことが、移住した人びとに暮らしの安定や安心感をもたらすことになり、人びとを地域社会に定着させることに繋がったのである。

第4章では、北海道で施行された「簡易教育規程」について、それが制定された背景と、その実施によってどのような状況がもたらされたのかを分析した。「簡易教育規程」は開拓政策である「団結移住ニ関スル要領」によって、おもに日清戦争前後の不況期に北海道に移動、移住した人びとと子どもたちに向けられた教育政策だった。それは〝簡易〟な施設設備で〝簡易〟な教育内容を実施する簡易教育所という教育機関の設置を認めるものであり、そこに子どもたちが就学することで、尋常科相当の教育内容を修得したと認可するものであった。この規程は、〝下降〟〝停滞〟していた北海道の就学率を〝上昇〟に転じさせた。そして道庁は、さらに「子守児童」や「年長児童」そして季節によって保護者とともに移動する児童に対して、簡易教育所よりも〝簡易〟な特別教授を実施することも認めた。

「簡易教育規程」の適用期限は六年間であり、それ以後は尋常小学校を設置しなければならなかった。しかし移住民は教育費の負担と子どもたちの安全な通学を考慮すれば簡易教育所を存続させることが望ましいと合意し、これを道庁に要望した。移住民がより望ましい教育施設のあり方を考え、道庁に教育行政内容の一部修正を迫ったのである。行政側は規程にあった適用期限を撤廃し、移住民の要望は実現するに至った。しかしそれは、地域の経済的格差に対応した初等教育機関の階層的格差構造を存続させていくことにもなったのである。

第5章では、日露戦争後から一九二〇年代を対象に、鉱工業生産額が農業生産額を上回る産業構造転換期の、鉄鋼業地域と石炭鉱業地域における教育制度と地域の実態を分析した。この時期、簡易教育所は〝簡易〟な施設設備、教育内容のまま一九〇八年の「特別教育規程」によって、教育所という名称に変わる。その後、当時の道庁長官だった俵孫一の政策によって、教育所は尋常小学校と名称を変えることになる。ただし、それは一般の尋常小学校とは異なった、施設設備や教育内容が〝簡易〟なままの、特別尋常小学校だった。そして、第三次小学校令の実施を契機に「実業」科目が、尋常科理科の時間に男子に課されることになった。

鉄鉱業地域および石炭鉱業地域では大企業による寄付金により、特別尋常小学校が特別ではない尋常小学校になり、尋常高等小学校の設立もあいつぎ、教材教具も〝充実〟したものになっていった。しかしそれらの地域では、急激な人の移動、人口増加に伴い公共事業が膨張して行財政を圧迫する事態となっていた。授業料は第三次小学校令により原則、徴収されないことになるが、北海道ではそのような地域の尋常科において授業料が徴収される例が見られた。企業により小学校が〝整備〟されていく一方で、その小学校に子どもを通わせる地域の人びとには授業料の費用負担が生じるという実態があったのである。

第6章では、産業構造転換期における農業地域の教育制度と教育実態を分析した。この時期、農業地域においては北海道型の小作制大農場経営が成立、展開していた。一九〇八年に施行された「特別教育規程」により、教育所よりも施設設備および教育内容が〝簡易〟ではあるが、尋常科相当の教育を修得したことを認める特別教授場という教育機関の設置が認められた。特別教授場は、散居（疎居）型構造におけるおもに小作制大農場経営が展開されていた地域に設置されていった。北海道ではこの時期、地域の産業や財政状況に対応した、尋常（高等）小学校、特別尋常小学校、特別教授場という三種の初等教育機関が設置されており、教育の階層的格差構造が形成されていった。

教育勅語謄本および御真影の下付のあり方も、それら三種の格差構造に影響を与えた。奉安殿設置を条件に尋常（高等）小学校には両者が、特別尋常小学校（教育所）には教育勅語謄本のみが下付され、特別教授場にはいずれも下付されなかった。それら三つの教育機関の格差状況が際だっていたことが、この時期の北海道教育の特徴だった。しかしそのような格差状況のなかにあっても、特別教授場や特別尋常小学校（教育所）を設置した地域の人びとは、子どもの教育環境を自立的に整え確保しようとしていたのである。

第7章では、一九二八（昭和三）年から一九三六年までに発行された『北海道小学郷土読本』に掲載されていた読み物教材を分析し、北海道の子どもたちに求められた「愛郷心」とは何かを検討した。北海道の子どもたちに求められた「愛郷心」とは、移住地である北海道という郷土にとどまり、忍耐強く開拓作業に従事することであった。そして、忍耐と努力の先には、「生活の安定と心の満足」という〝成功〟が待っていると、読み物教材は子どもたちに語っていた。

同時期、「第二期拓殖計画」において「許可移民」の招致がすすめられていた。「許可移民」と認められた移住民は道東への入地が条件になっており、補助金を得て他の移住民よりも初等教育機関を早々に設置することができた。しかし一九三二年前後に北海道を襲った大凶作は、道内の「許可移民」をはじめとするおもに道東の人びとの生活を脅かし、多くの欠食児童や栄養不良の子どもたちを生じさせた。そのため、生活の厳しさから道内の他地域や道外へ転出する者が続出した。教育方針として掲げられた「愛郷心」の育成によって得られる「安定と心の満足」のある理想的な生活を得ることができた移住民もいたが、そこから大きく乖離した現実の生活のなかにいた移住民も多かったのである。

第8章では、「国民学校令」の実施によって、府県と〝同一〟の教育制度となった時期の北海道教育の実態を分析した。戦時下の北海道においては、勤労作業すなわち開拓作業という錬成をとおして、皇国民の育成が目指された。とくに単級学校には、皇国民として必要な「共同性」を子どもたちに養成することが求められた。しかし、地域の財政的条件や地理的条件によって戦時体制下に相応しい〝理想〟とする教育が実施できない単級学校が多くあった。複式学級を持つ、あるいは単式の学校も勤労作業、開拓作業をとおした錬成が実施された。しかしながら、連続する冷害や凶作で栄養不良となる子どもたちを前にして、農業や牧畜業の勤労作業は子どもたちの栄養補給へと繋げられていた。

軍需拡充による石炭増産政策によって、炭鉱業地域の学校数や学級数、児童数は増加していった。財閥、大企業側からの寄付などによって学校の施設設備は充実していったが、そこでも炭鉱に関連した勤労作業による錬成が行われ、「坑口慰問」や「選炭作業」などが実施されていた。戦争の拡大によって炭山の保安が軽視されるようになり爆発事故などが増加し、子どもたちの親族らが犠牲になっていた。そして朝鮮人労働者の子どもたちも呼び寄せられ、北海道に移住し、地元の学校に就学した子どもたちもいた。そこでは「融和策」という名のもとに、日本の言語、歴史、習慣を朝鮮人労働者の子どもたちに教え込む皇民化教育が行われていた。

第9章では、敗戦直後を対象時期として、北海道の都市部に移動、移住した引揚者や引揚児童に着目し、それらの人びとと学校との関わりを分析した。引揚者への政府や自治体の対応が現実を後追いする状況のなかで、引揚者と引揚児童は厳しい生活環境のなかにおかれ、引揚児童は労働を余儀なくされた。そのため学校に就学できなかったり、長期欠席をせざるを得なかったりした子どもも多くいた。また〝外地〟に何年もとめおかれた子どももと〝内地〟の子どももとの間には、学力の「開き」が生じており、日本語が理解できない引揚児童もいた。しかし、苛酷な実情にあっても、分校や新たな学校の設立によって就学が可能になった児童や、日本語が話せないなどの実情を克服する教育を受けることができた児童もいた。それらを可能にしたのは、引揚者自らの努力や行為、そしてそれに応えようとした教員の存在であった。

第10章では、第9章に引き続き引揚者、引揚児童に着目して、農業および漁業地域における学校設置の過程を分析し、引揚者による地域社会の形成と学校との関わりを検討した。農業および漁業地域に移住した引揚者は、資力のない状況のなかで自らの労力を提供し小学校や教員住宅を設置した。設置された小学校は床のない手作りの単級複式学校からの出発であり、小学校の教室や廊下を仕切り中学校の教室も準備することから始められた。学校で実施された運動会などの行事は地域の行事となり、そこに人びとが集まり交流して情報を交換する場となっていた。戦後開拓期の新たな地域社会を形成する過程においては、学校が人びとの「心の寄りどころ」となっていた。新たな社会の形成過程には、教員もそれに関わることが期待された。教員は引揚者らの期待に応え、人びととともに地域社会の形成に貢献した。戦後の北海道における新たな地域形成においても、戦前同様に学校の存在は大きな意味を持ち、人びとの協同性を確認し合い、さらにそれを深める場となっていたのである。

道庁設置以降の北海道教育の変遷を各章節で確認し、通史的に俯瞰すると、「国民学校令」が施行されるまでに「市制町村制ヲ施行セサル地方ノ小学教育規程」を適用することによって北海道で施行された「小学校教則」や「簡易教育規程」、そして「特別教育規程」、改正された「特別教育規程」は、小学校令の公布と改正に対応しているが、むしろ開拓政策に伴う移住民数の変動に対応したものであったことが確認できる。松方財政による窮民移住に対応した「小学校教則」、日清戦争前後の移住増加に対応した「簡易教育規程」、日露戦争後の増加に対応した「特別教育規程」、そして第一次世界大戦を契機とする移住民増加に対応したのが改正された「特別教育規程」だった。それらに共通していたのは、開拓政策を優先する教育政策の遂行だった。散居（疎居）型の生活構造を基盤とする農業地域への対応策として、「学校」という文字を使用しない初等教育機関である簡易教育所、教育所、特別教授場が設けられたことは、北海道に三層の格差をもった教育構造をもたらした。この三層構造は、北海道において約三五年間継続された。北海道が「内国植民地」として日本の資本主義構造に組み入れられていく過程で、労働力として移動、移住した多くの移住民の子どもたちの教育は、「市制町村制ヲ施行セサル地方ノ小学教育規程」の「特別ノ処分」規定をとおして階層的格差構造に形作られていったといえる。

第二次小学校令は、学校設置の基準を詳細に示し、学校は自治体を設置主体とする、という原則で貫かれていた。市制町村制が導入されなかった北海道では、教育機関が設置できる環境に至るまでそれを地域に設置しないことを許し、学校としての基準を満たせなければ〝簡易〟な教育内容、施設設備でもよしとされた。それが、「市制町村制ヲ施行セサル地方ノ小学教育規程」の実態だった。一定水準の学校教育の普及を目指し厳しく府県を指導しながら、しかし他方で、それを実現できない地域の教育については〝等閑に付し〟、〝簡易〟でよしとする日本の近代教育の性格、ありようが垣間見えてくる。三層の階層的格差構造を持つ理由を、為政者は「殖民的」教育という言葉で説明する。それは、尋常科において〝実業〟を重視した科目の設定にも表れていた。第三次小学校令で科目数の負担が批判されたことにより、北海道における尋常科の「実業」科目は姿を消すが、後に授業時間は増やさず理科の時間にそれを加え、特別教授場という機関を設けた施策を考えれば、為政者にとって北海道の教育は「殖民的」教育とする、という考えで一貫していたと思われる。「国民学校令」により形式的にそれが解消され、府県と〝同一〟の教育が目指されるが、実業教育は錬成としての勤労教育に変わり、したがって北海道においては、戦前をとおして〝実業〟教育が重視されていたのである。

他方、移住民にとって学校、初等教育機関の設置は、政府や道庁が開拓政策を優先し〝簡易〟な教育を認可したとしても、財政的負担が伴うものであった。しかし〝簡易〟な施設、教育内容だったとしても、移住民にとって初等教育機関は暮らしとともに、地域とともにあるべき存在だった。「教育所に昇格した」「尋常小学校に昇格した」という「昇格した」という表現には、子どもの教育環境をよりよくしたいという思いと、地域とともにある教育機関は地域の象徴でもあったから、その改善に努めようとしていた実情がうかがえる。

戦後、北海道は、日本の戦時下の矛盾と戦後の食糧難の問題を引き受けた。引揚者による戦後開拓がその一つであるが、開拓地では学校が戦前同様に、人びとが生きるために必要な存在となっていた。戦前の開拓政策によって北海道に設置された単級複式学校の数の多さとその教育方法は、戦後の北海道教育の大きな課題として引き継がれることになった。北海道は今日においても、へき地学校数が全国一位の多さであるが、それはたんに北海道という広大な地理的環境に起因するのではなく、戦前からの、そして戦後の開拓政策に起因するものなのである。戦前、そして戦後直後の北海道移住民は、自らの財政基盤をふまえ、子どもの安全性を重視しつつ教育環境を整えるために行政側に教育行政の柔軟な対応を要請していた。学校はそのように地域の人びとが協同性を発揮するさまざまな条件を有していたのである。

では、学校が移住民にとってそのような場となり、費用負担が強いられても維持し、子どもを通わせる場となっていたのは何故なのだろうか。制度であり規則だからという理由ももちろんあるが、金子清一郎が指導者としての立場から語ったように、人びとのなかに秩序やそれに伴った言動、習慣的規律を形成することを可能にするのが教育だからであろう。また石狩小学校の高等科設置にみられたように、生活をより豊かにするために必要な、新たな知識や技術が教育によって得られるからであろう。そして何よりも、それらを含めて、山臼に移住した引揚者の人びとが、教育は「無形」ではあるが失うことのない子どもの「財産」であると語っていたように、子どもの将来の「可能性」や「希望」を実現に導くのは教育であると認識されていたからではないだろうか。

第2節　残された課題

本書は、北海道庁設置後から敗戦直後に至るまでの時期を対象に、北海道移住民と学校との関わりをとおして北海道教育の特徴を明らかにした。しかし対象とした時期が広範囲であったこと、そして分析対象地域を限定したために調査が不十分であったり、論理展開が浅かったりした箇所が散見され、残された課題は多い。とくに今後の重要な課題だと思われる点をいくつかを取り上げておきたい。

一つめは、分析対象地域についての課題である。各章各時期に提示した地域だけでなく、同時期における他の産業地や市街地、都市部の学校についても取り上げ比較することによって、より具体的に北海道教育の特徴を描き出すことができたと思われる。

二つめは、〝簡易〟な施設設備、教育内容の特別尋常小学校（教育所、簡易教育所）や特別教授場で実施された教育内容、方法の詳細な実態を明らかにすることができなかったことである。戦前の単級学校における教育内容とその方法をさらに具体的に追究することも今後の課題である。

三つめは、第8章に記述した朝鮮人労働者の子どもたちに対する教育が、どこで、どのように実施されていたのか、その具体についてはいまだ着手されておらず不明であり、本書でも不十分なままに終わっていることである。朝鮮人労働者の子どもたちの生活と教育の実態を明らかにすることが、今後の課題となる。

四つめは、戦後開拓期における分析の対象を引揚者のみにとどめたことである。戦時下、地上戦や空爆によって被災した沖縄や東京をはじめとする各地の人びとが、戦後、生きる場を求めて北海道に移動し移住した。それらの人びとによる北海道の戦後開拓と教育の関係を明らかにすることが今後の課題である。

前記、残された課題を、新たな資料発掘とともに今後も追究していきたい。

あとがき

本書は、筆者が北海道教育大学に就任してから約二〇年間、北海道を対象に教育の歴史を調査し考察してきた集成である。その間に学会などで発表し、活字化した論文が各章で引用されている。論文発表後も資料調査を続け、新たな見解を多々加えたためその内容は改稿されているが、それら論文の初出は次のとおりである。

- 「一八九五年に施行された北海道における小学校の教育制度の特徴」『北海道教育大学紀要』教育編第六一巻第一号、北海道教育大学、二〇一〇年。JSPS科研費（課題番号：22530808）の助成を受けた。
- 「『小学校規則及小学簡易科教則』下の北海道における小学校の実態」『日本の教育史学』教育史学会紀要第五二集、教育史学会、二〇一一年。JSPS科研費（課題番号：22530808）の助成を受けた。
- 「北海道庁令『簡易教育規程』（一八九八年～一九〇八年）について――就学率の推移と簡易教育の実態に着目して」『日本の教育史学』教育史学会紀要五七集、教育史学会、二〇一四年。JSPS科研費（課題番号：22530808）の助成を受けた。
- 「近代北海道における野幌移住民の小学校設立過程」『地方教育史研究』全国地方教育史学会紀要第三六号、全国地方教育史学会、二〇一五年。JSPS科研費（課題番号：25380999）の助成を受けた。
- 「産業構造転換期の北海道における初等教育の実態」『日本教育史研究』第三六号、日本教育史研究会、二〇一七年。JSPS科研費（課題番号：16K04445）の助成を受けた。

●「戦後北海道における『引揚児童』と学校」『日本の教育史学』教育史学会紀要第六三集、教育史学会、二〇二〇年。ＪＳＰＳ科研費（課題番号：１９Ｋ０２４４４）の助成を受けた。
●「戦後北海道における引揚者と学校――農業および漁業地における学校設置と地域形成」『日本教育史学会紀要』第一二巻、日本教育史学会、二〇二二年。ＪＳＰＳ科研費（課題番号：１９Ｋ０２４４４）の助成を受けた。
なお、本書の刊行に際しては、ＪＳＰＳ科研費（課題番号：２４ＨＰ５１４３）の出版助成を受けた。

前記四つめの論文、本書の第3章に記した野幌移住民の郷里である長倉地区は、筆者の郷里の実家から程ないところにあり、三島億二郎が北海道移住を語った了元寺は、当時の次男の方が引き継ぎ、現在も子孫の方に受け継がれ存在している。北海道移住民が多かった新潟県の長岡に生まれた私にとって、北海道の研究調査は、ふるさと再発見の調査でもあった。

小学校低学年の頃を北海道の標茶町で過ごした女優の高橋恵子さんが、あるテレビ番組でその頃の思い出を聞かれた際に、思わず発した言葉が、「学校が遠くてねえ」、だったことを覚えている。その「遠くてねえ」の言葉が表すイメージを、どれだけの人が共有することができたのだろうか。道外の、一般的な小学区内での通学経験からイメージする「遠い」とは、おそらく違っているはずである。道内調査の際に、広大な畑や牧草地のなかに、訪れる予定の学校を見つけたときに、ふと頭に浮かんだのは、昔見たアメリカ開拓時代の『大草原の小さな家』というドラマのシーンだった。新渡戸稲造がいったように、たしかに主人公の少女とともに子どもたちが馬車に乗り合い、単級の学校に通っていた場面があった。しかし、乗合馬車がなかった北海道の子どもたちの通学は、想像を超えるものがある。現在はスクールバスが大いに活用されている。そう聞くと、都府県の状況と差異がなくなったように思われるが、たとえば、私の職場のゼミナールに所属していた学生は、町に一校となった公立の小学校に、片道一時間半ほどスクールバスに揺られて通学したのだという。公立学校に通うための乗車時間は、やはり都府県とは異なるだろう。

北海道の教員養成大学に勤務していたので、市内の小学校を訪れる機会が頻繁にあった。調査で道内各地の小学校を訪ねた際にも、そこには必ず自校の歴史を記した年表が廊下に掲示されていた。始まりが、尋常小学校だった学校もあるが、小学簡易科であったり、簡易教育所だったり、特別教授場であったりとさまざまである。しかし、自校の始まりが尋常小学校ではない名称の機関であったことは知っていても、その学び舎が、尋常小学校とどう異なるのか、どれだけ地域と深い関係にあったのかを知る機会は、今の人びとにはほとんどないだろう。子どもたちも学校の教員も、そしておそらく地域の人びとも北海道教育と地域の歴史を知る機会がほとんどないのが現状だろう。そのようななかで、本書が少しでもそれを紐解くきっかけになれば幸いに思う。

本書の執筆にあたり資料調査を行った際に、多くの図書館や博物館、小学校、個人の方々に資料の閲覧・撮影などに協力していただいた。お忙しいにもかかわらず、資料撮影の場所を用意してくださったり、所蔵資料をあらためて探していただいたりと、ご親切に対応していただいたことに、この場を借りてお礼申し上げます。各機関の名称やお世話になった方々のお名前は記しませんが、たいへん感謝しております。また、本書の出版にあたっては、六花出版の方々にたいへんお世話になりました。ありがとうございました。

主要参考文献・資料一覧

本書で引用、参考にした図書、論文、県市町村史、県市町村教育史、新聞、雑誌、資料などを、年代順に取り上げた。

■図書・論文等

『開拓使顧問ホラシケプロン報文』開拓使、一八七九年
『文部省年報』一八九〇〜九七年
久松義典『開拓指鍼北海道通覧』経済雑誌社、一八九三年
『日本帝国文部省年報』一八九八・一八九九年
『北海道庁現行布令便覧』函館区役所、一八九八年
『拓殖現行法規』北海道庁殖民部拓殖課、一九〇二年
『北海道庁統計書』北海道庁、一八八八〜一九五一年
池田源吾・宇和野与四郎編『現行教育例規類纂　全』一九一〇年（北海道大学附属図書館所蔵）
『教育関係会議事項集』北海道庁内務部教育兵事課、一九二四年（北海道教育大学附属図書館所蔵）
高坂久喜『北海道小学郷土読本』尋常四年用、一九三〇年
高坂久喜『北海道小学郷土読本』尋常五年用、日本教育出版、一九三〇年
北海道小学校長会『北海道小学郷土読本』巻七、一九三一年
北海道小学校長会『北海道小学郷土読本』巻三、一九三一年
北海道小学校長会『北海道小学郷土読本』巻三、一九三二年
北海道小学校長会『北海道小学郷土読本』巻七（第二版）一九三二年

北海道小学校長会『北海道小学郷土読本』巻九（第二版）一九三二年
北海道小学校長会『北海道小学郷土読本』巻一一（第二版）一九三二年
『続福沢全集』第三巻、岩波書店、一九三三年
北海道小学校長会『北海道小学郷土読本』巻七、一九三四年
北海道小学校長会『北海道小学郷土読本』巻八、一九三四年
北海道小学校長会『北海道小学郷土読本編纂趣意書並ニ典拠、解説』日本教育出版社、一九三四年
『本道に於ける国民学校経営の研究』北海道庁・北海道国民学校四師範共同研究会、一九四二年
中戸川勇『単級複式国民学校経営の基調』函館師範学校附属亀田国民学校単級複式教育研究部、一九四二年
『昭和二十二年第二回定例北海道議会議事速記録』北海道、一九四七年
『衆議院海外同胞引揚及び遺家族援護に関する調査特別委員会議録』一九四九年
『昭和二十四年第一回定例北海道議会議事速記録』(上)、北海道、一九四九年
函館引揚援護局局史係『函館引揚援護局史』函館引揚援護局、一九五〇年
氏家民雄『一九五一年版　北海道年鑑』北海道新聞社、一九五〇年
引揚援護庁長官官房総務課記録係『引揚援護の記録』引揚援護庁、一九五〇年
『昭和二十五年第一回定例北海道議会議事速記録』(上)、北海道、一九五〇年
『衆議院海外同胞引揚及び遺家族援護に関する調査特別委員会議録』一九五〇年
『北海道教育概要　一九五一年版』北海道教育委員会調査課、一九五一年
『長期欠席児童生徒調査報告』函館市教育委員会学校教育課調査係、一九五三年
『衆議院海外同胞引揚及び遺家族援護に関する調査特別委員会議録』一九五四年
『昭和二十八年度版北海道社会福祉要覧』北海道社会福祉協議会、一九五四年
総理府統計局『昭和二十五年　国勢調査報告（八）』日本統計協会、一九五五年
山本敏「越後地主と北越殖民社」『季刊農業経営研究』一、北海道大学、一九五五年
山本敏「越後地主と北越殖民社Ⅱ」『季刊農業経営研究』二、北海道大学、一九五六年

今泉省三『三島億二郎伝』覚張書店、一九五七年
『近代日本教育制度史料』第二六巻、講談社、一九五八年
『福沢諭吉全集』第八巻、岩波書店、一九六〇年
『福沢諭吉全集』第一八巻、岩波書店、一九六二年
浅田喬二『北海道地主制史論』農業総合研究所、一九六三年
安川寿之輔「義務教育における就学の史的考察」『教育学研究』第二六巻第三号、日本教育学会、一九六四年
田中勝文「明治中期の貧民学校」『日本の教育史学』第八集、教育史学会、一九六五年
山崎長吉『北海道教育の発達に見られる後進性について』北海道立教育研究所、一九六五年
黒崎八州次良「明治後期―大正期における北海道農業村落成立の前提についての若干の考察――北海道村落社会論序説（一）」『社会学評論』七四、日本社会学会、一九六八年
『新渡戸稲造全集』第二巻、教文館、一九六九年
『学制百年史』文部省、一九七二年
『日本帝国文部省年報』第五〇年報下巻、一九七二年
国立教育研究所『日本近代教育百年史』（第一巻～第五巻）教育研究振興会、一九七四年
関矢マリ子『野幌部落史』国書刊行会、一九七四年
海保嶺夫「北海道の「開拓」と経営」『岩波講座日本歴史』一六近代三、岩波書店、一九七六年
山崎長吉『北海道教育史』北海道新聞社、一九七七年
国立教育研究所第一研究部教育史料調査室『学事諮問会と文部省示諭』教育史資料一、国立教育研究所、一九七九年
生馬寛信「近代日本における児童就学の関する研究」Ⅰ～Ⅲ、『佐賀大学教育学部論文集』佐賀大学、一九八〇～八四年
桑原真人『近代北海道史研究序説』北海道大学図書刊行会、一九八二年
松藤光太郎「開拓当時の生活」『郷土をさぐる』第三号、一九八三年
田中修『日本資本主義と北海道』北海道大学図書刊行会、一九八六年
土方苑子「『文部省年報』就学率の再検討」『教育学研究』第五四巻第四号、日本教育学会、一九八七年

佐藤秀夫『学校ことはじめ事典』小学館、一九八七年
大谷奨「開拓期北海道における小学校教育政策の展開」『教育政度研究』第二一号、教育制度研究会、一九八八年
大谷奨「明治後期の北海道における義務教育就学率に関する考察」『教育学系論集』第一四巻第一号、筑波大学、一九八九年
『新潟県人物像六　信』新潟日報事業社出版部、一九八九年
飛岡久「日本資本主義と北海道・十勝の歴史」『トカプチ十勝郷土研究』第一一号、静窓書店、一九八九年
榎本守恵『近代僻地教育の研究』同成社、一九八九年
引揚者団体北海道連合会『敗戦、引揚の労苦』一九九一年
平井松午「北海道移住民研究の課題」『地方史研究』第二四五号、地方史研究協議会、一九九三年
神津善三郎『蔑まれた簡易小学校』銀河書房、一九九三年
鈴江英一『北海道町村制度史の研究』北海道大学図書刊行会、一九九五年
鈴江英一「「北海道二級町村制」についての考察」『史料館研究紀要』第二六号、国文学研究資料館、一九九五年
小川正人『近代アイヌ教育制度史研究』北海道大学図書刊行会、一九九七年
厚生省社会・援護局援護五〇年史編集委員会『援護五〇年史』ぎょうせい、一九九七年
伊藤純郎『郷土教育運動の研究』思文閣出版、一九九八年
朝鮮人強制連行実態調査報告書編集委員会・札幌学院大学北海道委託調査報告書編集室『北海道と朝鮮人労働者――朝鮮人強制連行実態調査報告書』札幌学院大学生活協同組合、一九九九年
『満州弥栄村引揚者が語り継ぐ労苦体験』弥栄会、一九九九年
古田島吉輝「三島億二郎の北海道開拓に協力した人々（その一）――高野譲について」『長岡郷土史』第三九号、長岡郷土史研究会、二〇〇二年
軽部勝一郎「岩手県における小学簡易科の研究」『地方教育史研究』第二三号、全国地方教育史学会、二〇〇二年
土方苑子『東京の近代小学校――「国民」教育制度の成立過程』東京大学出版会、二〇〇二年
三吉笑吾『明治官吏の出張旅行記雪泥余痕』おうふう、二〇〇四年

佐藤秀夫『教育の文化史四　現代の視座』阿吽社、二〇〇五年
桑原真人「北海道の許可移民制度について」『地域と経済』第三号、札幌大学経済学部附属地域経済研究所、二〇〇六年
鈴木トミエ『新聞に見る石狩・厚田・浜益歴史年表』（第二号、二〇〇七年）（第三号、二〇〇八年）
谷川穣『明治前期の教育・教化・仏教』思文閣出版、二〇〇八年
中西僚太郎「明治政府による北海道農業開拓構想――黒田清隆とホーレス・ケプロンに着目して」『史境』五九、歴史人類学会、二〇〇九年
吉田幸子『聞き書き　望郷樺太――戦禍と引き揚げの記憶』二〇〇九年
竹ヶ原幸朗『教育のなかのアイヌ民族――近代日本アイヌ教育史』竹ヶ原幸朗研究集成第一巻、社会評論社、二〇一〇年
竹ヶ原幸朗『近代北海道史をとらえなおす――教育史・アイヌ史からの視座』竹ヶ原幸朗研究集成　第二巻、社会評論社、二〇一〇年
田中重好『地域から生まれる公共性――公共性と共同性の交点』ミネルヴァ書房、二〇一〇年
石村義典『評伝関矢孫左衛門』関矢信一郎、二〇一二年
荒井明夫『明治国家と地域教育』吉川弘文館、二〇一二年
湯山英子「八紘開拓団の戦後における生活の再構築――北海道静内町高見地区を事例に」『日中戦争下の中国東北農民と日本人「開拓団」との関係史、および残留帰国者の研究』（科研費研究報告書）二〇一三年
島村恭則編『引揚者の戦後』新曜社、二〇一三年
大谷奨『戦前北海道における中等教育制度整備政策の研究――北海道庁立学校と北海道会』学文社、二〇一四年
大竹晴佳「戦後開拓集落における共同性の現状――岡山県A開拓地を事例として」『新見公立大学紀要』第三五巻、新見公立大学、二〇一四年
小野雅章『御真影と学校――「奉護」の変容』東京大学出版会、二〇一四年
木村由美「樺太からの引揚者と「月寒」「北二四条」の住宅街形成」『公文書館だより』第三号、札幌市公文書館、二〇一五年
柳田良造『北海道開拓の空間計画』北海道大学出版会、二〇一五年
今泉祐美子・柳沢遊・木村健二編『日本帝国崩壊期「引揚げ」の比較研究』日本経済評論社、二〇一六年

板橋孝幸『近代日本郷土教育実践史研究――農村小学校教員による地域社会づくり構想の展開』風間書房、二〇二〇年
熊木重昭『最へき地校の挑戦　神威脇物語　命輝く教育の力』(発行年不詳)

■県市町村史および県市町村教育史等

『浜益村史』浜益郡浜益村役場、一八九〇年
治部博之『芽室村史』一九一〇年（芽室町図書館所蔵）
『北海道教育沿革誌』北海道庁内務部教育兵事課、一九一八年
『大正八年　室蘭区勢一般』室蘭区役所、一九二〇年（市立室蘭図書館所蔵）
『大正九年　室蘭区勢一般』室蘭区役所、一九二一年（市立室蘭図書館所蔵）
『大正十一年　室蘭市勢一般』室蘭市役所、一九二三年（市立室蘭図書館所蔵）
『大正十四年　室蘭市勢一般』室蘭市役所、一九二六年（市立室蘭図書館所蔵）
『新撰北海道史』(第一巻~第七巻）北海道庁、一九三六~三七年
函館市役所総務部『市勢要覧　昭和二十六年度版』函館市役所、一九五一年
『市勢要覧　一九五五』函館市、一九五五年
『斜里町史』斜里町役場、一九五五年
『北海道教育史』(全道編一~四、地方編一~二）北海道教育委員会、一九五七~六四年
『上砂川町史』上砂川町長、一九五九年
『新北海道史』(第一巻~第九巻）北海道、一九六一~八一年
『音更町史』音更町編さん委員会、一九六一年
『門別町史』門別町役場、一九六一年
『北海道私学教育史』北海道私学協会、一九六三年
『歌志内市史』歌志内市役所、一九六四年
『枝幸町史』下巻、北海道枝幸郡枝幸町、一九七一年

『美幌町史』北海道網走郡美幌町、一九七二年
『第七期　札幌市議会小史』札幌市議会、一九七四年
『洞爺村史』洞爺村、一九七六年
『標茶町教育史』標茶町、一九七九年
武下喜代丸「武下喜代丸さんの話」『美幌の開拓夜話その一』美幌町役場、一九八〇年
『夕張市史』下巻、夕張市役所、一九八一年
『新潟県史』資料編一九、近代七社会文化編、新潟県、一九八三年
『三笠教育史』上巻、三笠市教育委員会、一九八四年
『新室蘭市史』第三巻、室蘭市役所、一九八五年
『石狩町誌』中巻一、石狩町、一九八五年
『北海道教育史』戦後編一、北海道教育委員会、一九八六年
『新潟県史』通史編六近代一、新潟県、一九八七年
『美唄市百年史』通史編、美唄市長、一九九一年
『松前町史』通説編第二巻、松前町、一九九三年
『新門別町史』中巻、門別町、一九九五年
『長岡市史』通史編下巻、長岡市、一九九六年
『帯広教育史』帯広市教育委員会、一九九七年
『三島億二郎日記（四）──北海道拓殖の記』長岡市史双書№四〇、長岡市立中央図書館文書資料室、二〇〇〇年
『標茶町史』通史編第二巻、標茶町役場、二〇〇二年
『標茶町史』通史編第三巻、標茶町役場、二〇〇二年
『函館市史』通史編第四巻、函館市、二〇〇二年

■新聞、雑誌、記念誌等

『北海道毎日新聞』（一八九一年一月二五日、三月三日、四月一七日）（一八九三年三月三〇日）
『北海道教育会雑誌』北海道教育会（第一号・第九号、一八九一年）
『小樽新聞』一八九三年一二月三一日
『北海道教育雑誌』北海道教育会（第一二号、一八九三年）（第一六号・第二二号、一八九四年）（第三一号、一八九五年）
『北海之教育』北海道教育会（第一八六号、一九〇八年）（第二二〇号、一九一一年）（第二三六号、一九一二年）（第二四二号、一九一三年）（第二八二号・第二八五号、一九一六年）
『北海道教育週報』北海道毎日新聞社（一八九四年一一月一七日）（一八九五年一一月一六日、一二月一一日）
『北海道移民必携』進振堂、一八九六年
『殖民広報』北海道協会支部（第一一号、一九〇二年）（第七八号、一九一四年）
『北海道教育』北海道教育会（第二三一号、一九三六年）（第二四八号、一九三九年）（第二七三号、一九四一年）
『北海タイムス』一九四〇年四月九日
『北海道新聞』（一九四五年七月一四日、八月一三日）（一九五三年一月二八日）（一九五四年五月二五日、九月一日）
『函館新聞』（一九四七年一月二〇日、五月二八日、六月四日）（一九四八年一二月二二日）（一九四七年五月二八日）（一九五一年九月二日）（一九五八年二月二三日）
『創立五十周年記念誌』北海道河西郡芽室町北伏古小学校五十周年記念協賛会、一九六四年
『記念誌』斜里町立三井小学校・三井部落、一九六五年
『開基六〇周年開校五〇周年記念誌ほくめい』北明地区・北明小学校、一九六九年
『浦河町上杵臼開拓開校二〇周年記念誌　拓跡』浦河町開拓開校二〇周年記念誌編纂委員会、一九七一年
『かみおびひろ』上帯広小学校七〇周年記念誌、上帯広小学校、一九七六年
『拓魂三十年』弥栄部落会、一九七七年
『山臼小学校開校三〇周年記念誌　栄光』山臼小学校三十周年記念協賛会、一九七八年
『富士のあゆみ』六十周年記念協賛会、一九七九年

『虹別五十年』虹別開拓五〇周年記念事業実行委員会、一九七九年
『閉校を偲ぶ記念誌』神威脇中学校、一九八〇年
『根っ子』祥栄小学校開校五〇年創立七〇年記念誌、芽室町立祥栄小学校、一九八一年
『星霜百年　札幌市立月寒小学校開校一〇〇周年記念誌』札幌市立月寒小学校開校百周年記念事業協賛会、一九八二年
『創立百十周年記念誌』伊達市立伊達小学校、一九八二年
開基・開校六十周年記念事業期成会記念誌部代表斉藤定男『上御卒別六十年』上御卒別開基・開校六十周年記念事業期成会々長熊谷顕、一九八三年
『白楊のあゆみ』札幌市立白楊小学校開校三十周年記念事業協賛会、一九八四年
『明正』明正小学校閉校及び七十五周年記念誌、一九八八年
『瑞雲』瑞雲寺開教百年記念協賛会、一九九〇年（北海道江別市、瑞雲寺所蔵）
『永遠に輝け』来運開基七五周年・来運小学校開校七〇周年記念協賛会、一九九〇年
熊木重昭『神威脇小学校廃校誌　神威脇』神威脇小学校廃校事業協賛会、一九九六年
『開校五十周年記念誌　栄光』山臼小学校五十周年記念協賛会、一九九八年
『弥栄――五〇年の歩み』開基・開校五〇周年記念誌、弥栄地域開基・開校五〇周年記念実行委員会編集部、一九九八年
『観照寺開教百年誌　法水』観照寺開教百年誌編集委員会、二〇〇〇年
『乙忠部小学校開校百周年記念誌　はばたけ二十一世紀夢をもって夢を追う』乙忠部小学校開校百周年記念協賛会、二〇〇一年
『法要記念誌』了元寺、二〇〇二年（新潟県長岡市、了元寺所蔵）
『きずな　帯広市立愛国小学校開校百周年記念誌』帯広市立愛国小学校、二〇〇四年
『愛しき故郷』三井小学校統合記念事業協賛会、二〇〇九年
『雄飛』標茶町立阿歴内第二小学校閉校記念事業実行委員会（発行年不詳）

■資料

高橋常四郎「小学尋常科第四年小試験問題案」『簗瀬家文書』一八九一年（岩内町郷土資料館所蔵）
「石狩郡親舟町他九町三村戸長役場所轄総代人会議議案他文書目録」『村山家文書』一八九一年（いしかり砂丘の風資料館所蔵）
関矢孫左衛門「北征日乗　八」一八九一年（北海道立文書館所蔵）
関矢孫左衛門「北征日乗　拾」一八九二年（北海道立文書館所蔵）
金子清一郎「村民契約」『金子家文書』一八九三年（いしかり砂丘の風資料館所蔵）
「明治二十六年度村費予算」八雲村山越内村戸長役場、一八九三年（北海道立文書館所蔵）
金子清一郎「建議案」『金子家文書』一八九三年（いしかり砂丘の風資料館所蔵）
関矢孫左衛門「北征日乗　拾壱」一八九三年（北海道立文書館所蔵）
金子清一郎「明治二十七年度花畔校費歳入出予算修正案」『金子家文書』一八九四年（いしかり砂丘の風資料館所蔵）
関矢孫左衛門「北征日乗　拾五」一八九四年（北海道立文書館所蔵）
関矢孫左衛門「北征日乗　弐拾壱」一八九五年（北海道立文書館所蔵）
関矢孫左衛門「北征日乗　廿二」一八九六年（北海道立文書館所蔵）
関矢孫左衛門「北征日乗　廿三」一八九六年（北海道立図書館所蔵）
関矢孫左衛門「北征日乗　廿四」一八九六年（北海道立図書館所蔵）
金子清一郎「町村組合法標準書」『金子家文書』一八九六年（いしかり砂丘の風資料館所蔵）
「学校関係書類」浜益郡戸長役所、一八九七年（いしかり砂丘の風資料館所蔵）
関矢孫左衛門「北征日乗　廿五」一八九七年（北海道立図書館所蔵）
金子清一郎「先祖履歴」『金子家文書』一八九九年（いしかり砂丘の風資料館所蔵）
関矢孫左衛門「北征日乗　卅四」一九〇〇年（北海道立文書館所蔵）
「例規綴」浜益郡各村戸長役場、一九〇一年（いしかり砂丘の風資料館所蔵）
「総代会書類」一九〇一年（上富良野町役場所蔵）

「学事書類綴」浜益郡浜益村黄金村組合役場、一九〇二年（いしかり砂丘の風資料館所蔵）
「例規綴」浜益郡各村戸長役場、一九〇二年（いしかり砂丘の風資料館所蔵）
「教育及学事ニ関スル書類」浜益郡浜益村黄金村組合役場、一九〇三年（いしかり砂丘の風資料館所蔵）
「庶務ニ関スル書類」浜益村黄金村組合役場、一九〇三年（いしかり砂丘の風資料館所蔵）
「教育」庶務係、一九〇七年（いしかり砂丘の風資料館所蔵）
「村会議録決議書」歌志内村役場、一九〇八年（歌志内市役所所蔵）
「村会ニ関スル書類」歌志内村役場、一九〇九年（歌志内市役所所蔵）
「大正二年度　村会関係書類」歌志内村役場、一九一三年（歌志内市役所所蔵）
「大正二年度　歳入歳出予算表」空知郡歌志内村、一九一三年（歌志内市役所所蔵）
「御真影拝戴ニ関スル書類」八雲村役場教育係、一九一五年、一九一七年、一九二八年、一九三一年（北海道立文書館所蔵）
金子堅太郎「北海道三県巡視復命書」一九一六年（北海道立図書館所蔵）
「大正五年度　村会ニ関スル書類」歌志内村役場、一九一六年（歌志内市役所所蔵）
「大正八年度　会議録」歌志内村役場、一九一九年（歌志内市役所所蔵）
「大正九年度　会議録綴」歌志内村役場、一九二〇年（歌志内市役所所蔵）
「御真影及勅語謄本」上川郡当麻村役場、一九二〇年（北海道立文書館所蔵）
「大正十年　歌志内村事務報告書」歌志内村役場、一九二一年（歌志内市役所所蔵）
「大正十一年度　村会書類綴」歌志内村役場、一九二二年（歌志内市役所所蔵）
「大正十二年度　村会書類綴」歌志内村役場、一九二三年（歌志内市役所所蔵）
「大正十三年度　歌志内各村会計歳入出予算」歌志内村役場、一九二四年（歌志内市役所所蔵）
「大正十三年度　村会会議録」歌志内村役場、一九二四年（歌志内市役所所蔵）
「北海道第二期拓殖計画実施概要」北海道、（年代不詳であるが一九二五～二六年に作成されたものと推察される）（標茶町図書館内標茶町史編さん室所蔵）
「北海道第二次拓殖計画案」憲政会北海道支部、一九二七年（標茶町図書館内標茶町史編さん室所蔵）

「外地引揚者状況調」（一九五〇年二月末日現在）『引揚関係綴』一（稚内市立図書館所蔵）
「学校及教育施設 設置 廃止」一九五二年（オホーツクミュージアムえさし所蔵）
「昭和二十六年度学事報告」奥尻村立神威脇小学校、奥尻村立奥尻中学校神威脇分校（神威脇生活改善センター所蔵）
「昭和二十七年度学事報告」奥尻村立神威脇小学校、奥尻村立奥尻中学校神威脇分校（神威脇生活改善センター所蔵）
「昭和二十九年度学事報告」奥尻村立神威脇小学校、奥尻村立奥尻中学校神威脇分校（神威脇生活改善センター所蔵）
「寺誌草稿」観照寺（年代不詳）（美幌町観照寺所蔵）
「中村孝二郎氏と弥栄開拓団　町史考資料」作成年不詳（標茶町図書館所蔵）
中沢万吉「離農した私の場合」作成年不詳（標茶町図書館所蔵）
菊地参次『私の思出の手記――引揚、入植、入植後の苦闘』作成年不詳（標茶町図書館所蔵）
「二号　沿革史」花川尋常高等小学校（石狩市立花川小学校所蔵）
「沿革史」石狩尋常高等小学校（石狩市立石狩小学校所蔵）
「学校沿革史（一）」（江別市立江別第二小学校所蔵）
「沿革誌」成徳尋常高等小学校（室蘭市立星蘭中学校所蔵）
「沿革史」喜門岱国民学校（室蘭市立喜門岱小学校所蔵）
「歌志内小学校　沿革史」（歌志内市立歌志内小学校所蔵）
「学校沿革誌」音更町立高倉国民学校（音更町立東士狩小学校所蔵）
「諸参考資料」（音更町立東士狩小学校所蔵）
「小学校沿革史」三井国民学校（斜里町立朝日小学校所蔵）
「沿革史」中音更尋常高等小学校（音更町立駒場小学校所蔵）
「沿革誌」美幌簡易教育所、一九〇〇年（美幌町立美幌小学校所蔵）
「学校沿革誌」美幌小学校（美幌町立美幌小学校所蔵）
「昭和八年一月改訂　沿革史」中茶安別小学校（標茶町立中茶安別小学校所蔵）
「昭和四年六月二十七日開校　学校沿革誌」（標茶町立虹別小学校所蔵）

「学校沿革誌」川上郡虹別第二尋常小学校（標茶町立虹別小学校所蔵）
「学校沿革誌」豊郷小学校（日高町立門別小学校所蔵）
「昭和廿五年度　日誌」幌北小学校（札幌市立幌北小学校所蔵）
「学級編制」一九五三年（札幌市立幌北小学校所蔵）
「記録」幌北小学校父母と先生の会（札幌市立幌北小学校所蔵）
「沿革史」札幌市立白楊小学校（札幌市立白楊小学校所蔵）
「港小学校沿革史」函館市立港小学校（函館市立港小学校所蔵）
「沿革史」枝幸町立風烈布小学校（枝幸町立風烈布小学校所蔵）
「沿革史」枝幸郡徳志別尋常小学校（オホーツクミュージアムえさし所蔵）
「沿革史」枝幸町立山臼小学校（枝幸町立山臼小学校所蔵）
「沿革史」神威脇小学校（奥尻町役場教育委員会所蔵）
「沿革史」広野尋常高等小学校（帯広市立広野小学校所蔵）
「沿革史」美生小学校（芽室町立芽室西小学校所蔵）
「沿革誌」有珠郡伊達尋常高等小学校（伊達市立伊達小学校所蔵）
「沿革誌（第一）」上砂川尋常高等小学校（上砂川町立中央小学校所蔵）
「学校沿革誌（一）」星置小学校（札幌市立手稲西小学校所蔵）
「学校沿革誌」函館市立万年橋小学校（函館市立万年橋小学校所蔵）

教育機関索引

教育法令・規則類索引

索引

地域索引

索引について

本書の主題と内容を踏まえ「地域」「教育法令・規則類」「教育機関」の3種の索引を設けた。

それぞれの索引の収録対象と立項のしかたの凡例は次のとおりである。

■地域索引

- 本書で取り上げた北海道内の地域を、2024年10月現在の振興局ごとに配列している。
- 地域名は2024年10月現在の自治体名・地域名を基準とし、たとえば現在の室蘭市については、「室蘭村」「室蘭区」「室蘭市」などの行政区画名および「室蘭」と記載されているものはすべて「室蘭」とし、現在の室蘭市域内の地域名である「輪西」「母恋」などはそれぞれの地域名を立項している。
- 現在の郡については、しばしば、郡の範囲が広域にまたがることがあるので、「○○郡」のみで立項した。たとえば、現在の洞爺湖町の一部である旧虻田町域は「虻田」とし、さらに、これとは別に「虻田郡」については「虻田郡」で立項している。

　また、現在の郡はときに複数の振興局にまたがっている（たとえば、虻田郡は、胆振振興局と後志振興局にまたがっている）。この場合、その郡の行政上の中心地（例：郡役所がおかれたなど）と目される町村が所属する振興局で立項した（例：虻田郡は胆振振興局で立項している）。

■教育法令・規則類索引

- 本書で取り上げた、教育に関する国・北海道庁などによるおもな勅令、法律、北海道庁令、北海道庁訓令などの法令・規則類を立項した。
- 「特別教育規程」のように、同じ名称でも何度か改正を重ねているものについては、原則として一括して立項した。ただし、「小学校令」のように、同じ名称でも大きく内容を変えた改正が行われているものについては、「第一次小学校令」「第二次小学校令」のように改正ごとに区別して立項しているものがある。
- 本文中にその法令の名称が記されている場合（「小学校令」「特別教育規程」など）はそれを項目名とし、法令類の本文では名称に相当するものが記されていないが、後年の令規集等で名称に相当するものが付されている場合は、検索の便宜を考慮し、それらを〔　〕で括って記載し項目名とした。

■教育機関索引

- 本書で取り上げた、北海道内に設置された教育機関（小学簡易科、尋常小学校、尋常高等小学校、分教場、簡易教育所、特別教授場など）を立項した。
- 同じ学校が「学校」「小学校」「尋常小学校」「尋常高等小学校」「国民学校」などと名称を変更していく場合でも、原則として1つの学校として採用した。

北《ほっ》海《かい》道《どう》移《い》住《じゅう》民《みん》と学《がっ》校《こう》——教《きょう》育《いく》をめぐる開《かい》拓《たく》政《せい》策《さく》と地《ち》域《いき》社《しゃ》会《かい》

著者――坂本紀子

発行日――二〇二四年一二月二〇日　初版第一刷

発行者――山本有紀乃

発行所――六花出版

〒一〇一―〇〇五一　東京都千代田区神田神保町一―二八　電話〇三―三二九三―八七八七　振替〇〇一二〇―九―三二二五二六

校閲――黒板博子・金美希

組版――公和図書デザイン室

印刷――モリモト印刷

製本所――青木製本

装丁――臼井弘志

著者紹介――坂本紀子（さかもと・のりこ）

一九九八年　早稲田大学大学院文学研究科博士課程単位取得満期退学

二〇〇一年　博士（文学）

北海道教育大学教授を経て、現在、聖徳大学教授

ISBN978-4-86617-262-0

◉既刊図書のご案内〈価格は本体価格〉